修订版

徐 瑾 著

一部新的中国货币史

A
New
Monetary History
of China

EMPIRE OF SILVER

上海人民出版社

名家推荐

从本书提供的视角看去，熟悉的历史世界呈现出自己的侧影。东西并列，轮廓分明，清晰而有神。好看。

吴思，著名历史学家，《潜规则》作者

货币与货币制度，是一国经济繁荣与衰退的大转轮，在历史上也常是一国社会秩序紊乱、崩坍乃至王朝兴替的催化剂。人类在改善自己的生存条件与追求个人财富和福祉的过程中，创生了货币与货币制度，也一直困扰在货币与货币制度的迷宫和幻象之中。到目前为止，还没有任何一个国家和社会已经解决了货币与货币制度问题，因此，人类各个社会均处于自发演进的必然王国之中。经济学研究人员在货币与货币制度问题上大都还在盲人摸象。就此而言，研究货币和货币制度史，就是研究人类社会发展史。在这部《白银帝国》中，青年经济学人徐瑾以她优美的文笔、翔实的史料、宽广的视野，在中外历史的对比中讲述了中国千年货币史，发人深思，促人警醒。作为一位研究中国货币史多年的专家和思想家，朱嘉明教授为本书所撰写的长序，更是画龙点睛之笔。这部著作不但会增加人们有关货币制度史的历史知识，对把握中国社会的未来发展，也有一定的现实意义。

韦森，复旦大学经济学教授

徐瑾以她的《印钞者》和《白银帝国》，将史学家冷僻的工作加以大众化书写，为货币经济历史的疆域创造了一道独特的风景线。

朱嘉明，经济学家，横琴数链数字金融研究院
学术技术委员会主席

货币是理解人类文明与经济发展的一条主线，但货币史不容易写好，中国货币史尤其难写。《白银帝国》抓住白银在中国作为货币既普遍又特殊的现象，生动地勾画出中国千年经济史的演变路径，内容不仅涉及普通百姓的日常生活，更深入国家政治、财政、金融制度等领域，也对中西大分流这样的重大议题有精彩的讨论。此书面向大众，将小说、戏剧里隐含的信息与严肃的学术著作巧妙融合，给读者呈现出一幅丰富形象的传统中国经济史图景。更值得一提的是，即使从专业角度看，此书无论是在经济学还是在史学上，都彰显了作者的深厚功底和积累，字里行间充满思想的火花，对一些重大学术问题也有新的思考，在此愿向所有关注中国经济过去、现在与未来的读者大力推荐。

马德斌，牛津大学万灵学院教授

　　徐瑾女士视野独特，文笔了得，以白银斑驳游离之脉络梳理了中国货币史，纲举目张，甚为聪明。检点千年以来从金属货币到朝廷，再到体制的威权与利益变迁，可以从中体验人性与观念的冲突。好的逻辑，才会有好的故事。

王巍，中国金融博物馆理事长

目录

第三章

明代：银本位与全球化

第四章

晚清：混乱中崩塌

第五章

民国：告别白银，迎接通胀

iv

中国货币史和"白银纠缠"

　　源远流长的中国货币史，是一种超级复杂的系统，包含着众多子系统和因子。其中，白银自始至终扮演着极为重要的角色，存在着一种与物理世界的"量子纠缠"类似的"白银纠缠"。这里所说的"白银纠缠"包含两个含义：离开白银货币，中国货币历史根本无法书写；而没有对中国货币经济历史的整体性把握，白银货币也绝无说清楚的可能。徐瑾女士所撰写的《白银帝国》，考察了从960年建立的宋朝至20世纪30年代的中华民国，时间跨度近1 000年的细密经纬货币史，并描述和诠释了其中那根"连绵不绝"、隐匿无比和充满"纠缠"与"纠结"的银线。

（1）"白银纠缠"发端于何时？

　　中国自战国到两汉，大体以黄金为计算标准。白银货币究竟在何时开始成为其中的重要子系统或者主要的因子，并无定论。据学者彭信威所著的《中国货币史》，"一直到元末，白银还算不成十足的货币"。彭信威先生这样的结论，显然是基于白银在货币体系中的比重或者权重。

　　宋代相较于之前的历朝历代，发生了人口革命、商业革命、交通革命、农业革命、手工业革命和都市革命，以至于其被中外史学家认为是从古代历史向近代历史转型的分水岭。相比唐代，宋代的货币需求发生了爆炸性增长。所以，任何单一的货币形态都难以满足这一需求，导致宋代货币经济体系的高度繁杂性，以及各类金属货币和各种纸币交叉并存。其中的金属货币有铜钱、铁钱和贵金属的金与银；纸币至少有全国性范畴的交子、钱引、关子、会子，还有诸多区域性和地方性的纸币。国内不同区域的货币需要交换。还要注意到，宋代属于开放经济，势必与周边国家的货币经济发生这样或那样的关系。虽然北方的辽、西夏和金，南方的东南亚诸国，都有自己的钱币，但是只有宋钱（主要是铜钱）可以成为周边各国接受的"硬通货"。在这样的情况下，不论是宋朝疆域之内，还是宋与周边国家之间，不同币种之间需要"汇率"，而汇率则需要有基准货币或者本位货币。例如，交子曾以铁钱为本位，会子曾以铜钱为本位。但是，铜和铁终究属于贱金属，加之多次发生钱荒，所以，能够作为基准货币的唯有贵金属。很可能因为黄金过度稀缺，在纸币通胀的压力下，相对丰裕的白银脱颖而出，白银的地位甚至超出了黄金，且成为国内外通行的通货，这似乎是一种自然过程。徐瑾注意到了钱穆先生所言的"宋、元两代用钞票，均有滥发之弊病"的观点，捕捉到了一个重要的历史逻辑，"在白银作为主角最终登上中国货币舞台之前，从宋代开始曾经有一段并不算短的纸币试验。这一宏大的纸币试验构成了中国金融史的转折点，甚至正是这一试验，最终奠定了中国货币白银化的基础"，进而得出宋代因为通胀引发白银崛起的结论。

在宋代,社会上到底流通着多少白银,已无从知道。但是,白银不仅已经进入普通民众的生活,而且政府税收中的钱数减少,银数增加,"用银而废钱"已是大势所趋。对此,当时的史书已有清楚的记载。白银已经具备了货币职能。至于白银的来源,无非是中国本土和国际贸易的流入,很可能后者大于前者。伴随宋代白银经济的崛起,"白银纠缠"得以发端。

值得提及的是南宋权臣贾似道(1213—1275)。面对战争频繁,楮币贬值,物价飞涨,国家却无力筹集粮饷,贾似道提出推行公田法,期望以此减少楮币的发行,平抑物价,解决军粮匮乏,挽救军事危机和统治危机。但是,因为官僚和地主集团的反对与腐败的吏治,公田法在执行过程中弊病丛生,百姓深受其害,最终以失败告终。自宋代以来,主流史学界将贾似道列入导致南宋灭亡的奸臣之中。徐瑾在书中评价贾似道时,写了这样一段话:"贾似道的悲剧似乎在于在一个没有充分商业环境的社会推行一种不对等的商业交易,他的公田法堪称当时的农耕文明的失败试验品。即使南宋已经属于中国商业最为发达的时代,但在旧有权力格局和游戏规则之下,其实他并不能拥有更多的选项,无论是金融工具还是经济选择。"说到底,贾似道只看到了浅层的土地危机和粮食危机,并试图用"社会主义"的办法解决,而不知道深层原因来自金融危机及其背后的白银力量,最终成为"白银纠缠"的牺牲者。

(2)"白银纠缠"和蒙古帝国的货币制度。

蒙古帝国是横跨欧亚大陆的全球帝国,没有一个基本统一的货币制度的支持是不能想象的。在其辽阔的疆域中，不乏贵金属，特别是银矿资源和白银货币传统。被蒙古征服的花剌子模（今乌兹别克斯坦及土库曼斯坦）等中亚地区就是代表。蒙古帝国货币制度的基本特征是以银为代表的贵金属货币替代了以铜和铜钱为代表的贱金属货币，实现了东亚"贱金属货币"与亚欧大陆中西段的"贵金属货币"的融合，且在融合过程中，通过可以兑现的白银与纸币，完成了从以铜钱作为计价经济向以白银作为计价经济的转型。包括元朝在内的蒙古帝国的货币制度，通货统一于纸币是"表"，计价统一于白银是"里"。从此，唤起了世界性的白银货币需求。世界经济历史与全球货币历史中的这个转变，长期被低估。

作为蒙古帝国组成部分的"元朝"，不可能存在完全独立的货币经济，元代的货币经济应该是蒙古帝国货币体系中的组成部分。元代，唯有纸币是合法通货，金银铜钱禁止使用。但是，元代的纸币是以白银作为储备货币的，即所谓的"银钱相权"，准许民间纸币和白银互兑。徐瑾写道："元朝算是古代发钞的集大成者，每每被货币史学者认为占据货币史一席之地，日本学者甚至称其为'空前绝后的货币政策'。元代不仅开创了纯纸币流通制度，同时设定了无限法偿的先例，几乎是后世各国法币的前驱。"这样的货币制度，需要有足够的白银储备。元代，曾经有过白银资源的黄金岁月。那时，不仅多数钞以银作为票面价值，本位也多与金银挂钩，民间用银亦广泛。例如元曲大师关汉卿的作品既有提及钞，也有不少写银的地方，《窦娥冤》开篇即说"小生一贫如洗，流落在这楚州居住。此间一个蔡婆婆,他家广有钱财,小生因无盘缠,曾借了他二十两银子,到今本利该对还他四十两"。只是到了元成宗时期(1295—1307),白银准备金枯竭,纸币方不可能再兑换为白银。此时,元代已经进入中后期,民众为了保护自身财富,很可能最大限度地将纸币兑换为白银,导致曾经作为储备货币的白银流失,大部分沉淀到民间。元朝覆灭的过程很快很短,统治集团对主权瓦解没有多手准备,撤离中原和返回大漠于仓促之间,基本来不及搜寻民间白银。

唯有理解包括元代货币经济在内的蒙古帝国货币体系,才可能解开明朝白银货币化初始来源之谜。

明朝开国皇帝朱元璋奠定与实施的宝钞和禁用金银这一货币制度,其"历史寿命"很短,少则半个世纪,多则70年左右。《明史》记载:明正统初年(1436年),"弛用银之禁""朝野率皆用银",标志着明朝开国确立的货币制度的终结。宣德五年(1430年)以周忱为代表的"赋役折银"改革,确实开启了国家财政白银化的历史进程。1581年,张居正推行"一条鞭法",主要内容是赋役合并、田赋一律征银、算赋役数额以县为单位和赋役银由地方官直接征收,这不过是此前一系列国家财政白银化的延伸与制度化。毫无疑问,在这百年间的白银需求产生了巨大增长。于是就产生了一个不可回避的问题:明正统年间"弛用银之禁"和"朝野率皆用银"的"银"是从哪里冒出来的?如果说白银来自本土银矿开发,则其非常有限;如果说来自国际贸易,似乎也不合理,因为明朝建立伊始就制定了"寸板不许下海"的海禁国策。

这个国策得以改变的时候已经是明隆庆元年（1567 年）。

按照历史逻辑，比较合理的解释是：明朝正统年间的银主要来自民间，而民间的白银则与蒙古帝国及元代有着直接关系，所以，明初从朱元璋到朱棣都实行多次迁徙富户的举措。简而言之，很可能是蒙古帝国所留的白银存量，支撑了中国从明正统初年（1436 年）至 16 世纪 40 年代的白银货币化，造成"弛用银之禁"和"朝野率皆用银"的互动，这个时段接近一个世纪。

（3）"白银纠缠"和 16—17 世纪的全球经济体系。

明朝（1368—1644）历经十二世、十六位皇帝，国祚 276 年，略长于清朝。在明代的经济史，特别是明代货币史中，16 世纪 40 年代是重要的拐点。中国从此开启了奉行长达 500 年左右的实银通货或者"称量货币"，即"自由银"货币制度。而这种"自由银"货币制度强烈地刺激了巨大的白银需求，中国开始成为世界上对白银需求最大和吸纳全球白银资源最多的国家；日本和南美洲成为向中国输入白银资源的主要地区，也因此成就了中国成为当时世界最大的经济体。其实，相比清代，明朝并没有那么糟糕。清朝时期，有意毁灭大量明史资料，对明史颇有歪曲。20 世纪中后期以来，从吴晗、姚雪垠、金庸，再到黄仁宇，"扬清抑明"思潮潜移默化。前几年出版的《明朝那些事儿》，用通俗手法误导了民众对明朝的认识。

在此期间，中国的白银需求和"白银纠缠"，不可避免地与地理大发现联系在一起，并搅动了整个世界的经济：确立白银作为国际贸易的主要结算方式和世界主要货币的基础；造成美洲白银推动世界经济体系——推动了包括日本、朝鲜和东南亚的货币体系的白银化。从此，以白银为媒介和国际贸易网络中心，中国通过海上贸易参与创建了世界市场，这个世界市场围绕白银运转，而白银围绕中国运转，形成了以白银作为主要世界货币的全球经济体系。所以，中国开始向"白银帝国"的演变，开始于16世纪40年代。经海上贸易流入中国的白银，彻底解决长期困扰明朝的货币供给严重短缺的问题，城市人口激增，农业商品化，工商业繁荣。徐瑾写了如下的文字：白银不仅刺激了中国经济，还催生了诸多的社会变革。白银流入对于晚明意义重大，正是在那时形成了一个因商业而快速世俗化的新世界。她还特别提到，"《金瓶梅》成书期间，刚好对应晚明经济白银化的历程，在某种意义上，正是白银成全了'西门庆'们。仔细阅读对比，就可以注意到这是与以往古典小说截然不同的经济世界"。在明朝胡我琨撰写的三十二卷之多的《钱通》中，卷一、卷二提供了众多明朝寻常百姓与白银货币的故事。明代中后期的白银货币化启动了中国的双转型：从内向型农耕经济向外向型市场经济和国际贸易经济的转型，从古代社会结构和国家模式向近代社会结构和国家模式的转型。

在西方史学界，不乏以16世纪70年代初作为世界大历史（1571—1689）、近现代全球贸易和世界市场形成的历史起点。中国明史专家万明则主张以16世纪40年代作为起点，当时中国内部产生巨大的白银需求，而世界恰恰具备了满足这种需求的资源和生产条件。从此，白银成为世界货币，它在世界经济一体化的历史进程中开始发挥核心作用。

但是，中国也因此进入了对白银的漫长路径依赖。汉学家崔瑞德和牟复礼在《剑桥中国明代史》的第八章中，描述了明朝与新兴世界经济的关系，观察到明代存在着对世界经济的贡献和对世界经济的依赖两个方面，"在16世纪和17世纪，中国国内对进口白银的需求，以及国外对中国丝绸、瓷器、金、铜币和其他商品的需求，促使中国比以往更深地卷入世界经济事务，这种卷入被证明是一种祸福结合的幸事"。由于明代经济和世界经济的关联性，明朝货币经济对世界性白银需求和供给的高度依赖，一旦内部和外部发生迭加性危机，基于国家官僚体制的僵化，社会必然丧失应对能力和手段。牟复礼特别提到："到1644年，中国是世界历史的一部分，它深受世界贸易中白银流动的影响，深受粮食作物的传播造成的农业转变的影响。"明朝覆灭于1644年"甲申国变"，其中的原因很多，而崇祯末年发生的海外白银供给的骤然短缺直接引发了白银价格上涨和通货紧缩，间接导致铜钱贬值和通胀，以及国家经济基础解体。"白银繁荣于大明帝国之际，无意之间，也埋下毁灭的种子。"同是1644年，英国爆发内战，结果是代表新生资产阶级的一方获得胜利，英国完成了向近现代国家的政治转型。

"白银帝国"的历史过程持续到明朝覆灭的17世纪40年代，发生了短暂的中断，之后的清王朝很快恢复了中国的"白银帝国"地位。

（4）"白银纠缠"和"银铜复本位制度"。

相比明代，清代（1644—1911）作为"白银帝国"其实需要打个折扣。正如徐瑾在文中所言，"清代货币制度基本延续明朝'大数用银，小数用钱'制度，前朝纸币教训也使得清朝基本远离类似实验"。用比较专业的语言，清朝自始至终所实施的是"银铜复本位制度"。这个"银铜复本位制度"是在一种货币体系下，两种货币金属同时充当货币材料，并按照国家规定的比价同时流通的制度，故并非是西方货币学所定义的"金银复本位制度"（Bimetallism）。一般来说，清代的"银铜复本位制度"具有如下特征：银钱供给的数量以及银钱比价，决定社会货币供给总量；国家完全放任白银供给和流通，白银偿还能力具有法律保障；政府视制钱为整个货币制度的核心，关乎国计民生，故国家垄断铜钱铸造，政府控制铜的生产与贸易，铜钱并非辅币，而是货币；白银和铜钱两种货币功能互补，大宗交易多用银，零星买卖通常用钱；国家对银钱比价没有法律约束，因市场上的供需状况而变动。

在"银铜复本位制度"之下，特别是19世纪中叶后，清代货币体系日益复杂，除了金、银两、银元和铜钱之类的金属货币之外，还包括外币、私票、各种银行券，构成了多重的比价和汇率。其中，对清王朝困扰最大的是"银钱比价""金银比价""银银比价"和"双重汇率"的交叉影响。"银钱比价"源于银是贵金属，铜是贱金属，银价波动，铜价自然跟进。只是银钱的比价是反方向的：银贵则钱贱，银贱则钱贵，形成"银贵钱贱"和"钱贵银贱"的交替循环。"金银比价"源于金银都是贵金属，金的价格通过银实现，银的价格通过金实现。"金银比价"是金融货币史中最基本的比价。"金银比价"的变化，主要取决于金银供给数量的起伏或金银的相对充裕程度。清代的货币史，其实是白银逐渐成为主体货币、需求不断增长和白银购买力不断提高的历史。在16世纪和17世纪，世界的金银市场处于分散状态，比价变动周期较长，幅度有限，频率缓慢，对中国国民经济的影响还不那么强烈。18世纪后，全球形成了若干主要的金银交易中心，白银价格呈现频繁的升降，且幅度加大，比价周期显著缩短。19世纪70年代开始，全球开始确立金本位制度，深刻影响了金银比价结构和频率。从此，中国货币经济越来越受制于西方主导的国际金融体系。"银银比价"源于19世纪的最后25年，银元开始在中国成为一种广泛流通的货币，甚至成为其他银币的价值尺度。这样，在中国的生银和银元之间，就产生了"银银比价"关系。由于"银银比价"并没有法定比价，所以自发产生"洋厘"行市。直到1933年"废两改元"（从银两改为银元）成功和确立银本位，外国银元彻底退出中国历史舞台，维系80余年的"洋厘"行市最终消亡。至于"双重汇率"，是指对外贸易以白银结算，涉及金银汇率，或者白银与英镑、美元等货币的汇率；对内则是银钱汇率，由银铜两种金属的相对供给决定。"双重汇率"连接国内市场和国际市场。

之所以清代还是"白银帝国"，主要因为白银自始至终是财富的基本形态：白银是基准货币；白银是国内跨地区贸易的交易货币；白银流入的数量以及白银价格的变化，直接影响货币供给规模；银价是物价的主要机制；政府财政收入主要税种与白银密不可分；白银是窖藏的货币财富；白银是会计制度基础。一言以蔽之，白银支撑着国民经济的运行，若是没有白银，整个货币体系必然陷入混乱，甚至倒塌。

（5）"白银纠缠"与自清末、北洋政府到南京政府的"废两改元"。

中国自15世纪开始白银货币化，不等于就此自然确立了银本位。19世纪70—90年代，世界主要国家普遍实施金本位，西方国家建立了金本位的游戏规则，白银地位全面跌落。中国没有成为金本位国家，不可能成为金本位的游戏规则的受益者。从此，中国的"白银帝国"光环开始暗淡无光。光绪中后期，尤其当看到日本在甲午战争之后实行金本位，光绪皇帝和同代精英逐渐形成中国货币制度需要根本性改革的共识。所谓根本性改革就是要选择究竟实行金本位，还是通过"废两改元"实行银本位。

徐瑾在书中提及了这样的历史节点，美国货币专家精琦（Jeremiah W. Jenks，1856—1929）于1904年向清政府提出以金本位为目标，导入金汇兑本位制的改革方案，其基本要点在于以相当于一两白银的黄金为单位货币，金银币间比价维持为1∶32，由清政府在伦敦等地开立信用户出售金汇票以维持比价，且启用外国人担任司泉官，即掌管货币金融部门。"精琦方案"不仅符合历史潮流，考虑到中国国情，而且具有可操作性。但是，当时货币主权观念已经在中国传播，加之各种利益集团的反对，尤以湖广总督张之洞的反对最为有力，"精琦方案"遭到清政府拒绝。这是不可弥补的历史遗憾。之后，清末的币制改革走上了以"废两改元"为核心的轨道。为了推行货币改革，光绪三十年（1904年）

创立了户部银行，几年后，户部银行更名为大清银行。宣统二年（1910年），清政府先后颁布《大清银行则例》和《币制则例》，从法律上确立银元的合法性，保证银本位制度的建立，并规定大清国币单位定名为"元"，即"龙洋"。清末中国铸造的"龙洋"的数目无法精确统计，但可以肯定的是，"龙洋"进入流通，大幅增加了铸币供给量，银两的存量减少，推动了中国货币制度从称量到计数，由银钱平行本位向银本位的转变。

1911年，发生武昌起义，清朝被推翻。民国初年，朝野上下的主流是在中国建立金本位。1914年2月，北洋政府颁布《国币条例》和《国币条例施行细则》，铸造袁世凯头像银币，实行银本位制，其实是过渡性质的条例。1915年，北洋政府拟定《修正国币条例草案》，确认将来过渡到金本位制；1917年，北洋政府颁布《金券条例》，准备实施金本位改革。但是，1919年的五四运动和反帝爱国热潮，严重阻碍原本希望很大的金本位改革。自此之后，中国彻底丧失了建立金本位的历史机遇。顺便要说的是，梁启超实属为中国实现金本位而努力的最后一人，他一定会为这个夙愿未能实现而抱憾终生。

北洋政府继续实施金银自由流动制度，国际市场的金银比价直接影响中国的货币供应量。中国无法摆脱白银的国内需求依赖国外进口的局面，世界银价的变动自然对中国的币制及其经济影响甚巨。中国更无法改变对白银市场定价权的被动处境。金银波动成为世界货币金融体系对中国产生影响的最重要方式。中国货币供给属于"不可控外生变量"。第一次世界大战期间，银价波动。进入 20 世纪 20 年代，英国主导回归金本位制度。金银比价大幅度震荡。白银汇率涨落，对中国的国际贸易、货币供给、利率、偿还外债和物价，甚至对国计民生都产生了不可低估的影响。

20 世纪 20 年代末，英国回归金本位的失败诱发了世界性经济紧缩和经济危机。进入 20 世纪 30 年代，在世界范围内金本位制瓦解，世界主要国家发行不兑换的纸币，货币流通和信用制度遭到破坏，实施赤字财政，推行通胀政策。1929—1933 年的世界经济危机中，全球金融市场完全处于失序状态，股票暴跌，银行倒闭，信用危机，企业也随之大量破产。在这样的背景下，南京国民政府时期有中央银行，却没有形成系统的货币政策体系，但这不等于南京国民政府时期没有货币政策意识和行为。南京国民政府断然选择 1933 年完成"废两改元"，确立银本位，希望幸免于这次世界性大萧条。但是，毕竟"废两改元"是逆行于时代货币制度潮流的，并没有能够有效地抑制和化解中国日益恶化的经济形势。

（6）"白银纠缠"的极致和终结。

1933 年，美国总统罗斯福签署了一项行政命令，宣布美国公民持有金币、金块或黄金证券为非法。1934 年，罗斯福签署了《1934 年购银法》，立即刺激世界白银价格上涨，导致中国的多米诺骨牌效应：白银大规模外流，为过去 500 余年所未有，引爆了从 1934 年夏季至 1935 年的"白银风潮"。进入 1935 年，白银存底继续减少，通货紧缩、利率上升、公债跌价、银行倒闭、物价下跌、企业破产、失业增加，而且涉及货币经济的主要环节，中国经济陷于全面衰退，形势坏到不容再拖的地步。1934—1935年，一方面，中国这个昔日的"白银帝国"已经是只纸老虎；另一方面，"白银纠缠"造成的"剪不断、理还乱"发展到历史的极致。

南京国民政府终于清楚地认识到：从表面上看，中国是美国新白银政策的牺牲者，根本原因其实在于中国的银本位。只要继续银本位，中国货币经济就会受制于国际白银价格，非中国可以左右，白银价格的上升引发严重的通货紧缩，白银价格下降则导致通胀。任何在银本位框架内的改革，都没有出路。唯有废除银本位，方有可能遏止白银外流，结束以白银为主要形态的货币供给完全失控的态势。

1935年年初，中国秘密通知美国，计划放弃银本位，采取金银复本位，并将这种新货币与美元联系，以稳定中国的汇率。时至1935年下半年，国民经济已经恶化到崩溃边缘。11月4日，时任中华民国财政部部长的孔祥熙发表《关于发行法币的宣言》，宣布废除银本位，并立即实施停止白银合法出口、白银国有化、统制银行系统、垄断货币发行权、严格外汇和黄金管制政策。

1935年的法币改革的前提是：法币和外汇需要有稳定的汇率，法币是可兑换货币，主要是英镑和美元。为此，中国需要美国的支持。中国和美国经过"白银谈判"，于1936年签订《中美白银协定》，该协议成为美国支持法币改革的法律保障，标志美国和中国正式实行货币体系的合作。"货币制度中的相互联系背后，其实是对利益同盟的确认。"为了保证法币政策的实施，维系法币的可兑换性和汇率稳定，需要外汇自由买卖制度，这意味着国家需要有足够的外汇，持续实行白银国有化，强化国家对金融部门的垄断统制。

法币改革存在显而易见的两个方面。一方面，法币改革意味着中国没有经过金本位过渡阶段，完成了货币现代化，降低了商品市场的交易成本，形成统一的国家市场，这对国民经济的效益明显，有助于国民经济走出萧条。法币改革与中日战争的时间相当接近。对于中国来说，法币改革加快了中国形成民族国家的经济共同体。另一方面，国家垄断货币铸造权，全方位统制金融体系，开启了政府超量发行之门。"法币却如同历史中的其他中国纸币，从稳定到轻微通胀，再一步步陷入高度通胀而不可自拔，最终导致了金圆券的推出。民间白银和黄金外汇一起，再度成为被掠夺的对象，演绎了中国金融史上最为疯狂的一幕。"

南京国民政府主导的法币改革已经过去了80多年。但是，关于如何评价法币改革的历史地位，始终是"仁者见仁，智者见智"，莫衷一是。无论如何，由于法币的诞生，作为"白银帝国"的那个中国寿终正寝，也因此彻底终结了"白银纠缠"。然而，如今建立在国家信用基础之上的各种纸币，呈现的是永无休止的货币扩张和财富贬值，以致人们不免怀念那个令人又爱又恨的"白银纠缠"年代。

徐瑾在本书的结尾如是说："以海外白银流入开始，以收缴真金实银结束，这就是中国白银数百年的循环。其间有历代王朝的兴起与陨落，也有不少人杰的努力与奔走，一切都在历史之中回响。历史的循环之中，有无数天问等待答案。答案是白银，也是人性的贪婪，更是制度的大失败。"这是一个颇有历史空间感的结语。在世界范围内，研究货币经济，特别是研究货币经济历史，其实是一个少有遐想和浪漫的工作，更多是要面对严酷的史实和严密的历史逻辑。如果用军事语言来说，货币经济研究始终处于冷兵器时代，那里的每件武器都很笨钝和沉重，锈迹斑斑，而且显然是以男性为主体，少有女性的领地。然而，前些年，台湾历史学家林满红女士撰写的《银线》将19世纪中国经济历史的研究推向了一个高峰。近年来，徐瑾以她的《印钞者》和《白银帝国》，将史学家冷僻的工作加以大众化书写，为货币经济历史的疆域创造了一道独特的风景线。

著名经济学家、台湾大学客座教授　朱嘉明
2016 年 9 月 27 日于台北阳明山

金钱即人。

——古希腊谚语

钱无气味。

——古罗马谚语

要颠覆现存社会的基础，再没有比搞坏这个社会的货币更微妙且更保险的方式了。这一过程引发了经济规律的破坏性一面中隐藏的全部力量，它是以一种无人能弄明白的方式做到这一点的。

——宏观经济学鼻祖约翰·梅纳德·凯恩斯
（John Maynard Keynes，1883—1946）

货币史是历史的一部分，研究货币史，总的目的是帮助理解历史。

——中国货币史学家彭信威（1908—1967）

从我立志要成为经济学者的那一天起，我就清楚地知道自己要走的方向。我一开始就探索是什么因素造就了经济的富庶或贫困，因为在我看来，只有做到了这点，接着才能谈如何改善经济的表现。……我所设定的目标，是要找出到底是什么决定了经济体系运作的方式及其成败。显然，经济史是最符合这一目标的范畴。

——1993 年诺贝尔经济学奖得主道格拉斯·诺思
（Douglass C. North，1920—2015）

绪论

白银的诅咒

得智慧胜似得金子；选聪明强如选银子。

——《圣经》箴 16∶16

国家作为经济史学家们所关注的重点，以收入和支出的形式组织其经济活动……难道经济史就不能围绕着货币制度的演变而最有效地编写出来吗？[①]

——美国金融史学家金德尔伯格（C. P. Kindleberger，

1910—2003）

一

"银，白金也。"《说文解字》中如是说。白银是价值仅次于黄金的贵金属。

[①] 参见《西欧金融史》（金德尔伯格，2010）。

对比西方人对于黄金的迷恋，国人对于白银可谓念念不忘。从古至今，中国历史上对于白银的偏好几乎随着时间日益加深，而白银成为中国本位货币的艰难历程，恰恰也隐藏着中国历史大变迁的隐秘纬线。

白银在中国上古时代已有出没，从考古来看殷商时期就用银贝等物，"农工商交易之路通，而龟贝金钱刀布之币兴焉。所从来久远，自高辛氏之前尚矣，靡得而记云。……虞夏之币，金为三品，或黄，或白，或赤，或钱，或布，或刀，或龟贝"①。这里的"白"，也就是银。银在春秋战国已经具备货币部分职能，目前能够找到当时的各类银贝等货币出土。即使如此，五代之前银更多作为装饰赏赐，在秦汉之间银并不作为主要支付手段，"秦兼天下，币为二等：黄金以镒名，为上币；铜钱质如周钱，文曰'半两'，重如其文。而珠玉龟贝银锡之属为器饰宝藏，不为币"。②

从"不为币"到最终的法定货币，白银在中国的货币化历程不无曲折。战国至秦汉时期，更多用金与钱，进入六朝、隋、唐是钱帛并行，宋、金、元至明初则是钱钞流通。五代后白银才开始逐渐用作支付，两宋后白银逐步进入民间，与钱并行使用，直到明代中晚期，白银正式完成在中国的货币化。从此之后直到 20 世纪 30 年代，这 500 多年间，中国经历了大小战争，浩劫无数，始终固守白银，其间银两和银元通用。

---

① 详见《史记·平准书》(司马迁，2012)。
② 详见《汉书·食货志》(班固，2000)。

　　对比中西货币史，从一开始中国与西方的货币制度就呈现出不一样的特点。古代西方小国林立、国际贸易发达，虽然一国之内国王可以规定何为货币、价值几何，这些规定却无法在其他国家疆域内使用，真正能够被国际市场接受的流通物，从很早开始就被锁定为贵金属铸币。早在公元前 7 世纪，小亚细亚的希腊小国吕底亚就已经开始铸造固定总量、标明价值的金银合金铸币（而中国迟至清朝末年才开始白银铸币），从此塑造了西方货币史注重贵金属铸币的路径。

　　相比之下，在明朝中期之前，大部分时间内各种贱金属铸币（铜钱、铁钱）构成中国货币的主要形态，中间间杂着货币史上的早熟传奇，即北宋到明初 400 余年最终失败的纸币试验。回顾货币史，通胀和通货紧缩在中国历史上交叠出现，政府不时地受到诱惑，以虚值大币或者轻薄恶滥铸币方式大肆搜刮，民间则以私铸、停用恶币等方式反击，虽严刑峻法亦难禁绝。最终结果则是，即使帝王意志亦需接受市场检验，从半两钱、五铢钱到开元钱再到宋代铜钱、铁钱、纸币，中国钱币命运难以与王朝兴衰相隔离。

　　即使白银在明中期得以货币化之后，白银在中国大部分情况下也仅仅是作为称量货币使用，而非西方早已习惯的铸币方式。从古代银两形态来看，隋唐以前称银两为银铤、银饼或银笏，最早可以追溯到汉代。古代"铤"通"锭"，从宋代开始一般称呼银铤为银锭，而把银锭叫作"元宝"始自元朝。据说元朝至元三年（1266 年）以平准库的白银熔铸成"锭"，重量达 50 两者叫元宝，即"元朝之宝"的意思。刚开始元宝不单用于银锭，也出现在铜钱上，但后来成为银锭的通称。大体而言，从汉朝到明清，银锭开始由圆饼形逐渐向长条形发展，随后是束腰形，最后发展成元宝形。① 这种发展，有钱币学家认为更美观，也有人认为不方便，是一种倒退。至于银元，中国自制银元之前，银元基本源自海外银元，所谓"外洋"。

作为称量货币的白银，不仅成色和品质需考察，而且各地换算方法林立，使用并不方便，直到民国"废两改元"才算正式全面以银元取代银两，白银得以以制币形态流通。此外，中国货币历史上虽然有各类当铺、银铺、钱庄等金融机构，但是长期没能发展出现代银行体系，对于中国信贷体系的深化乃至现代国家转型拖累甚深。

细究中国货币史，可以发现其形态变迁与制度发展均离不开特定的历史变化，而货币的变迁背后对应着帝国的进退。历史细密经纬之中，白银始终是一根连绵不绝又隐匿无比的线。要重新认知中国货币史，把握白银在中国货币化的关键进展，就必须结合经济史、政治史、财政史、军事史等研究，从更大的视野重新审视中国历史。换言之，理解货币必须在货币之外，其前提是重新厘清中国历史的关键脉络。

对于传统中原王朝而言，为维护王朝统治，必须应对内外两方面的挑战。过去史书多聚焦帝国内部挑战，外部挑战在传统叙

---

① 中国银两图片以及分类可以参见《银的历程——从银两到银元》（浙江省博物馆编，2015）。

事中往往被忽略，但事实上少数民族在中国历史中并非短暂过客，千百年来北方草原游牧民族随时虎视眈眈，长城内外枕戈待旦之卒动辄以百万计。和平要么是赢来的，要么是暂时的，无论哪种，都对中原王朝的军事能力及其资源汲取能力提出了很高的要求。更紧要的是，以庞大物资支持的军队，天然地更容易效忠于带领他们的将军，而不是远在天边的朝廷，在军队忠诚度与军队战斗力之间，皇帝们往往陷入两难。这构成了棘手的内部挑战。

权力醉人，可如何保护权力？帝国内部的权力纷争背后，也隐含着制度变迁的动力。西周选择的是相信血缘宗族力量，封土建国以统领万方，却最终以兼并战争与秦汉大统一而结束。从秦汉直到唐，朝廷一直在试验各种方式，以对抗幽灵不散的地方豪族与割据军阀的潜在反叛势力，试图将军事权力牢牢掌握在手中，其可悲的失败在安史之乱中达到高潮。相应地，军制也在征兵制（如府兵制）与募兵制之间反复摇摆：征兵制方式简单、效力惊人，但要么依赖于草原民族的血勇氏族精神，要么难以持久；而募兵制不仅耗用浩大，维持军队忠诚亦不易。

内外冲击之下，王朝的资源汲取能力也在不断经受考验。王朝兴起之初，无主土地众多，各类均田制度可以顺利实施，以实物税为主的各类财税措施也容易落实。时间一久，由于土地兼并与大户蒙荫，朝廷财力难得保障，各类货币化税收改革方案不得不出台，杨炎、王安石、张居正、雍正的改革时隔近千年而前后相继，其本质都是为支撑王朝政府对财税收入的欲求。

进入近代，在白银全球流入流出的牵引冲刷之下，中国经济乃至国事都受到诸多影响，从明朝灭亡到鸦片战争，以及随后多次政治战乱与经济危机，莫不如此。讽刺的是，民国在艰难告别白银、迈入纸币时代后，却紧接着进入恶性通胀之中，几乎重复了多年前南宋的纸币故事，中国货币的千年跃进近乎被一笔抹杀。

昔日的天朝上国，随着白银化进程，也经历了帝国辉煌的褪色，不仅从世界GDP（国内生产总值）第一跌落至落后于西方，甚至也落后于亚洲近邻日本。早在白银货币化的明末清初，不少启蒙思想家就力陈白银的弊端，视之为大害，黄宗羲说"故至今日而赋税市易，银乃单行，以为天下之大害"，王夫之也表示"饥不可食，寒不可衣，而走死天下者，唯银也"。白银导致华夏易主、帝国落伍，这一说法不仅限于明，清末康有为也认为"夫以五千年文明之古国，四万万之众民，而所以致亡之理由，不过是银落金涨之故，岂不大可骇笑哉！"这种思路演绎至今，被涵盖在反思中国落伍的大辩论中。

白银与落后，是无意巧合还是因果关系，白银是否为中国落后的根源？梳理数百年白银历史，我们看到白银的命运伴随着一个古老帝国的挣扎与纠结，白银嬗变背后，不仅是王朝更迭，更是文明兴衰。借助白银之眼，我们可以一窥中国现代化之路。①

本书分为三个部分，其中第一部分为总论，偏于理论，叙述本书的立论脉络以及观察框架。第二部分为全书主体，强调史实，

---

① 本书为笔者"货币三部曲"系列之一，其余两部为《货币王者》（2022）与货币简史（计划2024年出版）。

分为五章。第一章综述东西方白银的不同命运，第二章详细讨论宋元两朝的纸币试验，第三章分析明朝的银本位与全球化互动，第四章则探讨名存实亡的银本位如何在晚清陷入混乱与崩塌，最后一章则是民国的货币历史，即从白银开始，以法币结束。第三部分是后记、附录"东西货币金融大事记"等。

二

在广泛运用白银之前，中国人曾经广泛运用纸币，这原本是超越时代的创新。

古希腊哲学中曾有"金银铜铁"理论：人都是一土所生，彼此开始为兄弟，但是老天铸造他们的时候，分为三种人，第一种人身上加入了黄金，因而是最宝贵的，是统治者，其次则加了白银，这是辅助者或者军人，最后则是铜铁，往往是农民及其他技工。[1]

神话是现实的隐喻，对应着西方神话中黄金时代、白银时代、青铜时代的说法，中国古代也有金银铜三品的说法（"虞夏之币，金为三品，或黄，或白，或赤，或钱，或布，或刀，或龟贝"）。东西方货币历史发展分为不同阶段，西方大致是从商品本位、金银复本位到金本位，然后到纸币本位（或许应该加上一个新的阶段，即我们正在迎来的数字时代），其中货币形态变迁也是为了适

---

[1] 详见《理想国》（柏拉图，1986）。

应经济的不断货币化。文明诞生之初，货币很可能是起源于馈赠，随后进入商品时代，从贝壳到胡椒，很多物品都曾经作为货币存在，而金银在其中占据重要地位，东西方都曾经经历金银以及各类金属辅币并用的时代。到了18—19世纪，欧洲逐渐从金银复本位过渡到金本位，随着现代银行系统的发育，债券市场的繁茂发展，最终西方在20世纪过渡到纸币本位。

可以说，纸币是人类货币发展的高级阶段，与金属货币并不在一个维度。成功的纸币，尤其是法币，其实依赖于市场与国家的信用协定。对比之下，中国早在宋元明三朝时期就展开了规模宏大的纸币试验，而也正是这一阶段的失败，构成白银在中国最终胜出的重要一环。银在中国五代之前更多作为装饰工艺使用，金在汉代之后作为支付也不多见，唐代货币制度更是钱帛并用。到了宋代，银的使用从上流社会走向民间，逐步开始有了一定的支付地位，各类笔记小说以及物价记录中关于银的记录也比以前多了很多。更值得一提的是，当时中国诞生了世界上最早的纸币。在西方中世纪金银复本位的同期，中国纸币试验从北宋开始就颇具规模。①

北宋交子最早发行于11世纪初，也就是北宋天圣元年（1023年），流通近80年，比起西方国家最早的纸币早了六七百年。回看宋朝，的确堪称特异。纸币诞生在北宋，一方面体现了宋代经济的繁盛，这可能是中国经济全面超过西方的历史顶点，另一方

---

① 也有人认为唐代用于汇兑的飞钱就有纸币特质，但是一般认为宋代的交子以及会子等影响更大。

面也源自当时帝国征战的战争开支与财政压力，为纸币的扩大使用创造了历史条件。宋太祖赵匡胤崛起于五代十国战乱之间，确立以文制武策略，在立朝之初即行募兵制，佣兵数量高达 120 万。有宋一代，边患不断，辽、金、蒙古都军威赫赫，宋朝与之对峙数百年。为支持庞大的军资，宋一反常例，大力发展商品经济，不仅经济实力在中国古代王朝中高居第一，经济的货币化程度也突飞猛进，其财政收入中货币形态占比高达 80%（相比之下，盛唐最繁荣之时也不过 20%）。在浩大军费之下，有宋一代一直处在庞大的财政压力之下，这也造成纸币的历史机遇。可惜的是，由于纸币首先是服务于朝廷的战争财政需要，随着军事吃紧，纸币也在无约束滥发之下崩溃。

当时，不仅宋朝交子、会子等金融创新领先了全球潮流，与宋对峙多时的金国，其交钞也获得了不菲成功，一直持续到从大漠崛起的蒙古铁骑席卷而来。然而宋朝纸币的故事并没有终结，随后的元明两朝也步其后尘，将纸币之弊放大于无限，发行了各类钞票，这些钞票逐渐走向不可兑换，部分具有法币性质。和宋朝的交子、会子一样，这些邯郸学步之作，最终走上滥发之路，也没有更好的结局。

随着纸币的兴起，白银的地位最开始并不具备合法性，元代曾经抑制用银，而明代初期也曾经禁止白银交易。明朝禁银而民间用银不止，随着白银的逐步货币化，在无可奈何之下，明朝终于在中后期对白银解除禁令，隆庆元年（1567 年）规定，"凡买卖货物，值银一钱以上者，银钱兼使；一钱以下止许用钱"。白银的货币地位获得法律认可，嘉靖年间官方正式规定了白银同钱的比价。从此，白银地位达到最高，直到 20 世纪 30 年代初仍旧如此。

纸币败北，白银登场，白银在明朝焕发其通货"光芒"。时间流逝之下，明朝初期洪武体制的严酷最终输给经济发展的活力，恰好此时，地理大发现之后大量美洲白银流入中国，将明朝经济从死水微澜改造为喧声四起。中国古典小说《金瓶梅》，形象生动地描述了明朝后期商品经济的发达，这其中，海外白银流入及其货币化正是幕后最重要的推手。

纸币的三朝失败试验，成就了白银在中国的终极胜利。对于古代帝王来说，金属货币难以控制，钞票是最为便利的货币形式；此外，古典时代因为贵金属不足导致的经济问题屡见不鲜。以此而论，如果纸币发行得当，数量控制在一定范围之内，不仅有益于政府财力，对于经济其实也是极大的红利与跃升。换言之，纸币本身可谓金属货币到信用货币的一次"升维"，运用得当的话对于经济大有裨益，典型如英镑对于英国崛起的决定意义。

然而历史没有如果，战争逻辑与皇权思维主导之下，纸币创新带来的不是繁荣而是滥发。在宋元明三朝，中国试图跳过银本位直接进入纸币本位，但这一过早诞生的纸币最终却因为缺乏约束遭遇了挫败。在与纸币的竞争中，白银作为一种替代物，对于民众来说有保值和储存的便利，最为关键的是，白银具有免于被权力轻易掠夺的货币本性，朝廷至少无法"印"出白银来。因此，白银天然是市场的选择。在市场选择这一隐性却强大的力量之下，纸币试验从宋代的会子悲剧开始，到明代大明宝钞的失败，最后不得不以失败而告终。

中国纸币的命运，是成熟的古老帝国又一次过早开出的文明之花，一切聪明与机心，在缺乏约束与边界之际，最终都会自我毁灭。回看白银近千年的故事，其竞争对手纸币的作用如此巨大，从交子开始，堪称白银货币化的开篇，以法币结束，也是白银货币化的归宿。

三

一个产银不多的国家，如何在近 500 年中维持银本位？答案在于海外白银。

中国是贫银国，其产银数量究竟多少，可以从《明实录》银课收入（也就是对白银赋税）中一窥究竟。从每年平均银课收入来看，洪武二十三年到洪武二十六年最少，每年平均银课收入为 25 070 两，此后激增到 20 多万两又回落，从总数来看，洪武二十三年到正德十五年 130 年间银课（少量金课）合计 113 万两有余。[1] 这意味着明代每年银课收入大约为 10 万两。明代银课在银矿产额中所占的比例比宋代和元代高，也高于当时的西班牙（一般认为西班牙金税为 1/20，而银税则为 1/10），明代银课一般被认为是银矿产额的 30% 左右[2]，如此可以推算明代白银产量并不

---

① 详见《明代的银课与银产额》(全汉昇，1966)，也可参见《梁方仲经济史论文集》(梁方仲，1989)。
② 详见《明代的银课与银产额》(全汉昇，1966)。

算多，平均每年 30 万两略多。

表 0.1　明代历朝每年平均银课或金、银课

朝　　代	每年平均银课或金、银课（两）
太祖朝（1390—1393）	25 070（＋）
成祖朝（1402—1423）	224 313（＋）
仁宗朝（1424—1425）	106 432
宣宗朝（1426—1434）	256 450（＋）
英宗朝（1435—1463）	46 541（＋）
宪宗朝（1464—1486）	61 913（＋）
孝宗朝（1487—1504）	54 628（＋）(金、银课)
武宗朝（1505—1520）	32 920（金、银课）

资料来源：《明代的银课与银产额》(全汉昇，1966)。

　　如此少的白银产量，自然无法承担庞大的明朝经济货币化的历史重任。事实上，这一重任主要是由大规模流入的海外白银来承担的。海外白银有两个主要来源：传统上是日本白银，在唐代遣唐使的贡品中往往可以看到白银的出现，而其带回日本的物品中各类钱币也是屡见不鲜；更具有意义的则是美洲白银，其通过各种贸易渠道进入中国。中国白银货币化的进程，不可避免地与肇始于地理大发现的第一次全球化紧密地联系在一起。

　　16 世纪是一个分水岭。1492 年，冒险家克里斯托弗·哥伦布发现美洲新大陆。1545 年，一个叫瓜尔巴的印第安人在安第斯山高地发现巨大银矿山，这座银山被喜出望外的西班牙人取名为"富山"（The Rich Hill），成为美洲一个标志性的事件。随着 1563

年在秘鲁发现提炼银子所用的水银，美洲白银开采全面发力，金融史学家金德尔伯格估算美洲白银最高年产量为 300 吨。

地理大发现中的银矿满足了欧洲人的贵金属狂想。欧洲人最早为金子而去往新世界，恩格斯曾经说，"黄金一词是驱使西班牙人横渡大西洋到美洲去的咒语，黄金是白人刚踏上一个新发现的海岸时所要的第一件东西"。随着波托西银矿的发现，银子在 1560 年后比黄金更受到西方关注，在东方又恰逢明代对于白银渴求难耐之时，美洲白银随之源源不断地流入中国，成为东西历史脉动的新角色。

在白银的跨大陆流动大潮中，中国和欧洲的金银比价差距是一个主要动力。中国金银比价一直高于欧洲，早年是 1∶3 甚至更低，明初大概是 1∶6—1∶5，随后到 1∶8—1∶7，直到清代仍旧高于欧洲，欧洲中世纪一般是 1∶14—1∶10，甚至更高（按照美国经济史学家汉密尔顿 1934 年的数据，1643—1650 年金银比价为 1∶15.45）。美洲金银矿是导致世界贵金属价格变化的重要推手，16 世纪的发现使欧洲金银大跌至近原价的 1/3，但是银比金的名义价值下跌更大。① 生活在 18 世纪的亚当·斯密（Adam Smith）观察到，在美洲金银矿发现之前，欧洲造币厂规定纯金对纯银的比价为 1∶12—1∶10，随后在 17 世纪则变为 1∶15—1∶14，原因在于美洲虽然几乎同时发现了金银矿，但银矿比金矿更丰饶，对比之下中国则为 1∶10 或 1∶12，日本则为 1∶8。美洲白银的大规模

① 参见《国富论》（亚当·斯密，2014）。

出产，不仅导致东西金银比价差距进一步拉大，还不可避免地出现了巨大的国际贵金属套利空间。

地理大发现引爆了全球化狂潮。菲律宾群岛是美洲白银进入亚洲的中转站，衔接一切的是贸易，正如中国经济史学家严中平所说，"丝绸流向菲律宾，白银流向中国"[1]。除了丝绸，中国棉纺织品也颇受欢迎，中国棉布在16世纪末已经在墨西哥市场上排挤了西班牙棉布。根据学者全汉昇推算，1565—1765年，从美洲运到菲律宾的白银共计2亿比索（比索是前西班牙殖民地广泛采用的一种货币单位，一般认为折合中国库平银七钱二分）。根据学者德科民（De Comyn）的计算，1571—1821年，从美洲运往马尼拉的银子共计4亿比索，其中的1/4—1/2流入中国。[2] 全汉昇则认为比例高于1/2，加上欧洲各国经由贸易带到广州的4亿元，他估算1700—1830年输入中国的美洲白银约为6亿元，折合约4.3亿两。[3]

出生于德国的学者安德烈·贡德·弗兰克（Andre Gunder Frank）对白银的研究曾经在公共领域引发不少关注。他的理论体系将当时东方的地位与吸纳白银的能力挂钩，对白银流入的统计高于全汉昇及其他专家，争议颇大。他认为，1493—1800年，世界白银产量的85%和黄金产量的70%来自拉丁美洲，其中超过80%的白银运抵欧洲，而欧洲又将其中的40%运往亚洲，留在美

---

[1] 参见《丝绸流向菲律宾，白银流向中国》（严中平，1981）。
[2] 转引自《明清间美洲白银的输入中国》（全汉昇，1972），第435—439页。
[3] 参见《美洲白银与18世纪中国物价革命的关系》（全汉昇，1957）、《明清间美洲白银的输入中国》（全汉昇，1972）等。

洲本土的仍有 20% 运抵亚洲。其结论是全球白银产量自 1600 年起为 120 000 吨（自 1545 年起为 137 000 吨），产量一半归于亚洲，这期间共计输入中国的白银约 6 万吨[1]，约为 19.2 亿两。这一结果很可能过高，不过也显示出明代吸纳白银之巨。

即使算上中国本土历朝历代的白银存量，海外流入白银仍远高于同时期的国内存量。学者刘光临认为，宋代白银存量不超过 1.5 亿两，在元朝禁止白银流通而流失中亚各国、窖藏、陪葬等因素作用下，留存到明朝的前代白银不超过 3 000 万两，加上明朝产银 2 000 万两，16 世纪初明代的白银存量合计为 5 000 万—6 000 万两，而从 16 世纪中叶开始，海外白银流入量约为 2 亿两。其中，各家估算差异较大，美国学者万志英（Richard von Glahn）估算为 1.92 亿—1.97 亿两，中国学者吴承明估计为 0.86 亿—1.11 亿两，学者神木哲男和山村耕造等人估计为 2.32 亿—2.89 亿两，是本土存量的 4 倍左右。[2]

虽然各家估算数据不一致，但中国在明清之后成为全世界白银的"秘窖"，这是无可争议的共识。在此，我强调一下，关于明清之际白银的数据，各类研究很多，不少学者的目标都是给出自己的标杆，在这一领域留下参照系，不过我志不在此，不仅希望提供不同视角给读者参考，而且期待通过梳理分析破碎史实以呈

---

[1] 参见《白银资本》（弗兰克，2008）。

[2] 白银的计算不仅口径不一，度量衡也不一。有的以吨计算，有的以两计算，神木和山村的研究原本以公斤计算，此处统一为两，参考刘光临的折算，详见《明代通货问题研究》（刘光临，2011）。

现更核心连贯的货币逻辑。白银数据异同之外，应该看到更大的格局，即在数据之外的逻辑衍生与历史脉络。

古代经济估算不容易，即使是安格斯·麦迪森（Angus Maddison）之类的经济史巨擘，其对世界 GDP 的估算成为最权威来源之余，估算本身也存在诸多争议。具体到中国白银，不仅涉及各种度量衡，而且资料来源零散且单一，因此读者应相对冷静地对待各类白银流入与流出的数据，在数字之外更留意趋势的变化。正如美国哈佛大学历史学和经济学教授戴维·S. 兰德斯（David S. Landes）所言，在推测性的计算中，数字只有与历史背景相符时，才是可信的——毕竟在长时段的计算中，任何参数的极小误差最终都导致结果的极大偏移。[1] 我一直认为，理想的经济学是数据、逻辑与历史的结合，而理想的经济史研究则应该在理解数据背景的前提下始终抱有疑问。

白银的流入，不仅使元之后历朝帝王屡次禁银的努力付诸东流，也使得中国经济加速货币化，无意间进入全球化搅拌之中。不同的是，欧洲的大航海时代为欧洲增加了动力，开始了工业革命，之后主要经济体陆续进入金本位乃至纸币时代。而东方帝国则静静地固守着白银，最多不过纠结着白银流出或者流入不足。

明代之后，中国进入清代，而白银流入依旧。清代货币制度基本延续明朝"大数用银，小数用钱"的制度，前朝纸币教训也使得清朝基本远离类似实验。明清之际，中国经济通过白银与世

---

[1] 详见《国富国穷》(兰德斯，2001)。

界有了更多连接。当海外白银全面介入中国经济之际，其流动速度往往不再受中国政府控制，给中国带来诸多影响，这一情况即使到了民国也是如此。20 世纪 30 年代就有人断言，"银价问题乃是中国近代金融经济的中心问题"。最为典型的是，鸦片战争爆发之前，鸦片导致的"漏银"成为不少股肱之臣对道光皇帝的主要谏言。我在本书中特别介绍了台湾学者林满红的研究，指出白银流出的速度并不是如同大家想的那样在鸦片战争期间达到顶峰。站在历史的高度来看，鸦片战争的实质，重点不在于白银战争，而在于贸易战争，背后是两个文明难以避免的冲突与碰撞。

除政治之外，中国经济也受到海外白银的搅动。白银流入增加时，中国经济的货币化提速，《金瓶梅》中的人人皆商以及清代江南地区的富庶景观就是其见证。此时出口增加，居民安居乐业，白银在市面上加快转换，经济进而腾茂。当白银流入减少，中国饱受紧缩之苦，出口减少，居民趋于保守，白银开始退出流动领域，窖藏白银增多，财政进一步萎靡，最终甚至引发了战乱与起义。这一情况在明末或者清末皆有发生。繁荣时刻的白银是锦上添花，衰败时代的白银则是压倒骆驼的最后一根稻草。

正如货币金融学大家弗雷德里克·S.米什金（Frederic S. Mishkin）所言，金融系统是经济的神经。而生生不息流动的白银，则是中国经济的白色血液，其动静变化，牵动中国经济的神经，引发一次次兴奋与痉挛乃至紊乱。即使坐拥白银，帝国斜阳依旧。换言之，白银很重要，但是拥有白银不等于拥有繁荣，甚至白银流入更多可视为中国经济货币化的结果而不是原因。决定帝国命运成败的核心，仍旧是帝国制度的固有缺失。那么，究竟是白银流入决定了帝国命运，抑或是帝国自身的走向影响了白银流动？真实的历史是无数个体互动的结果，白银命运与帝国兴衰之间也是如此。

鸦片战争催生了中国的近代化，姗姗而来的现代金融中介在海外对手的竞争中艰难前进。即使白银在市场的自发选择中胜出，中国货币制度其实也一直处于被动状态，多年以来帝国最重要的财税大权旁落于海关控制之下，甚至到民国也没有建立起有效的货币体制。

四

20 世纪初，在日本留学热中，一名 26 岁的中国学生在日本京都完成自己的经济学教育，临别之际，他和老师们一一告别。其中一位日本老师对他说："中国（China）这个名字只能算是个地理名称，不像个国家。北京政府的政令不能出都门，各省各地区群雄割据，各自为政，各自发钞票铸铜元。你现在准备回到哪个地区去？我看，你要回去，很可能无路可走。"

站在相同的时间点上，两人经历不同，视角各异，对于中国的判断自然有所不同。这名学生听了难免气愤，后来回忆当时忍不住要发脾气。他毫不犹豫地动身回国，日后成为中国银行界泰斗。

他就是资耀华，他亲自见证了白银一步步退出民国货币舞台的历史。至于他的那位老师，也非等闲之辈，是日本著名的汉学家内藤湖南，"唐宋变革论"即由他首先提出。[1]内藤湖南当时的观察其实相当准确，货币的混乱解释了中国政经的萎靡，而这一状况可以追溯到明清之际，甚至更早。

中国在明清之后号称建立了银本位，但是这种名义上的银本位存在很多问题。白银一直没有作为铸币使用，现实之中多数情况是银两、碎银、银元并行，又因重量纯度各有区分，因此除了不同重量纯度的"实银两"，换算中还有作为实银价值衡量的"虚银两"并存，因地因用各有划分，共上百种之多。

由于白银各种度量单位不一，导致中国货币制度空前混乱，而混乱的币制进一步造成经济金融的萎靡落后，与国家的孱弱分裂彼此牵引。用银，也因此成为一种落后的象征，甚至被看作一种白色的诅咒，成为帝国落后的镜面投射与无奈注脚。直到今天，不少观点仍旧强调正是中国用银丧失货币主权，才导致中国在明清东西大分流时代的落伍。如果按照这派的观点，大明帝国的灭亡根源之一在于李自成起义，而这与海外白银流入减少有关，甚至晚清与民国几次白银流入变化，都触发了经济危机乃至战争。不过，比起追究是否应该选择用白银，我们今天更应该反思的是，中国为何用白银？白银背后的制度为什么一直没有改变？同样长期使用白银的欧洲大陆为何没有重蹈中国的覆辙，反而逐渐孕育

---

[1] 参见《概括的唐宋时代观》(内藤湖南，2009)。

出现代纸币与银行系统?

迟至民国,白银依旧通行国内。北洋政府孱弱,除了袁世凯在币制统一方面稍有建树,余者多不足道,甚至当时就有各类滥发纸币事件,例如"京钞风潮"。北洋时代中央权力式微,但是民间力量勃发,中国新式银行开始崛起,现代金融系统从无到有。国民政府成立之后,中央集权加大,中国终于有能力"废两改元"。国民政府原本计划是从银本位过渡到金本位,但由于世界经济危机以及美国《白银收购法案》,中国再次"升维",跳过金本位,直接进入法币阶段。法币原本是中国货币制度的全新升级,堪称统一货币的一次成就,但在内忧外患之下,金融再次沦为政治的附庸,其结果也并不美好。法币滥发无法遏制,而取代法币的金圆券的滥发更是史无前例。于是,纸币在近代中国上演了最疯狂的一幕,创出惊人的通胀纪录,其惨烈程度超出多数人的预期。这一次的纸币试验仍旧以一个政府的陨灭为结果。而白银在纸币被遗弃之后,又在民间暗中复燃。

白银与纸币的博弈,其实也是保守与贪婪的较量。如此博弈,如果通过权力制衡,其实也可以有不一样的结果,就此而言,纸币是中国未能把握的制度红利。英格兰银行成立于1694年,此后英国才开始发行英镑,比起宋代的交子晚了大概六七百年。英镑最初只是英格兰银行的银行券而已,而英格兰银行成立之初也不过是一家私人银行。尽管如此,英镑诞生之后,在200多年内维持了稳定的币值,英镑的坚挺为英国从一个欧洲边陲国家跃居为日不落帝国奠定了伟大的基础。

在货币三部曲的首部《货币王者》中，我探讨了英镑的成功，同时也在思考中国法币以及金圆券的失败，二者之间的对比，可以看作正反馈与负反馈的对比。中国的纸币循环往往是王朝循环的前奏，军事开支增加导致财政赤字，财政赤字导致印钞无度，在超级恶性通胀之下，良币继续存在，而劣币崩溃，甚至使得民国退回金属货币乃至实物经济。在 20 世纪 30 年代的法币改革中，白银被官方宣布退出流通，但是随着法币的失败以及金圆券的溃败，白银其实并没有真正离开民国经济生活。

理论上，中央银行应该是通胀的最重要也是最后的防卫者。中国古代没有独立的中央银行，缺乏对政府的约束，所以纸币试验注定失败；民国即使诞生了中央银行，也实在不是现代意义上合格的中央银行，只是受政府之手左右的账房出纳而已，难怪中国经济史学家杜恂诚称其为"天生的畸形儿"。

中国政治即人事，其短处在于纠缠中国千年的人治弊端。根据日裔美国政治学者弗朗西斯·福山（Francis Fukuyama）近年建构的理论，秩序良好的社会需要三要素结合，即国家（the state）、法治（the rule of law）、负责制政府（accountable government）结合在稳定的平衡中。[1] 这看似简单的"政治三明治"并不容易达到，国民政府在内部权力的分散以及外部强敌的环伺之下，最终无法摆脱印钞之路。

---

[1] 参见《政治秩序的起源：从前人类时代到法国大革命》（福山，2012）、《政治秩序与政治衰败：从工业革命到民主全球化》（福山，2015）等。

福山的理论一言以蔽之，即中国一直不得不面对坏皇帝的问题。这也意味着中国自上而下的权力结构其实很难被有效约束，在金融领域亦然。金融系统往往是因国家财政需求而发展的，也注定了金融系统的短板。货币更是如此，纸币的试验就是权力与市场的博弈。金融本质是信用，正因如此，金属货币在专制时代对于民众来说有着无可比拟的优势，而纸币试验只有在能保证遏制政府的贪婪之手的政治体系之中才可能成功。这种方式往往出现在现代，而且还很不完美。

从 11 世纪纸币被发明，到 20 世纪金圆券改革收缴真金实银结束，在白银与纸币之间的千年战争之中，白银之胜，是政府之败，白银之败，也是政府之败——是人性的贪婪，更是制度的大败局。

<h1 style="text-align:center">五</h1>

这头是货币，那边是皇权，中间是财税。从古到今，税收都是历史变迁中的重要力量。强者有对弱者征税的权力，而弱者则以纳税作为对强者博弈的筹码。换言之，税收是政治权力与经济权力的主要博弈舞台，对于税收的态度以及互动，也构成国家与市场关系的主体内容，金融也在这种互动之中滋生。

与中国经济发展与货币化对应，中国赋税经历了从实物到货币的转换。以货币折合纳税粮食称为"折色"，白银作为赋税，从唐开始出现，在明中叶之后成为主流，几乎与纸币退出是一个此消彼长的历程。宋金元明，历代帝国一次次借助纸币滥发，实源自其财政困境。财税是帝国运转的根基，而中华帝国的收入始终主要依赖农业。如此环境之下，对于商业的态度基本是压抑，未能走出传统财政的窠臼，人均收入也陷入低水平均衡，再加上税收系统的低效，进一步固化了帝国的组织僵化。对比之下，欧洲王室传统收入原本是地产地租、司法收入等，随着西欧各国在地理大发现前后逐渐走向重商主义，关税和其他捐税日益重要，在英国其已超过皇室收入的一半。国王依赖商人获得财政收入同时让渡政府权力，最终通过宪政财政带来制度的飞跃。中华帝国税收的拮据，主要症结为其征税能力有限。唐代之后，丞相权力收缩，明代之后，甚至不再设立丞相一职，以往皇帝需要和丞相商议的传统荡然无存，相权阙如意味着君权空前集中，但国家管理效率也随之降低。皇权集中之下意味着事无巨细都依赖皇帝决断，财政制度看似完备，其实效率低下。①财政领域缺乏专业机构代理，户部尚书名义管理财政，其实只是起会计功能，没有皇帝支持很难有所作为。如此一来，从元明清乃至民国，多数情况下政府财力只够维持，一旦遭遇灾害或者战争，往往陷入入不敷出状态。政府萎靡之下，往往导致滥发货币，最终纸币崩溃，而白银始终在民间流转，政府因此越发萎靡不振甚至消亡，

① 参见《中国财政史》（周伯棣，1981）、《十六世纪明代中国之财政与税收》（黄仁宇，2001）等。

这堪称中国式印钞循环。

以大分流时代的明清帝国为例,就制度的本质而言,两个帝国在很大意义上可以视为一个整体。明清之际,中国经历了游牧民族的洗礼,帝国开始走向内敛,而权力结构也变得更为独裁,围绕皇帝展开。随着丞相职位的废除,君臣关系变得更为上下有别,而文官集团也以抱团形式对抗皇权的上升。清帝国虽然是外来族群统治,但依靠几代干练的皇帝维持了明帝国的制度,使得清帝国更像明帝国的加强版。然而,正如华裔历史学家黄仁宇所言,对比隋唐宋组成的第二帝国的开放性,明清组成的第三帝国则具有收敛性。帝国的制度内卷化(involution)导致了体制僵化,在世界风向改变之际并没有随之改变,当西方走向了工业革命,明清帝国除了安于享受美洲白银持续流入之外,并没有对帝国政体做出本质修正。

明清赋税并没有想象中那么严苛,税率维持在1/10左右。中国政府被认为是传统的"守夜人"政府,除了不与民争利的传统思想外,更重要的原因在于帝国能力束缚。中国传统政府可谓"小政府",以人口膨胀后的晚清为最,但是这样的"小政府"更多源于弱势财政。一方面财税能力有限,另一方面其承担的公共服务也有限。公共服务的有限以及权力独占性进一步使得财税制度无法得以完善。如此即形成尾大不掉的制度,目的仅在于维持独裁。财政实力微弱,这使得整个政府机构冗余而低效,在治理水平上低于海外同侪,在万国齐争的时代,自然居于末流。

值得一提的是,明清税收制度的特殊性在于,其正式税收往往以维持每个朝代之初财政总额的方式固定，这就导致其财政安排往往是正式税收和隐形费用的结合。一方面，帝国政府征税能力低下，白银充沛导致的白银购买力下降，使得名义税收购买力不断缩水；另一方面，中国集权制度之下，一直未能解决"山高皇帝远"的问题，由于地方财政虚弱，在官方正额财政无法满足需求的时刻，各类摊派征收就会出现。

财政强弱影响着帝国政制，隐形税费成为名义财政的影子。随着名义赋税之外的各种苛捐杂费不断滋长，帝国贪腐持续恶化，这变成一个新的循环。面对这种模式，中央试图通过"一条鞭法"、养廉银等方式将各种隐性财政纳入正式财政，不过是一次又一次开列新的税费清单，而帝国始终也走不出"黄宗羲定律"状态。正因如此，日本学者岩井茂树将明清财政的机制形容为"原额财政主义"，即在额定财政和隐形财政之间，一次又一次扩大额定财政范围，却无助于隐形财政的消失甚至减少，最终帝国不得不在财政危机中走向没落。①

财政失序导致政治治乱循环的根源在于，一方面缺乏下对上的有效监督，另一方面对于贪腐根源也没有彻底解决，用经济学的术语讲，激励不兼容。这事实上说明，皇帝或帝国体制代表表面上是在与腐败官员做斗争，其实是一种堂吉诃德式的斗争，即与强大的体制惯性抗争。对比之下，欧洲不同国家有不同的现代财税成败路径。近代英国起步较晚，无法获取美洲白银，但是英

---

① 参见《中国近代财政史研究》（岩井茂树，2011）。

国通过出让权益给商人，获得商人支持，使得英国税收比例长期高于明朝，也高于当时欧陆诸国。以往一种观点认为，掠夺使得西方得以发展，但其实殖民帝国也有不同的谱系：西班牙因其庞大殖民地而坐拥金银，英国、法国、荷兰等国从殖民地中获得的贵金属矿山很少，但它们日后的发展却好于西班牙。这些国家一开始也是寄望于殖民地发现金银，还承诺献出金银的 1/5 给君主来换取许可，事实上，早在亚当·斯密时代，他就注意到北美殖民地发展好于其他地方，他也注意到土地荒芜或人口稀少且原住民容易对新来的殖民者让步的地方，往往比其他任何地方富强得更快，"此等殖民者，又随身带来了统治人的习惯，关于正常政府的观念，维持政府的法制的观念以及正常司法制度的观念"。

这些历史观察中的结论，在当下更为精致的经济学研究中得到验证。经济学家德隆·阿西莫格鲁（Daron Acemoglu）与詹姆斯·A. 罗宾逊（James A. Robinson）的系列研究指出，1688 年后英国政府规模开始扩张，支出很快达到国民收入的 10% 左右，这种扩大源自税收的支撑。[①] 这一阶段也是英国崛起的时代，原因正是在于设立国会控制国王征税权力，等到国会可以控制政府之后，国王不断让渡权力，英国政府也因此得以强大。英国政府可以承担更多服务，使得国家在竞争之中更为有利，为其海外征途以及称霸世界奠定了基础。至于西班牙政府，即使拥有巨量白银，因

---

① 参见《国家为什么会失败》（阿西莫格鲁、罗宾逊，2015）。

为未能建立如同英国那样的国家体制，仍旧难免经济停滞甚至政府破产的命运。

金融对于历史影响巨大而深远，然而仅仅有金融是不够的，货币仅仅是权力的一种，关键在于其他权力，如皇权与政府权力，如何被界定、如何被管理、如何被驯服。历史学家尼尔·弗格森（Niall Ferguson）曾经总结过英国的成功与金融密不可分，而这种成功具有制度制衡基础，即由征税机构、中央银行、国债市场、议会组成"四角关系"。①《货币王者》一书中，我借助弗格森与诺思等人的研究框架，详细阐述了英国崛起与英格兰银行的金融制度互相促进和制约的关系。②

简单对比中西金融制度，从表面观察很容易找出中国金融史缺失的一环，即中国政府没有举债能力，所以没法诞生债市及其相应的制度建设。但这种观点不无局限，晚清之后，中国事实上尝试了各种内债外债。清朝财政被公认为在咸丰之前维持收支相抵毫无问题，但是随着太平天国等战事爆发，财政压力骤然增加，不得不借助厘金政策。随着战事不断恶化，海外势力蜂拥而来，也带来了新的融资工具即公债。

早在 1867 年，在"饷需繁急"理由之下，晚清权臣左宗棠西征军费即依靠对外举债，当时用海关税票担保，杭州商人胡雪岩

---

① 参见《金钱关系》（弗格森，2012）。
② 这种嵌入式的关系起源于西欧战乱之中，英国国王不得不举债，而英格兰银行的成立催生了强大的国债市场，精干的征税制度保证了政府权益的实现，议会的存在则保证政治权力的边界。

从中斡旋向上海洋商借银 120 万两，开左宗棠本人 6 次对外借款先河，被认为是中国政府外债的起源之一（此外也有说法称同治四年为中国外债起源之时）。甲午之后，外债越发成为财政窘迫的大清帝国的主要造血机器，不少洋务运动资金也来自外债，庚子年后每年需要偿还的外债数量也翻番，年偿还额在 4 000 万两之上。

这种新兴债务关系，根植于财政与军事的双重溃败，中国的大小财源甚至土地往往沦为抵押品，并没有带来中国金融制度根本性的变革。对金融机构而言，利益最丰厚最稳定的部分主要被国外银行分走，香港与上海外滩鳞次栉比的外资银行大楼堪称这段历史的结晶。外资银行在华势力范围往往由宗主国决定，典型如汇丰银行，根据杨端六所著的《清代货币金融史稿》记载，清政府在 1895—1911 年对外政治借款 9 次，汇丰银行单独承担 3 次，与德华银行合作 2 次，其余也是多国银行合作完成。

至于中国国内商业机构，无论是资金势力还是进入门槛，最初根本无力与国外同行竞争，到后来国内银行有机会参加公债发行之际，却始终无法摆脱政府赖账的可能性，更不用说权力之手间接控制乃至直接勒索。这从胡雪岩最终溃败到民国公债走向崩塌均可一窥究竟，更不用说中国民营银行日后被迫增加官股的故事。

本质上，国家债务是资本主义逻辑下的衍生金融品（马克思说公债是原始积累最有力的杠杆之一），正如恩格斯所言，国家为了维持公共权力需要公民捐税，"随着文明时代的向前进展，甚至捐税也不够了，国家就发行期票，借债，即发行公债"。[1] 而商业文明下借贷双方也需要有对应的约束。对比英国历史学家弗格森提及的"四角关系"，其实中国不缺乏举债动机，甚至不缺乏举债能力，而是一直缺乏约束皇帝的议会——即使在近代金融市场已经起步之后亦是如此。

英国诞生这种机制有其独特性，就算不是独一无二，也是为数罕见。这种机制随后推广到全世界，英国政治制度也随之传播。中华帝国既没有精干的征税体制，也没有强大的议会约束皇权，只有尾大不掉的政府与怯弱成长的民间，不少公债探索沦为变相摊派。

由此可见，技术性的改变在中国并非没有发生，无论北宋的纸币还是晚清之后的金融公债，其最终失败的命运昭示，在社会系统没有完成现代性转化之前，在旧有权力规则之下，金融服务于政治的命运，难以有本质改变，最终的自我溃败也难以避免。任何对于社会有益的创新，本质上依赖于良性的整体制度构建，而中国历史上曾经出现的金融创新或者所谓晚明资本主义萌芽，不过是局部地区或部门的优先突破，无法打破法国历史学家费尔南德·布罗代尔（Fernand Braudel）所谓的"历史的钟罩"。这种政商模式惯性，即使到了民国甚至今天仍旧强大，资本与企业家才能局限于方寸一隅之地，制度寻租的收益往往超过技术创新的收益，私人资本在国家面前始终弱势，无法汇聚成强大力量，形

---

[1]《马克思恩格斯全集》(第21卷)，人民出版社1965年版，第195页。

成时代的洪流。

　　对比中西历史发展路径可以发现，正是源于缺乏对于集中权力的束缚，不少原本动机良好的制度设计走向反面。关于中西财政制度，不少学者强调中国传统财税很早有内外之别，即王室财政与国家财政的区别。这曾经被视为中国的优点之一，但是实际状况恐怕并非那么理想。

　　东西方内府财政之别，不亚于中西封建制度的差别。中国先秦时代原本也有诸侯，秦汉之后诸侯丧失治国权力，中国逐渐从"既封且建"（有爵位、有土地、有世袭）到"封而不建"（不分封、不世袭），土地和附属权力逐渐分离，财政权力也逐渐集中于中央来管理。这也使得财政制度需要厘清来源和用途。在中国历史上，内外财政区分十分清晰的时代是秦汉，尤其是汉时，大司农管理国家财政①，主要收入为田赋、徭役等，少府管理皇室财政，主要收入为山泽税、贡纳等。但是这种区分在汉之后就日益模糊，唐宋之际已经有了区别不明的情况，不过也有内府补充国府的情况，宋太祖就曾表示内府是为了应急而不是个人享受："军旅、饥馑，当预为之备，不可临事厚敛于人。乃置此库。"后宋太宗"又置景福殿库，隶内藏库，拣纳诸州上供物，尝谓左右曰：此盖虑司计之臣不能约节，异时用度有阙，当复赋率于民耳。朕终不以此自供嗜好也"。②

------

① 详见《中国经济史考证》（加藤繁，1959）。
② 详见《文献通考》卷二十三（马端临，2006）。

不过，宋代内藏虽然有补充国库的传统，但是其存在本来就是对于国库的一种隐性分配，甚至加大了宋代的中央财政集中程度。宋代内藏日益成为内廷主导，原本有权掌握内库情况的三司逐渐失去知情权，结果导致皇帝对于财权的支配与渗透更为直接。内外之别到了明代更是徒具形式，不仅户部无权过问，甚至不少帝王借助太仓府（国家财政）丰足内帑（皇室仓库）。清代内务府和户部之间的关系更是彼此掺和，皇权的扩大使得内帑日益庞大，上行下效带来官僚集团的集体混乱，各级官员在法定财政之外的"羡余"之类的隐性财政也急剧膨胀。

如此一来，内帑与原额财政之类的制度表面上有利于国家财政管理，但是由于缺乏制度约束，最终背离初衷甚至走向反面，成为帝国大溃败的一个环节。

对比西方，其国王是真正意义上的封建地主，财政收入多来自君主自身的土地收入或特权收入，所谓君主"多数依赖自己过活"。税收多数是为应对战争需要，导致公共财政的出现，才有了之后英国议会决定财政的历史缘由。[1]

由于缺乏整体制度的变革，中华帝国财政虽经不少干吏能臣改革，却始终无法突破其局限，这也使得中华帝国在明清后一直深陷效率低下的循环。即使到了现代的国民党政府，按照托马斯·罗斯基（Thomas Rawski）的估算，其 1931 年的财政支出水

---

[1] 关于东西封建土地制度的异同，可以参考《中国和西欧封建制度比较研究》（马克垚，1991）。

平尚且低于 1880 年的明治政府。[1] 相应的组织动员能力，也始终未能深入中国内地尤其农村地区，而这些巨大的空白又成为对城市进行割裂与包围的根据地，最终城市在军事和经济上双双失去优势，国民政府的溃败由是可以视作其脆弱的财政体系一开始所注定的。

真正的市场经济意味着人类合作秩序的拓展，在过去地大物博而又拥有勤劳人民的中国古代，之所以无法衍生出更广阔的合作秩序，正是因为从封闭的经济状态走向开放的经济状态需要所有权等制度保证。正如秘鲁经济学家赫尔南多·德·索托（Hernando De Soto）所言，所有权的主要效应包括：确定资产中的经济潜能、把分散的信息综合融入一个制度、建立责任制度、使资产能够互换、建立人际关系网络、保护交易等功能。[2]

"大政府"或者"小政府"并不是政府好坏的标准，有强大财政支撑的政府才有可能在竞争时代获得更多胜算。简单化的自由主义总是鼓吹"小政府"，但实际上，比起政府规模，政府能否被问责更为重要。历史案例举不胜举，对比西班牙和英国，西班牙拥有了白银，英国拥有了制度，最终胜出。在"小政府"治理下，所有权制度缺位，市场经济终究难以成形。无论明代的沈万三还是清代破产盐商的命运都证明，皇权可以一时赋予商业特权，也会在瞬间褫夺这一特权。正因如此，中国虽然很早诞生了钱庄、

<hr>

① 《中国近代经济史研究资料》(1985)。
② 参见《资本的秘密》(德·索托，2005)。

票号等组织，纵然技术细节与西方银行不无接近之处，但是产权始终难以得到终极保护，其规模也始终无法做大，整体上无法形成现代意义上的货币体系与金融系统。

从货币制度也可对比中国与日本的不同历史路径。不少日本经济史著作都指出，到了 7 世纪日本才开始尝试铸币，但基本上是有限流通，到了 11 世纪还曾经退回物物交换，直到 12 世纪通过与中国贸易，才从宋代引入大量钱币。宋代铜钱对于日本影响很大，宋代时期出口铜钱甚至可以有 10 倍利润。[①] 到了明代，日本仍旧依赖中国铜钱，同时对中国输出白银。随着美洲白银流入中国，日本白银转而主要在国内使用，幕府时代是黄金、白银、铜钱三者并存。1526 年，日本石见银山开始开采，引入朝鲜吹灰法冶银，产银量大增，江户时代幕府更是对于银矿直接管辖，也开始注意贵金属的外流。自产白银使得日本被认为在货币政策上更为独立，但即使拥有了以自有白银为基础的货币主权，幕府时代的日本仍旧落后于中国。直到 17 世纪，日本才开始自行铸造钱币，随后花了一个世纪的时间才逐渐取代中世纪以来不断流入日本的中国钱币。

1853 年美国海军准将马休·卡尔布莱斯·佩里（Matthew Calbraith Perry）率舰队驶入江户湾海面，幕府无奈之下，于次年签订《日美和亲条约》。黑船来航不仅改变了日本历史，也间接改变了中国与世界叙事。随着美国黑船的到来，日本在被动中选择

---

① 参见《唐宋时代金银之研究——以金银之货币机能为中心》（加藤繁，2006）。

了改革，在明治维新中奋力改革金融，这对其在现代化竞争中脱颖而出大有帮助。日本在甲午战争中击败中国，利用清政府赔款建立金本位，成为新的帝国强势崛起，其中的故事耐人寻味。我们不得不注意到，正是制度变革，而不仅仅是贵金属甚至货币主权，导致了日本的崛起。

反观中国，作为最早使用货币的国家，中国货币史长达数千年，战国时即有金属铸币，在宋代发明了世界上最早的纸币。遗憾的是，传统的金融制度无法诞生银行体系，导致纸币在发明之后运用不当，中国不得不退回金属本位的白银本位，甚至白银长期作为称量货币，而不是非称量货币，以致金融制度在数百年间进步迟缓。

从发展经济学的视角看，财政银行对于后发国家的工业化意义重大，日本与德国的发展都是这样的案例，即唯有强大的财政体制，才能支持预算投向经济发展，随之形成经济发展支持政府的正反馈。换言之，没有财政实力，其实并无能力支撑一个行政体制的现代化转型，而中国明清以来一直未能形成这一正循环，即使民国政府亦未能完成其财税的现代化转型，政府一直缺乏充分的税收支持。

从宋元明清到民国，过去的财政困境放在今天也不陌生。在制度经济学层面，财税本质上是一种制度租金，透过财税关系即可审视制度关系，而货币正是二者之间的连接。正如经济学家曼瑟尔·奥尔森所言，强盗之所以变成坐寇而不是流寇，正是因为坐寇的收入比流寇更高更为稳定，而当坐寇进化成为政府，或善于培育向民间征收税收的政府，其效率也被证明高于只知道掠夺民间的政府。

六

美国经济史学家布拉德福德·德隆（Bradford DeLong）曾经说 20 世纪的历史就是经济史，其实所有时代的历史都是经济史，是隐匿在政治波澜与军事表皮之下的经济血肉之躯，而金融就是其中永不停歇的血脉。

然而，金融史尤其是货币史往往面临尴尬的境地，要么在坊间著作中被恣意夸大扭曲，要么多少有点处于被主流学界视而不见的境地，毕竟货币是否重要，在今天的宏观经济学中仍旧争论不休。金德尔伯格指出，经济史常常重点不明，他引用一位同行的话印证金融货币在历史中的重要性，"国家作为经济史学家们所关注的重点，以收入和支出的形式组织其经济活动……难道经济史就不能围绕着货币制度的演变而最有效地编写出来吗？"

为什么东方在近代之后落后于西方，这可以视为有名的李约瑟之谜（Needham Puzzle）的衍生回音，或者说经济史的圣杯，迄今仍旧引发无数回应。历史学家纠缠于工业革命之类的宏大事件，而经济学则摸索于手工业方面的细节。值得注意的是，货币金融的维度很少被提及。实际上，欧洲在工业革命之前已经有了金融革命，而这种金融革命正是资本主义得以起飞的原因。以此而言，中国历史的死结未必归于（使用）白银，但是白银的命运却可以提供可能的解释与答案。

镜头回到 1262 年，世界文明的两个极点。西方的威尼斯与东方的南宋都面临着来自战争的阴霾，而战争对应的融资需求更是千钧一发。几乎同时，双方的当权者都设计出了应急方案，都涉及当时最为前沿的金融创新。南宋的贾似道以不断贬值的会子买公田，掠夺民间财富以此为军资，而威尼斯则走了不同的道路，通过议会授权政府以税收作为抵押，当财政出现赤字的时候发行公债，付给 5% 的利息。事后来看，威尼斯的金融创新激发了政府债务作为资本的魔力，事实上它使欧洲进入一个金融革命的时代。至于中国，滥发的会子并没有因此重新获得市场青睐，而民间的不满与动乱甚至变相为蒙古人兵临城下提供了方便之门。最终，中国在纸币的崩溃中走向了白银之路，东西方的金融大分流在 13 世纪已经注定，几乎决定了两者后来不同的命运。

历史可否假设？如果会子不贬值，也许贾似道不会走到这一步，也许公田法就成功了，也许南宋就不会灭亡，也许当年轻的马可·波罗在 13 世纪末抵达杭州的时候，他大概还是会认为该城是世界上最优美和最高贵的城市，但他可能不会按照元朝的定义和惯例，把斯文的江南叫作蛮子省。

回到已经发生的历史中，我们见证了中国在金融货币层面的领先与歧路。中国很早就有飞钱这样的汇兑方式，也有当铺、银铺等信用转让，宋代的纸币最开始诞生在私人部门，明清的钱庄票号的壮大也让人叹为观止，那么中国为何没有诞生现代银行业？这一问题的症结在于中国一直没有进化出银行系统。无银行，则无现代国家；反过来，如无现代国家，也很难诞生真正意义上的银行系统。

更长远地审视，这其实可以与东西经济大分流结合起来看。学界往往以为中国在16世纪甚至18世纪之后才明显落后于西方，然而我认为经济大分流之前，已经出现金融大分流，这一分流虽然隐蔽，却是打开经济发展钟罩的密匙。不少经济史著作已经揭示，从荷兰到英国再到美国，17世纪之后的领跑者首先进行金融变革，即使是19世纪晚期刚刚学步西化的日本、俄罗斯等国家，在其国家现代化之际，都经历了不同程度的金融革命，新涌现的金融中介在经济融资以及工业起飞中发挥了重要作用。对比之下，中国却早早地从宋代突进失败之后后退，货币与金融体系一直处于前现代状态。

无论纸币还是白银，中国货币体系前现代化的症结之一，在于一直没有实现银行化。中国货币无法银行化，导致中国的纸币化道路失败，不得不走上白银之路。没有银行，没有白银铸币化，就谈不上从银行券路径创造纸币，货币只能以称量货币的形式存在，导致各种混乱与落伍；没有银行，中国的储蓄无法资本化，因为唯有贷款等业务才能解放资本的约束，创造更复杂的信贷交易；没有银行，中国的商业机构也无法公司化，既无法做大也无法走出人际关系限制；还是因为没有银行，货币发行也因此未能集中化，无法衍生出中央银行之类的银行。

银行成为中国经济无法突破所面临的封闭循环的关键缺失。

对比之下，日本在19世纪数十年变革中，银行体系对于工业襄助甚大。日本银行在试错中不断进步，先参考美国模式，然后参考了英国模式与德国模式，导致明治时期日本银行呈现出三种主要形态：首先是为财阀融资的超级银行，其次是政府设立的政策系银行，再加上1 000多家服务本地市场的小银行。这样实业家、银行家与政府彼此结盟，带来日本现代化狂飙突进的一幕。

银行在中国难以生根的历史，也对应着白银在中国的挣扎历程，二者构成中国经济史的隐匿金融主线，也隐匿着国家权力与市场力量不断博弈的历史。明清时代正好对应着外界的巨大变化，使用白银是否是中国落后的原因呢？在某种意义上，白银是中国金融落后的表征。如果中国如同西欧那样建立新式银行系统，那么白银其实也会逐渐退出流通，变成一种准备金手段，但是中国的传统金融体系并不能支撑工商业勃兴乃至社会进步，所以白银始终是主流选择。从某种意义上来说，享受着白银之类的贵金属浸润的国家，一直在承受着某种"资源的诅咒"，不仅中国如此，即使拥有源源不断美洲白银的西班牙王室，也在16世纪到17世纪末，破产十多次。①

更进一步，中国传统金融体系为何受限？金融业作为商业的附庸，可以说是上层建筑的上层建筑，然而就历史处境而言，商业在中国一直作为政治附庸存在，金融业也就是附庸的附庸，这使得中国的金融纵然在技术层面有交子、钱庄、票号等零星创新，在系统

---

① 参见《货币崛起》(弗格森，2009)。

以及制度层面却缺乏建树。对比西方同侪，当中国明朝还在进行皇家纸币试验之时，欧洲已经诞生了最成功的银行家，如美第奇家族（Mèdici family）。这一家族在 14 世纪初的佛罗伦萨曾被看作流氓，却掌握了佛罗伦萨三个世纪，其家族产生了三位教皇、两位法国王后、多位王侯与大公，也资助了很多天才，如拉斐尔、达·芬奇、米开朗基罗等。他们的最大客户是君主与教皇，其影响力拓展到了政治领域，这是中国商人难以匹敌的高度。当产权保护与人身安全都无从谈起时，权力对财富直接掠夺是最便利也最直接的方式，何必考虑更曲折的银行模式呢？历史的内卷让人深思，春秋时代尚且有立主定国的吕不韦，而明清只有满门抄斩的沈万三。

直到晚清，目睹欧美乃至日本的强大，洋务派才逐渐意识到坚船利炮之外的金融力量，光绪年间的郑观应曾经说："夫洋务之兴莫要于商务，商务之本莫切于银行。泰西各国多设银行以维持商务，长袖善舞为百业之总枢，以为财源而维大局。"

对于银行的好处，郑观应已经有了确切的理解，他列举了银行的十大好处，"兹略举其利民利国之大要言之：银行之盛衰隐关国本，上下远近声气相通，聚通国之财，收通国之利，呼应甚灵，不形支绌，其便一；国家有大兴作，如造铁路，设船厂种种工程，可以代筹，其便二；国家有军务赈务缓急之需，随时通融，咄嗟立办，其便三；国家借款不须重息，银行自有定章，无经手中饱之弊，其便四；国家借款重叠，即或支应不敷，可以他处汇通，无须关票作押，以全国体，其便五；国中各股实行家银号钱庄，或一时周转不灵，诸多窒碍，银行可力为转移，不至贩坏市面，商务藉可扩充，其便六；各省公寄存银行，需用之时支应与存库无异，而岁时入息仍归公项，不致被射利之徒暗中盘算，其便七；官积清俸，民蓄辛赀，存款生息，断无他虑，其便八；出洋华商可以汇兑，不致如肇兴公司动为洋人掣肘，其便九；市面银根短绌，可借本行汇票流通以资挹注，其便十"。①

对比郑观应的认识，中国第一个留学生容闳则将国家银行的努力付诸行动。1860 年在太平天国见故友洪仁玕的时候，他已经谈及国家银行，随后在 1896 年直接上书清政府请求开办国家银行，其拟写的《请创办银行章程》《续拟银行条程》等，强调银行开办、印发纸币、扩充工行、监管逐笔等设想，强调银行的业务模式必须西化，"银行仿自泰西，英法诸国，屡经改革，愈变愈精，要以美国为最善。日本银行，亦多采之。今拟参仿美国银行章程，先设总部于京都，续设银行于各省城，及通商口岸。总银行资本以一千万元为额，统由户部筹拨"。②

国家银行在甲午战争之后的自强气氛之下一度得到不少支持，户部尚书翁同龢称赞容闳久住美国，"谈银行颇得要"。这一提议本来已经得到首肯，却冒犯了不少既得利益者，最终因盛宣怀的猜忌与阻碍而难以落实。容闳的碰撞与失落，不过是一个受过西方训练的知识人在中国的常见命运，从中也可看出中国金融起步之难，最终拖延导致中国银行业即使在民国奋力追赶，也难以在

---

① 参见《盛世危言》（郑观应，2008）。
② 详见容闳传记、回忆录等资料。

内忧外患中完成定位转化。

对比之下，票号在晚清曾经一度鼎盛发展，随后在 20 世纪初遭遇业务挑战，曾经谋求转型新式银行，但是它们的规模很小，加起来还不如一家刚刚成立的户部银行（见表 0.2），从管理、业务到规模其实与新式银行完全不同，这使票号难以转型成新式银行，更不用说在政治层面谋求类似的认可。

表 0.2　清末账局、票号、户部银行资本情况

银行类别	年份	家数	资本总额（银两）	最多（银两）	最少（银两）	每家平均（银两）
账　　局	1910	52	1 138 600	70 000	3 200	21 897
票　　号	1911	23	5 589 000	500 000	60 000	242 870
户部银行	1908	1	10 000 000			10 000 000

资料来源：《山西票号史》（黄鉴晖，2002）。

对于中国古代的交子、钱庄、银铺、票号等金融实践，即使其技术细节与海外同类有相近之处，却一直没有发展出完善而强大的金融系统，规模一直也不够大，本质原因正在于信用拓展并没有脱离人际关系太远。更进一步而言，古代金融往往是政府财政的副手，而后者的落后也掣肘了中国金融业的发展。正因如此，中国商业的发达可以滋生出传统银钱行业，却无法孕育出现代意义上的银行系统。

回到本源，金融本质是信用，而社会信用反过来也决定了金融系统的能量与范围，最大程度让金钱加快流动速度正是金融体系的主要特征。与此同时，这种信用必须依赖国家力量与市场力

量的共同护持。金融的发展，也意味着信用的跨期间、跨个体的
交易转让，这种交易关系依赖对于个体权利的维护。

一方面，白银胜出是市场的选择，是帝王也不得不勉强接受
的结果。另一方面，白银的最终胜出，虽然是市场的选择，也不
过是勉强胜出，可谓惨胜，甚至是政府和民众的"双输"——中
国一直无法摆脱既定制度惯性的束缚，白银体系也一直未能进化
为银行体系，这使得货币与金融无法为经济带来更大的成长空间
与第一推动力。在政治与资本之间，在人治与法治之间，中间力
量总是弱势甚至缺失，资本要么得不到政治保护而湮灭，要么就
是汲汲寻求政治保护而自我窒息，商业的失败与成功往往与政治
休戚相关，金融尤其如此。

曾经，白银被爱慕，被渴望，也被诅咒，被抱怨，而白银流
入的速度变化，牵引着中华帝国的命运之线。直到今天，还有评
论者抱怨正是中国使用白银，导致了货币主权的丧失，但反过来
看，白银在中国的失败，其实是帝国大失败的一端而已，在系统
性改造之前，金融难以有实质性突破。恰恰是帝国政经的走向，
决定了中国金融史的面貌，以及白银的持续流入甚至巨大需求，
中国沉溺于白银，安于白银，也惑于白银，在权力的限制之下，
无法逃逸白银给出的安全感，于是一次次与世界潮流失之交臂，
也使得资本和企业家精神无法走出"布罗代尔钟罩"。

历史是不断的回溯，而金融是不断的创新，二者间的互动共
同构成了创造性破坏的动态过程。金融不是一张白纸，金融史不
仅是关于货币的秘密，更是一窥兴衰起合的独特视角与隐约主线。

回顾白银的历史，我们除了看到白银命运之骤然崛起与无可奈何，更多看到的是帝国的兴衰。在路径锁定之下文明的必然出路，正在于逃逸历史的惯性与制度的钳制。一声叹息之外，往昔成败足以对照当下。

第一章

东西：白银的不同命运

女神这样说完，走进幽暗的洞穴，

巡视藏匿财物的地方。这时奥德修斯

把财物搬进洞内，有金器、坚固的青铜、

精美的衣服，全是费埃克斯人的赠礼。

——《荷马史诗·奥德赛》，荷马（Homer，
公元前 9 世纪—前 8 世纪）

黄金谓之璗，其美者谓之镠，白金谓之银，其美者谓之镣。

——《尔雅·释器》

鼎为炼银，炉为炼金，惟有耶和华熬炼人心。

——《圣经》

鲍西娅：去把帐幕揭开，让这位尊贵的王子瞧瞧那几个匣子。现在请殿下自己选择吧。

摩洛哥亲王：第一只匣子是金的，上面刻着这几个字："谁选择了我，将要得到众人所希求的东西。"第二只匣子是银的，上面刻着这样的约许："谁选择了我，将要得到他所应得的东西。"第三只匣子是用沉重的铅打成的，上面刻着像铅一样冷酷的警告："谁选择了我，必须准备把他所有的一切作为牺牲。"我怎么可以知道我选的错不错呢?

鲍西娅:这三只匣子中间,有一只里面藏着我的小像。您要是选中了那一只,我就是属于您的了。

——《威尼斯商人》,威廉·莎士比亚

（William Shakespeare,1564—1616）

货币起源

> 受恋爱愚弄的人，甚至还没有因钻研货币本质而受愚弄的人多。[1]
>
> ——英国议员威廉·尤尔特·格莱斯顿
> （William Ewart Gladstone，1809—1898）

货币到底是什么？

这个问题令人着迷不已，经济学大师加尔布雷斯曾经调侃说，所有对于这一问题的答案都"矛盾百出"。货币不仅和富人有关，也关系着穷人，不仅操纵个人命运，也主宰着国家前途。货币是人造的神迹，也是世界的隐形血脉，金融的实质在于货币的流转，文明传承甚至也依赖于与之共舞。人类学越来越多地揭示，最早的经济都与宗教有关，市场经济很可能孕育于宗教主导下的计划经济之中，"最早的市场是宗教的市场，最早的银行是寺庙，最早发行货币的是祭司和祭司王（priest-king）"。[2] 人类对于货币的偏

---

[1] 马克思曾在《政治经济批判》中引用本句，不少人误以为是马克思所言。

[2] 参见《生与死的对抗》（诺尔曼·布朗，1994）。

爱，其实有一种原始的驱动以及集体无意识，其中尤其是以黄金、白银等贵金属为最。这种偏好到了现代社会，即使隐蔽，仍旧存在，比如表现为对于金本位或实物货币的非理性狂热。

"光从东方来"指的不仅是宗教，更是文明，货币也是如此。在人类刚刚学习写字的时候，两河文明最早创造者苏美尔人就用白银作为记账货币，花粉、香料、麦子也作为货币出现。中国古人很早认识到货币作为国计民生的重要意义，《汉书·食货志》云："《洪范》八政，一曰食，二曰货。食谓农殖嘉谷可食之物；货谓布帛可衣，及金刀龟贝所以分财布利通有无者也。二者，生民之本。"而"富民之本，在于食货""厥初生民，食货惟先"等说法在历朝历代文献之中也屡见不鲜。

经过改革开放后30多年的经济发展与金融深化，金钱的野心与驱动成为中国故事的重要环节，中国民间对于经济知识的空白与饥渴，也投射到对于货币的集体关注之上，各类著作近年不少，品质良莠不齐。其中一部名为《货币》的纪录片，可谓国人创作的佳品，其开篇曾经如是不失文艺地陈述，"她是美索不达米亚平原上的泥板，她是黄河远古文明用于交易的贝壳，她是小亚细亚吕底亚王国的黄金，她是意大利佛罗伦萨古老银行家族的徽章。她是欲望的载体，她是交换的工具，她是我们最熟悉的，却也是最陌生的——她，就是货币"。

太平洋上的加罗林群岛中有一个人口为5 000—6 000人的雅浦岛（Yap）。岛上没有金属，唯一的资源就是石头，在消费中他们支付石轮——一种当地人叫作费（fei）的媒介，其材料是来自离雅浦岛 400 里之外的另外一个岛上的石灰石。岛上的交易结束之后往往不移动笨重的费,而让它留在原处,甚至也很少做标记。岛上某家人曾经试图运回一个壮观的、比例和质量都非凡的费,但是却在靠岸之时沉入海底。尽管如此,当地人还是觉得他们拥有那块费,所以这家人还是被认为是岛上最富有的人家。

1899 年,德国人买下雅浦岛,美国探险家威廉·亨利·福内斯三世(William Henry Fumess III)随后访问了这个神奇的岛屿,待了两个月后呈现了一份详尽的记录。

这个案例研究在 1910 年发表,本来默默无闻,最早注意这个案例的是日后赫赫有名的经济学家约翰·梅纳德·凯恩斯,1915年他在英国财政部任职时,就挖掘并注意到了这个案例。他感叹雅浦岛居民的逻辑与智慧,认为现在人偏好储存黄金的做法应该从中汲取经验。①

不过,雅浦岛案例更为著名的引用来自货币主义大师米尔顿·弗里德曼(Milton Friedman),他试图借此说明什么是货币。②大部分现代世界的人或许会认为雅浦岛居民无厘头、愚蠢落后,然而弗里德曼却认为如果文明代表跋山涉水去挖掘发现贵金属,经过长途运输,然后再费尽心思放入地库,很难说哪种文明更理性。

经济观点大相径庭的凯恩斯与弗里德曼相隔了几十年,各自在自己的著作中对于雅浦岛居民的货币概念进行了致敬,这是一

---

① 参见《货币野史》(菲利克斯·马汀,2015)。
② 参见《货币的祸害》(弗里德曼,2006)。

种历史的巧合，更在于雅浦岛案例的特别之处，其揭示了货币的本质在于信用。18 世纪苏格兰哲学家、经济学家和历史学家大卫·休谟曾言，金银因人类而赋予其想象的价值，更大范围地说，货币价值基于心理评估，货币的本质就是大家基于信用普遍接受的交易媒介。

在古代社会中类似的安排并不少见。公元前 3 000 年美索不达米亚就用陶制品来记录各类合约，一种叫"Bullae"的陶制品在考古中大量出现，类似拳头大小，空心部分的标志表示不同的数目和物品，涉及各类贷款合约与记账。不少研究认为这具体代表从棉布、蜂蜜、绵羊到工作日的各类物品与服务，有迹象表明这一贷款合约可以由债权人转让给别人。这不仅揭示人类在 5 000 年前就开始了金融安排，更揭示了货币价值正是基于共同体的信用认同。共同体有大有小，某一社会的货币体系基础很可能在另一种社会中看来无不虚妄。甲之重宝，很可能就是乙眼中的"阿堵物"，甚至废物，而人们彼此都愿意为相信的一切埋单付款。

了解货币的本质是信用之后，那么关于货币起源的说法也应该对经典说法有所修订。

史学大师钱穆谈中国古代经济的时候，曾经专门辟出一节谈货币，强调货币对于中国古代社会的重要性，"城乡如何联络，农商如何交流是一大问题，其中货币起了重要作用。中国早期的货币是黄金与钱币，至清代一直盛行"。[①] 其实黄金在市面流通并不

---

① 参见《中国经济史》（钱穆，2013）。

多见，按照经济学家千家驹的看法，现在统称的货币在古代其实是两种东西，《周礼》提到过九贡，其中的货贡指珠贝，币贡指皮帛，而这些物件在不同时期都曾作为货币流行过。[①] 从货的古老写法来看，应该是"貨"，是化和贝的组合，而贝在许多文明中都曾被认为是早期货币的始祖，这一造字还是比较形象的。《说文解字》也说："货者，化也。变化反易之物。"

无论是中国古人的造字，还是后人的演绎，或多或少都暗示了一个普遍的认知，那就是货币起源于交换，这与经济学鼻祖亚当·斯密的见解不无类似，他似乎认为货币是以物易物的一种简化，尤其是金、银等贵金属，"假如他用以交易的物品，不是牲畜，而是金属，他的问题就容易解决了，他可只按照他目前的需要，分割相当分量的金属，来购买价值相当的物品"。

在金属之中，又以什么区分呢？亚当·斯密进一步阐释金属与经济水平的关系，"各国为此目的而使用的金属，并不相同。古斯巴达人用铁，古罗马人用铜，而一切富裕商业国的国民却使用金银。最初用作交换媒介的金属，似乎都是粗条，未加何种印记或铸造"。斯密的论述中还援引古代历史学家蒂米阿斯的观点，"直到瑟维阿斯·图利阿斯时代为止，罗马人还没有铸造的货币，他们购买需要的物品都使用没有刻印的铜条。换言之，这些粗条就是当时当作货币使用的东西"。

即使聪明如亚当·斯密，其论断也未必全都准确，毕竟古希

---

① 参见《中国货币史纲要》（千家驹、郭彦岗，1986）。

腊罗马人很早就开始使用金银铸币。更值得注意的是，斯密开启了经济学家的一个传统，那就是认定货币起源于以物易物，不少经济学家都言之凿凿，断言交易行为发生之后，必然产生货币。这一观点看似正统，却也引发一些争议，问题在于，人类的交易行为如何起源？是否一开始就是以物易物的方式呢？

中国关于交换的记载很早，神农氏时期即有记载，《周易》云："日中为市，致天下之民，聚天下之货，交易而退，各得其所。"但是这是一种交换，还是一种馈赠呢？货币在其中起多少作用？经济学著作对货币的功能往往有三种定义，分别为交易媒介、价值尺度和价值储藏手段。不过从历史来看，不少人类学证据揭示货币是一种近乎礼物的馈赠。剑桥大学人类学家卡罗琳·汉弗莱（Caroline Humphrey）的结论就是，"从来没有人描述过纯粹的以物易物经济的例子，更不用说货币从中诞生的过程；所有可得的人种学的研究都表明，从来没有存在过这样的经济模式"。人类学家大卫·格雷伯（David Graeber）认同上述结论，他试图重新定义货币以及债务的本质，认为经济学关于交换源于自利的论点是幻想故事。①

种种关于货币的讨论，谁对谁错可能难以断言，这正是人类知识与智力探索的边界，难怪大家感叹恋爱受愚弄的人还没有因钻研货币受愚弄的人多。正如 18 世纪苏格兰哲学家、经济学家和历史学家大卫·休谟（他在《国富论》出版的 1776 年去世，亚

---

① 参见《债》(大卫·格雷伯，2012)。

当·斯密可谓深受其影响）在《论商业》中所言，在政治、贸易、经济以及任何人生大计等方面制订计划方案不可能那么尽善尽美，但是否有启发则构成分析的差异，"庸才与天才的分水岭，主要就在于他们研究问题时所依据的这些原理究竟是肤浅的，还是深刻的"。货币的问题更是如此，一个人的理解其实有限，但是其推理根据却相当重要，这是我们力图从货币一窥历史的本意，持有开放的心态相当重要。

从人类学的角度，大卫·格雷伯的视野显得更为开阔，显然其受到法国人类学家马塞尔·莫斯对于原始交换与馈赠研究的影响。[①]这种研究的价值何在？那就是拓展了货币起源的另一种解释，以往经济学的狭隘定义显得想象力不足。在这种人类学解释中，人们并不易货，而是互相馈赠，有时以进贡的形式，有时会在晚些时候得到回赠，有时则是纯粹的礼物。在熟人环境中，互相馈赠的媒介是信用，货币正是在这种馈赠活动中诞生，其本质进一步也可以归结于欠条。换言之，货币可以视为一种信用合约安排。

"货币起源于借条"这种说法听起来天方夜谭，但这种暗示在现代文化之中也隐约闪现。美剧《鬼楼契约》（*666 Park Ave*）有一个场景，每个人欠主人公的具体金额，有时候会以烙印的方式显示在借贷者皮肤之上，熠熠生辉。这恰似一个古老循环与暧昧隐喻：货币之上的标志，意味着欠别人几何，揭示了人类货币体系建立在信用之上的本质。

---

① 参见《礼物》（马塞尔·莫斯，2005）。

白银的东西命运

谈论货币，不可不谈金银。作为一名革命理论家，马克思对于货币理论也分外热情，他的名言之一就是"金银天然不是货币，但货币天然是金银"。这句话已经为金银的自然属性适于担任货币的属性而得到证明。由金融史可知，人们过去习惯将贵金属铸造成硬币在交易中使用，因此今天的货币名称往往也来自当年的遗迹，也就是这些货币含有多少贵金属的重量，便士、磅、马克甚至中国的银两都曾是度量衡单位。

至于白银，它是如此重要，甚至在宗教与历史中屡屡出现。"恺撒的归恺撒，上帝的归上帝"，这句名言众所周知，而出处也与银币有关。根据《圣经·新约》记载，耶稣传道之际，法利赛人想引诱耶稣说错话进而陷害他，就问耶稣："我们纳税给恺撒可以不可以？"这里的恺撒不是那位恺撒大帝，而是罗马皇帝的代称，耶稣看出他们居心不良，就让他们拿出上税的银钱来看，等对方拿出一个 denarius（罗马银币，大概是一个工人一天的工资，常作为与税收相关的指代），上面有恺撒的像。耶稣机智地指着上面的人像问这是谁，对方说是恺撒，耶稣即回答："恺撒的物当归给恺撒，上帝的物当归给上帝。"耶稣结合了现实情景，如此妙答让对方哑口无言。

在这个故事中，恺撒所指即代表银币，也代表银币上头像背后的世俗政权，可见银币与王权很早就被联系在一起，难怪英国国家博物馆的管理员曾经如此解释，"白银是一种非常有价值的物质，象征着王权、财富和权力"[1]，直到今天仍有学者断言"这个全球市场的轮子是用白银的世界性流动来润滑的"。[2] 中国古人也曾说，"银，白金也"。黄金白银在古代文献中也每每连用，《尔雅·释器》云："黄金谓之璗，其美者谓之镠。白金谓之银，其美者谓之镣。"银字的形态也可看出端倪，银由金、艮构成，艮意为"边界"，银的本意据说就是"价值仅次于黄金的金属"。

从历史来看，白银在西方的使用其实很早就开始，甚至起到过关键的历史作用。众所周知的叛徒犹大，在公元前就为了30个银币而出卖了耶稣。这自然引发人们的愤慨，姑且不论背叛的行为以及犹大被诅咒了2 000年，大家愤愤不平的原因之一在于背叛的价格不高，银币毕竟不如金币，30个银币到底价值几何？由于具体是何种银币大家说法不一，价值也因此难以确定，有人说是上文提到的denarius，也有人说是另一种银币——shekel（舍客勒）。后世记载说，犹大用这笔钱买了一块田，但仆倒而死，那块田因而称作"血田"。

罗马帝国晚期，各地蛮族崛起，法兰克人属于日耳曼人一支，

---

① 参见《货币简史》（卡比尔·塞加尔，2016）。
② 参见《白银资本》（弗兰克，2008）。

也是最成气候的一支，其领袖查理大帝（Charlemagne，也作查理曼）在 8 世纪恢复了西罗马帝国，一举扩张了法兰克王国，独力统一了西欧。查理大帝死后，其帝国分为德国、法国、意大利，迄今他仍有"欧洲之父"之称，一说法国扑克上的红桃 K 就是他。在货币史上，查理大帝的地位同样不容小觑，他在 781 年对其帝国货币进行改革，而这些新货币都是白银铸造的，因为其帝国拥有的贵金属主要是白银。正是源自他的规定，一磅白银为 240 德尼厄尔（denier），每个德尼厄尔含银 2 克左右，一磅白银也等于昔日金币 20 苏（sou），因此黄金和白银的比价核定为 12 倍。随后上千年中西方金银币比价虽然有所起落，但基本围绕这一刻度波动。

大英帝国的伊丽莎白一世时代，莎士比亚写成《威尼斯商人》，那时贸易与商业已然热络，银币的作用变得更加重要。后人考证《威尼斯商人》成书于 1596 年至 1597 年间，对应中国的万历二十四年与万历二十五年之间，这部戏剧不仅关于友谊与爱情，也关于货币与资本主义的秘密，对于金银关系的描述极多。

犹太高利贷商人夏洛克对"我的银子""银钱"念兹在兹，他将金子银子比作"像母羊生小羊一样地快快生利息"，主角鲍西娅的父亲就安排求婚者在金、银、铅三匣之中选择，选对便可以跟她匹配成亲，而实际上价值低微的铅盒子才是正确的选择。有人选了金匣子，理由就是金子价格高昂："那么她会藏在那价值只及纯金十分之一的银匣子里面吗？啊，罪恶的思想！这样一颗珍贵的珠宝，绝不会装在比金子低贱的匣子里。英国有一种金子铸成的钱币，表面上刻着天使的形象；这儿的天使，拿金子做床，却躲在黑暗里。"

而鲍西娅的心上人则选择铅盒子，指斥黄金白银尤其是白银被使用过："你炫目的黄金，米达斯王的坚硬的食物，我不要你；你惨白的银子，在人们手里来来去去的下贱的奴才，我也不要你。"

抛开对莎翁戏剧典型的文艺分析，从金融历史的角度可见，黄金与白银的比价当时并没有后世那么高，而明显在当时的西方白银的使用频率高于黄金。无论东西方，由于价值相对低廉，白银在大部分时间的使用比黄金来得广泛。

白银大概发现于5 000多年前，历史比黄金短，而其命运往往与黄金纠缠不休。在西方，二者的价值并非一成不变，白银也曾一度贵过黄金。马克思曾经写道："银的开采却以矿山劳动和一般比较高度的技术发展为前提。因此，虽然银不那么绝对稀少，但是它最初的价值却相对地大于金的价值。"随后冶炼技术进步以及美洲银矿的发现，使得新世纪的白银源源不断地流入欧洲与亚洲，也导致东西世界的秩序倾覆。值得反复强调的是，即使在号称古典金本位的17世纪之后200年中，白银也并没有彻底退出历史舞台与日常交易。在西方黄金对于白银的优势其实是缓慢地、逐步地确立的，最终在19世纪尾声得到确认。由此可见，同为贵金属，黄金白银的货币化进程直到18世纪才开始逐渐分道扬镳。

在中国，最开始白银使用得并不多。秦始皇统一币制之际，将全国货币规定为三等，白银并不在货币之列，"及至秦，中一国之币为三等，黄金以镒名，为上币；铜钱识曰'半两'，重如其文，为下币；而珠玉龟贝银锡之属为器饰宝藏，不为币"。[1] 即使到了司马迁所在的汉代也如此，白银在汉代多数是储藏之用，例外也就只是汉武帝与王莽时期，不过汉武帝的"白金"是以白银为主要成分的银锡混合物，而王莽的所谓白银则是实在的白银。

王莽改制中，币制是重要的一块，又关系民生，因而影响很大。王莽四改币制，所造"大泉五十"的重量是西汉五铢钱的 2.5 倍，价值却规定为后者的 50 倍，以此应对财政危机，其对民间私铸钱币十分严厉，甚至禁止民间持有铜、炭以防止私铸，但即使定罪"私铸钱币者死"也不能完全禁止民间私铸。钱穆认为，复杂而紊乱的币制使百姓惶乱，货币不能流通，为王莽最大之秕政。"因犯法者多，由郡国备槛车铁锁，送至长安钟官（主铸钱者）处，愁苦而死者达十分之六七，可知王莽币制之扰民。"[2] 可见法律需要有人情基础，打击私铸如此不得人心，实施效果不佳，扰民无数，"农商失业，食货俱废，民人至涕泣于市道"。王莽改制的失败，导致了实物货币的流行，《后汉书·光武帝纪下》记载："王莽乱后，货币杂用布、帛、金、粟。是岁，始行五铢钱。"这里的"金"通常被认为金银并行，金银从此作为流通物算得上王莽币制改革遗产之一。[3]

魏晋以后，源自佛教文化等外来文化的影响，黄金白银开始

---

① 参见《史记·平准书》（司马迁，2012）。
② 参见《中国经济史》（钱穆，2013）。
③ 参见《唐宋时代金银之研究——以金银之货币机能为中心》（加藤繁，2006）。

受到欢迎；除了铸造佛像及佛寺饰物等宗教用途外，黄金也作为赏赐、饰品，当然也作为铸造货币之用。魏晋南北朝时期，这一阶段黄金的普及使用，导致了黄金的不足，白银也作为补充使用，从此用银逐渐增加。[1] 金银的普及，外来影响不可忽视，一是佛教建筑中用金，二是国际贸易，"由于丝绸之路上的一些国家如大月氏、安息、大秦、南天竺、扶南等国均重视使用金银，同中国的交、广地区全用金银交易"。[2]

唐代，金银更多为上层使用，多带有商品性质，两宋之后，黄金主要作为储藏与大宗支付手段，而白银则进入民间，与钱并行使用，金元之后更是如此。白银在中国的作用日渐重大，最终将中国塑造成最大的白银王国。

如前所言，这是一个演进的过程。白银后来成为中国的价值尺度，其实更多源自元代蒙古人的统治。学者彭信威考证这可能源于蒙古人受到邻近民族的影响，比如花剌子模。尽管如此，蒙古人统治初期，还是以纸币为主——也就是所谓的钞，同时禁止金银流通，却最终难以杜绝民间使用。明朝建立之后，钞退出历史，最终确立了中国的银本位制度。

西方世界过去的国际结算基础是金币、银币和铜币的混合使用，对应几乎同时代的中国明清，则是"大数用银，小数用钱"，二者其实不无类似之处。学界的普遍共识在于，作为国际金融体系重大产物之一的国际货币制度，出现于 19 世纪后半叶尤其是 70

---

[1][2] 参见《中国经济史》（钱穆，2013）。

年代之后，从此黄金才作为国际货币基础而存在，而这又几乎同时对应着中国清末的币制改革、白银本位的确立。中西在此明确走向了黄金本位与白银本位的不同方向。

明清时白银的广泛使用，被很多学者认为是中国与世界市场关联的"焦点"[①]，白银甚至成为一种象征，象征现代世界对于古老帝国的"溶蚀"或者"入侵"。白银在西方式微的同时，它在东方的作用则得到加强。为何白银在东西方走向不同道路？这是否又决定了两个世界不同的走势？无论如何，白银是一个隐秘的脉络，顺着这一线索，或许可以听到一些历史深处的回响与余音。

[①] 参见《银线》（林满红，2011）。

金银博弈

回溯往昔，黄金使用范围的扩大，似乎总是和生产力水平提升联系在一起的。最早的金属铸币一说来自公元前 7 世纪的吕底亚人，历史学家希罗多德将其归为最初铸造与使用金属货币的人和最初经营零售商业的人。[①] 吕底亚人的铸币以银金矿为主，银金矿也被称为"白色的金子"，他们制造了世界上最早的钱币，其中比较有名的叫"狮币"，大概含有五成多金、四成多银，很快，金币的总量被规定为 14.15 克，面值也被公布。[②] 其后，西方文明滥觞，希腊罗马人开始使用金币。中世纪的标准货币在大部分情况下是银，黄金恢复活跃始于当时领风气之先的意大利，1252 年在热那亚铸造了中世纪第一枚基督教世界金币，随后 14 世纪欧洲大陆的大额交易开始使用黄金，但是日常交易仍旧是银币占据主导。

早期黄金的使用不频繁，似乎也与黄金本身度量衡的价值过高有关，"在整个中世纪和迈入现代时期，银就是主导货币，其他金属要么太重（如铜），要么太轻（如黄金）"。[③] 而黄金本身产能

① 详见《历史》（希罗多德，1985）。
② 参见《银行史》（里瓦尔，2001）、《货币简史》（卡比尔·塞加尔，2016）。
③ 参见《资本全球化：国际货币体系史》（巴里·艾肯格林，2009）。

的不足，也是白银在欧洲大受欢迎的原因。欧洲白银在地理大发现前主要来自中欧。

直到 17 世纪，随着白银不断流入欧洲，金银复本位的麻烦越来越大，金本位的稳定性不断凸显，金本位在各种货币体系竞争之中开始崭露头角，逐渐成为主流选择。这一时代往往被称为古典金本位时期——事实上，金本位并没那么单一，各种林林总总的金本位分类和定义让专家也头疼不已。

随后两个世纪，即使在金本位最为强大的英国，在牛顿 1717 年核定英镑比价之时，大部分英国人仍旧用银，即使到了英国 1816 年确定金本位之后，白银也没有一步退出，而是逐步退出。黄金在欧洲的地位直到 19 世纪末才得到确立，并且在 20 世纪初成为国际货币制度的基石，而币值稳定挂钩黄金的英镑成为当时国际汇兑中最常见的货币。

金本位的胜出不无偶然因素，英国对于金本位的坚持与其国力的强大是主导动力之一。经济史的数据显示，19 世纪中叶之后，世界进入全球贸易加速的全球化时代，而英国成为 19 世纪第一个工业化的国家，1870 年其贸易总额占据世界贸易总额的三分之一。

这样的情况之下，谁要和英国做生意，都难免受到英国的影响。跟随英国在 19 世纪一度成为潮流，无论是其中央银行制度还是货币本位都受到追捧。同时，英国的币值稳定在历次战争之中也经受住了考验。德国在普法战争之后抛售白银，使得不少国家遭受输入型通胀，现代银行与国际贸易也使得以往估值过高的黄金变得实用可靠，金本位成为曾经热衷金银复本位的欧洲诸国竞相效仿的对象。随后金本位成为主要经济体的选择，当欧洲人回忆第一次世界大战之前的岁月，往往带着一种怀旧的口吻谈论彼时的"黄金时代"。

金本位在 19 世纪的普遍确立，本质是市场选择。若将货币看作一种产品，其"网络外部性"很强，按照经济学家巴里·艾肯格林的解释，即一国货币决策并不是独立做出的，并非与其他国家无关。简单地说，这类似经济学上的正外部性在交换领域的体现，就像大家都用微软键盘，并非因为其字母位置安排效率最高，而是因为使用这一系统的人占多数，系统兼容性更高，所以激励更多人选择这一系统，进而使这一系统更有优势，导致使用这一系统的人越来越多。国际货币制度体系也是一样，随着英国在工业革命之后领先，成为最大的贸易国，如果想和英国做生意、发展贸易，那么追随英国的货币制度就成为一个务实而可行的选择，就像德国和葡萄牙的做法。

金银复本位的失败

  金银之间的历史博弈，最终以金本位胜出，除了英国率先采用金本位这一看似偶然的因素，过去欧洲热衷的金银复本位过于麻烦也是重要原因。黄金和白银如何确定比价是金银复本位的一个难题，该比例往往因为产量波动等外部因素而变化，这就造成了麻烦。

  金银复本位曾经是欧洲的主流选择。虽然热那亚在 15 世纪中叶采用金本位，但直到 19 世纪初，主要大国之中除英国完全实行金本位，德国、奥匈帝国、俄国以及远东国家等都实行银本位，金银复本位制国家在"金币和银币集团之间架起了联系的桥梁"。

  为什么这么多国家偏爱金银复本位？很重要的原因是黄金产量少而币值稳定，适合国际支付，但是黄金价值刻度过大又不符合日常支付需要，反对金本位的人曾经嘲笑"金币被当作富人的零花钱"。欧洲各国历史上往往是金银复本位制，甚至英国即使转向金本位之后也维持了白银的法偿地位若干年，白银的非货币化直到 1774 年才发生，到了 1821 年，白银在小额交易中的法偿地位才完全废除。金银复本位的本质是保证金银可以共同在市面上流通。

　　金银复本位看起来是两条腿走路，过去多数欧洲人笃信其可以调节金银比例。在理想的情况之下，市场会根据金银比价自动调节，从而达到稳定状态；实际上它更多时候随着资本流动而波动，比如巴西黄金在17世纪被运入英国，这样的外生效应会诱使人们利用金银之间不同比价套利，从而加大了比价之间的不对等，实质上导致了金银复本位制度的跛足情况，甚至不如一条腿便利。表1.1显示了各地金银比价随时间而波动的情况。

表1.1　16—18世纪中外金银比价表

年份	中国	日本	印度	英国	西班牙
1534	1∶6.363	—	—	1∶11.50	1∶12.00
1568	1∶6.00	—	—	1∶11.50	1∶12.12
1571	—	1∶7.37	—	1∶11.50	1∶12.12
1572	1∶8.00	—	—	1∶11.50	1∶12.12
1575	—	1∶10.34	—	1∶11.50	1∶12.12
1580	1∶5.50	—	—	1∶11.70	1∶12.12
1588	—	1∶9.15	—	1∶11.70	1∶12.12
1589	—	1∶11.06	—	1∶11.70	1∶12.12
1592	1∶7.00—1∶5.50	1∶10.00	1∶9.00	1∶11.80	1∶12.12
1596	1∶7.50	—	—	1∶11.90	1∶12.12
1604	1∶7.00—1∶6.60	1∶10.99	—	1∶11.90	1∶12.12
1609	—	1∶12.19	—	1∶12.00	1∶13.13
1615	—	1∶11.38	—	1∶12.00	1∶13.13

（续表）

年份	中国	日本	印度	英国	西班牙
1620	1∶8.00	1∶13.05	—	1∶12.50	1∶13.13
1622	1∶8.00	1∶14.00	—	1∶12.50	1∶13.13
1635	1∶10.00	—	—	1∶13.00	1∶13.13
1637—1640	1∶13.00	—	—	1∶13.50	1∶15.45—1∶13.13
1660—1669	1∶10.00 以上	—	1∶16.16	1∶14.50	—
1671	1∶10.00 以上	—	1∶16.025	1∶15.19	—
1675	1∶10.00 以上	—	1∶17.224	1∶15.557	—
1677	1∶9.00	—	1∶14.131	1∶15.36	—
1700	1∶10.00 以上	—	1∶14.46	1∶14.674	—
1709	1∶10.00 以上	—	1∶15.157	1∶14.617	—
1714	1∶10.00 以上	—	1∶13.184	1∶15.15	—
1719	1∶10.00 以上	—	1∶12.759	1∶15.40	—
1721—1730	1∶10.50	—	—	1∶15.50	—
1731—1740	1∶10.90	—	—	1∶15.10	—
1741—1750	1∶12.50—1∶11.77	—	—	1∶14.93	—
1751—1760	1∶14.90	—	—	1∶14.55	—
1761—1770	1∶15.00	—	—	1∶14.81	—
1771—1780	1∶15.47	—	—	1∶14.64	—

（续表）

年份	中国	日本	印度	英国	西班牙
1781—1790	1：15.23	—	—	1：14.76	—
1791—1800	1：15.40	—	—	1：15.42	—

资料来源：《16—18世纪国际间白银流动及其输入中国之考察》（钱江，1988）。

这一情况也诞生了著名的格雷欣法则（Gresham's Law），也就是所谓"劣币驱逐良币"法则。这一法则在金银复本位之下最典型的表现是，当银币或金币市场比价与法定比价不同时，市场比价比法定比价高的货币（良币）将逐渐减少，而市场比价比法定比价低的货币（劣币）将逐渐增加。因此，不同国家官方定价的不同，往往引发国际资本流动。比如14世纪，法国将黄金与白银的比价定为1：11.11，而英国则略高，为11.75，这意味着在英国白银被低估，黄金被高估，最终的结果自然就是白银流向法国，黄金流向英国，即使国王利用严刑峻法阻止贵金属外流也无法解除市场的自由意志。

类似的案例在几个世纪内数不胜数，金银复本位制基本上成为麻烦之源。金银比价的波动，往往导致货币重铸，又进一步引发价格失衡。

无奈之下，英国在18世纪从固定黄金白银比价开始，逐渐转向金本位。这其中离不开一位天才物理学家的作用，他的名字大家如雷贯耳——牛顿。在惯常叙述中，科学家牛顿的下半生往往被描述为醉心神学，作为一句语焉不详而又带有贬义的交代。事实上，牛顿担任伦敦铸币厂厂长 28 年（1699—1727 年），时间跨度几乎接近他作为物理学家的 30 年，甚至他被英王册封为勋爵，也是因为在铸币厂工作得力。

尽管后世褒贬不一，但作为金融家的牛顿在历史上确实留下了重要的一笔。他的任期正好对应着英国转向金本位的重大时刻。在英国白银外流、货币重铸泛滥之际，牛顿在 1717 年将黄金价格定为每金衡盎司①3 英镑 17 先令 10.5 便士——牛顿如何核定这一比价无从考证，但是他的这一举措对于英国金融历史的意义，几乎等于那一枚不知为何砸中他脑袋的苹果。

这一比价并不完美，甚至是一个错误，仍旧过高的金银比价导致了一连串效应，却也产生了出其不意的结果，故事的发展对英国是利好：正是源自牛顿的定价，白银仍旧继续流出英国，英国从此全面拥抱金本位制度。一个世纪后，也就是在牛顿确定黄金价格 99 年后的 1816 年，英国开始从法律上宣布成为金本位国家，而这一制度与比价奇迹般地维持到现代。最为苛刻的金融史学家也不得不承认，正是那一年牛顿或许源于无知无畏的举措，导致金本位元年是 1717 年。无论如何，历史如此记载，"1717 年英镑按黄金固定了价格，这个价格一直延续到 1931 年，其中从 1797 年至 1819 年和 1914 年至 1925 年中断过"。②

---

① 金衡盎司，国际黄金市场上常用的黄金交易的计量单位，不同于欧美日常使用的衡量单位平衡盎司。——编者注
② 参见《西欧金融史》（金德尔伯格，2010）。

至于其他国家，无非是在 19 世纪模仿英国 18 世纪的步伐，错乱的金银复本位被放弃，金本位最终胜出，以往因套利重铸引发的货币紊乱也随着银行券的发明得以缓解，以金本位为基础的英国模式成为 20 世纪初的主流模式。

即便如此，白银仍旧在作为货币而使用，其非货币化直到 19 世纪末才在主要国家完成。20 世纪初，大部分国家都实行金本位，发行货币以黄金为"锚"，意味着各国法币币值与一定重量的黄金挂钩。而英镑则当之无愧地继续享受最早挂钩黄金的先发者福利。

叙述到了这里，与其问这些国家为何在 19 世纪末集体转向金本位，不如问为何金银复本位能够在这些国家支撑数个世纪。这一方面源于体制惯性，金银复本位之下，国家有权核定金银比价，使征收铸币税多了一重保障；另一方面也有技术进步的影响，比如随着蒸汽机进入铸币厂，黄金的铸造和切割就更加便利。

▲ 雅浦岛的货币：费（fei）

　　该岛位于太平洋，人口约为 10000 人，不产
金属，因而以石盘（即费）作为主要货币，经济
学家凯恩斯与弗里德曼也论述过这一案例。

▲ 西非的玛瑙贝壳

　　收藏于英国国家博物馆。玛瑙贝壳在历史上曾被当作货币使用。在中国商王朝早期的考古遗址中，也发现被用作货币的海贝。

图片来源：British Museum SSB,155.5。

◀ 查理大帝时期的铸币德尼厄尔

　　查理大帝是欧洲历史上的重要统治者，查理曼帝国建立者。公元800年被教皇加冕为"罗马人的皇帝"，有"欧洲之父"的荣誉，贡献之一是将当时的文化重心从地中海希腊转移到欧洲莱茵河附近。

图片来源：维基，https://en.wikipedia.org/wiki/Charlemagne#/media/File:Charlemagne_denier_Tours_793_to_812.jpg。

▲ 古代钱币

▼ 北宋交子（左）与南宋会子（右）

　　也有一说认为左图所示钞版不一定是交子钞版，理由是交子主要流通于四川。

　　彭信威在《中国货币史》中写道："（左图是钱引）这是钞版的拓本。上面既无年份，也没有名称，金额也是临时填写的。看上面文字，可能是崇观年间四川以外各路所行的钱引。这钞版不但在世界货币史上有极高的价值，就是在印刷史和版画史上也是很重要的。"

　　"会子的图案在艺术上讲来，虽比不上钱引，但在发行制度上，有其重要性。上面有会子的名称，有发行的机关，有金额（上面右边的"大壹贯文省"），有赏格。伪造罪和赏格的办法是北宋熙宁元年制定的，可能是王安石的主意。行在会子是南宋的主要纸币，流通于两浙、福建、江东和江西。"

　　学者王永新指出左图拓片民国时期出现在日本，展现的不是北宋交子，"考虑到铜版上的文字用语有南宋风格，而铜钱以七十七为陌也符合南宋规定，因此这块钞版很可能是南宋的"。

资料来源：《中国货币史》（彭信威，2015），《钱币上的中国史》（王永新，2022）。

图片来源：《社会历史博物馆》（翁杰明，1995）。

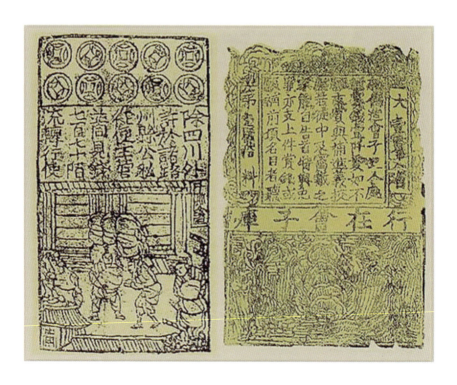

▲ 哥伦布说服西班牙女王开展地理大发现之旅

　　哥伦布是意大利人，在试图说服葡萄牙国王失败之后，在西班牙苦等 6 年，终于得到机会说服西班牙伊莎贝拉女王资助他的疯狂冒险。

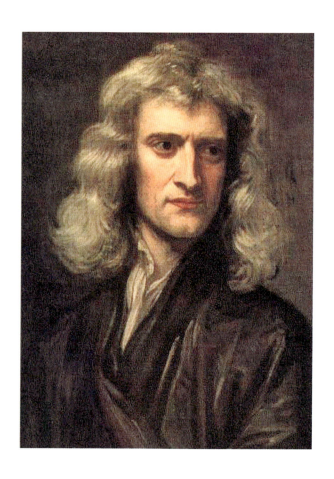

▲ 艾萨克·牛顿（1643 年 1 月 4 日—1727 年 3 月 31 日）

　　牛顿是英国著名的物理学家，被誉为"物理学之父"。不过，牛顿还担任过伦敦铸币厂厂长(1699—1727 年)，且因在铸币厂工作得力，被英王册封为勋爵。

图片来源：维基，https://commons.wikimedia.org/w/index.php?curid=37337。

▲ 北宋婴儿枕

北宋时期，大量瓷器出口世界各国。

图片来源：维基，https://commons.wikimedia.org/w/index.php?curid=6432488。

▶ 公元前 550 年的吕底亚金币

与更早时期的铸币相比，此枚金币的形态已经比较成熟。

图片来源：维基，https://commons.wikimedia.org/wiki/File%3ABritish_Museum_gold_coin_of_Croesus.jpg。

▲ 清宣统元年交通银行十元（上海博物馆藏）

图片来源：《熠熠千年：中国货币史中的白银》（上海博物馆编，2019）。

金银复本位不是乌托邦

中国俗语称"有钱能使鬼推磨"，西方人则更迷恋黄金。哥伦布之类的冒险家，更是礼赞黄金，不到 100 天中提到 65 次之多 ①，他 1503 年寄自牙买加的一封信中写道："黄金真是一个奇妙的东西！谁有了它，谁就能要什么有什么。黄金甚至可以使灵魂升入天堂。"

马克思一边引用哥伦布，一边又不无嘲讽地将 16 世纪至 17 世纪比作资产阶级社会的童年时期，"一种普遍的求金欲驱使许多国家的人民和王公组织远征重洋的十字军去追求黄金的圣杯"。无论我们承认与否，历史总是映照现实，黄金对于人类有种致命的吸引力。直到今天，黄金（或者金本位）为什么还有那么大的吸引力，为何从经济学家到阴谋论贩卖者都不遗余力地鼓吹？

究其原因，关键还是在于人们对于通胀的深深恐惧。诚然，20 世纪数次恶性通胀的惨痛记忆，几乎都与政府不受节制地滥发纸币有关，这都是金本位溃败之后的故事。黄金崇拜从原始记忆到历史教训中不断加强，难怪金融史学家感叹，直到今天金本位

---

① 参见《西欧金融史》(金德尔伯格，2010)。

仍然意味着货币实际价值的稳定性，胜过美元之类的主权纸币。

　　这些恶性通胀灾难往往由纸币诞生，从魏玛共和国一泻千里的马克到不如纸张价格的民国金圆券，再到面额创下世界纪录的津巴布韦钞票，均是如此。如此对比之下，人们往往倾向于认为包括金银在内的实实在在的商品货币会带来稳定币值的安全感，甚至认为可以摆脱政府的控制。"假使货币完全是由这一类有形商品组成，原则上就根本不需要政府来控制。社会的货币量将取决于生产货币商品的成本，而不是其他东西。货币量的变动将取决于生产货币商品技术条件的变化和对货币需求量的变化。这是一个理想的事物，它使许多信仰自动金本位的人受到鼓舞。"[1]

　　昔日教训历历在目，如今通胀担忧重启，国外数轮量化宽松与中国所谓"货币超发"，导致今日的"黄金死多头"[2]仍旧比比皆是，人们试图在纸币时代重归金本位的温暖旧怀抱，而主妇买金的新闻也一度频频，回归商品货币似乎成为一种呼声。

　　理想美好，现实骨感。想象的美好并不足以抗衡真实的逻辑，黄金其实并不足以抗击通胀；至于金本位，不仅回不去，而且也不是想象中的美好旧时光，那里有我们同样不愿意接受的通货紧缩之苦。有人曾抱怨："金本位一词包含的谬误，是最广泛欺骗了世界的谬误之一。认为有一种特殊的金本位，只有一种，这就是谬误。假象的乔装与金本位之名下实则相差悬殊的货币本位是相

---

[1] 参见《资本主义与自由》(弗里德曼，2004)。
[2] "黄金死多头"，指看好黄金前景，如果金价下跌，宁愿放上几年，不赚钱绝不脱手的黄金投资者。——编者注

同的，几乎将世界推到了毁灭的边缘。"

虽然金本位听起来比较高端洋气上档次，但它本身也是商品本位的一种形式，商品本位的毛病，在金本位身上可以看出不少。宏观经济学大师凯恩斯做出了一语中的的评价，他早早就将人们对于黄金的一场狂热指斥为"野蛮的遗迹"——野蛮看似贬低，但也道出黄金对于世人的强大吸引力，毕竟野蛮背后是本能。黄金的非货币化进程从 20 世纪 70 年代开始算起，加起来不过几十年，对于黄金的完整认知还需要厘清，也需要回到历史。

货币主义大师弗里德曼对于金本位也不"感冒"。"尽管很多赞成金本位的人发表大量的言论，而今天几乎没有一个人实际上希望有一个真正完全的金本位。那些自以为要求金本位的人们所指的，几乎总是当代的本位或在 30 年代维持的那种受到中央银行或其他政府机构管理的金本位。"他也认为回到包含金本位在内的商品本位不切实际，"对于建立一个自由社会的货币的安排而论，自动调节的商品本位既行不通，又不是解决的办法。它并不理想，因为它造成了生产货币商品所需的大量资源的费用。它行不通，因为使它能生效的神话和信念并不存在"。

甚至，弗里德曼总结道，真正的商品本位已经远远偏离了不需要政府干预的简单方式，"历史上，在表面上能按固定比例兑换成货币商品的某种形式的信用货币已经伴随着商品本位——例如金本位或银本位——而发展出来。这种发展具有充分的理由"。

梳理之下，历史上黄金的货币化是数百年的渐进过程，相应地，人们接受其退出货币角色也需要一段时间，至少心理上需要重构。其他商品本位也是如此，从大家比较熟悉的金本位到曾经流行的银本位、金银复本位，加上原始的贝壳等，都属于商品本位。商品本位在人类社会本来就普遍存在，正如货币主义学派大师弗里德曼所言，商品本位也是人类历史的一种常态，"在历史上，在许多不同的地方和几个世纪的过程中，最经常形成的一种办法是商品本位，也就是说，使用譬如金、银、铜或铁、香烟、白兰地酒或者各种其他货物作为一些有形商品的货币"。[1] 最新的报道，据说因为美国监狱伙食质量下降，方便面取代香烟成为新的监狱流通货币，两包价值 0.59 美元的方便面，在监狱里却能换得超过 11 美元的衣物。[2]

尽管金本位往往被追忆，但它实际上是一种相对原始的货币形态，并不是很多人想象的抗通胀的利器，甚至也不一定能避免通胀，毕竟降低硬币中贵金属的含量就是统治者最喜欢做的事情之一，而削边、切割、磨损也是过去人们对待金属货币常用的办法。经济学家张五常承认货币的存在可以大幅节省交易费用，同时也强调背后的利益冲突，"发行或操控货币的人会有很大的权力，尤其是这机构是一个有专利或垄断性的政府。权力可以滥用。因为节省交易费用会带来巨大的利益，欺骗的行为容易出现"。[3]

指望回归到金本位甚至商品本位来回避政府权力，这是不切实际的想法，也不符合历史演变规律。重要的原因之一就是商品

---

① 参见《资本主义与自由》（弗里德曼，2004）。

② 详见 http://www.theguardian.com/us-news/2016/aug/22/ramen-prison-currency-study。

③ 参见《经济解释卷四：制度的选择》（张五常，2014）。

货币不经济，商品本位本来就是一种原始而占用资源的方式。"从整个社会的观点来看，商品本位的基本缺点是它需要使用真正的资源来增加货币存量。为了在诺克斯堡或一些类似存放黄金储备的地方重埋黄金，人们必须在南非从事辛苦的劳动把黄金从地下挖掘出来。实施商品本位，需要使用实际资源的必要性构成一个强烈的动机，使人们想方设法不使用这些资源而达到同样的结果。假使人们接受上面印有'我答应支付若干单位的货币商品'的纸张作为货币，这些纸张就能起着和有形的黄金或白银同样的作用，而需要消耗的资源就少得多。"

此外，商品本位还有一些麻烦，比如因为生产受限于自然资源，商品货品往往会导致信用匮乏的钱荒。

商品本位虽然比以物易物进步很多，但本身并非通行无阻，商品货币本来就是各种规格、成分不一的混乱种类的集合，即使金、银等贵金属也时常面临伪造的可能，据说斯巴达人就曾被伪造金币骗过，而中世纪炼金术的狂热也令人印象深刻。货币种类繁多、交易成本大，这在欧洲以及中国都不例外，后面在叙述清朝币值混乱的时候会再详细说明。

混乱必然带来交易不便，这对国际商贸发达地区的影响更大，亚当·斯密指出热那亚、汉堡通货很少全由本国铸币构成："像这样的国家，通过改铸，只能改良其铸币，未必能改良其通货。这种通货，因其本身性质极不确定，一定数额的这种通货，价值亦很不确定，故在外国，其评价必然低于其实际价值。所以，如果这种国家以这种通货兑付外国汇票，其汇兑就一定对它大为不利。

这种不利的汇兑，必然使商人们吃亏。"

流动不便利显然加大了交易成本，也使得各种自行铸币甚至伪造货币滋生——补充一下，古代铸币权流落在民间并非源于某些研究者认为的自由选择，过去的官方货币往往也做得不好，无从剔除民间仿制货币，甚至良币也会被劣币驱逐，这种情况之下，即使重铸也无法改变混乱局面。"1609 年以前，阿姆斯特丹的广大贸易从欧洲各地带回来的大量剪削磨损的外国铸币，使阿姆斯特丹通货的价值比造币厂新出良币的价值约低 9%。在这种情况下，新出的良币，往往是一经铸造出来，即被熔解，或被输出。"

这种情况之下，如何判断其成色甚至真伪是个问题，市场也会自动呼吁专业机构的出现。为了维持正常的市场秩序，应对劣币与良币的麻烦，这些地区发展了现代银行的先驱。1609 年，阿姆斯特丹设立了一家银行（卫斯尔银行，它是 17 世纪最重要的银行，后来几经周折以荷兰银行之名存在），正是为了纠正上述的"不利情况"。其策略是两种货币都接受，对于本国磨损货币也给予相应的价值地位。"既接受外国铸币，也接受本国轻量的磨损了的铸币，除了在价值中扣除必要的鼓铸费和管理费，即按照国家的标准良币，计算其内在价值。在扣除此小额费用以后，所余的价值，即在银行账簿上，作为信用记入。这种信用叫作银行货币，因其所代表的货币，恰好按照造币厂标准，故常有同一的真实价值，而其内在价值又大于通用货币。"①

---

① 参见《国富论》(亚当·斯密，2014)。

这是历史的一个因缘际会。世界首家公共银行诞生于商业繁荣的阿姆斯特丹并非偶然，它一开始的目的就是甄别成百上千种货币的价值，确立货币的标准。这种制度设计终结了商品本位的麻烦，也使得交易逐步摆脱了金属的束缚，欧洲也随之演化进入了银行体系诞生与革新时代。当然，对金本位的最终脱离，要等到20世纪大萧条才最终完成。正是由于大萧条的惨痛教训，金融界认识到金本位制度与"流动性的最后贷款人"功能之间的矛盾。

至于中国，一场关于纸币的金融革命过分早熟地展开，而这场皇权主导的革新的命运与欧洲截然不同。

第二章

宋元：纸币试验

都市钱陌①，官用七十七，街市通用七十五，鱼肉菜七十二陌，金银七十四，珠珍、雇婢妮、买虫蚁六十八，文字五十六陌，行市各有长短使用。

——《东京梦华录》，（宋）孟元老

惯会饕斋觅主人，身边零钞没分文。

谁知撞见真经纪，不遇檀那怎脱身。

——《济颠道济禅师语录》，（宋）沈孟

卜儿：是何言语！待我回家多备些钱钞相谢。

张驴儿：你敢是不肯，故意将钱钞哄我？赛卢医的绳子还在，我仍旧勒死了你吧。

——《窦娥冤》，（元）关汉卿

山后矗立着一个老人，身材巨大，

他使自己的脊背朝向达米亚塔，

他宛如揽镜自照，眺望着罗马。

---

① 陌，本为 100 文的钱串，后成为钱的计量单位，于宋代流行，表示从数十文到 100 文的钱。

他的头为真金所铸，

双臂和胸膛则用纯银制成，

下身直到胯骨，都是铜料；

由此往下则全部用上好的铁来铸浇，

除了右脚是用陶土塑造；

但这老人却把身子更多地支撑在这只脚，而不是那一只脚。

每个部分——黄金部分除外——都已破裂，形成一道缝隙，

从缝隙中流出涓涓泪滴，

这些泪滴汇在一起，穿透了那块岩石。

——《神曲》，但丁（Dante Alighieri，1265—1321）

唐宋变革中的纸币试验

回看宋代，国人颇多腹诽，"读宋史长流泪"人人皆知，宋代甚至被视为中国积弱的朝代。即使钱穆这样的平和大家，一方面表示认可宋代经济是划时代的近代经济的开始，"中国在唐代以前可以称为古代社会，自宋代起至现在可说是近代社会"，另一方面也认为汉唐宋明清五朝中，"宋是最贫最弱的一环。专从政治制度上看来，也是最没有建树的一环"。①

事实上，如果换个评价标准，宋有其地位与优势，无论人均经济水平还是文化生活，可谓中国历代之中少见的斯文盛世。陈寅恪曾经表示，"华夏民族之文化，历数千载之演进，造极于赵宋之世"。宋代的成就在海外评价甚高，其城市自由、商业生活与文教昌明彼此辉映，构成了中国现代化的"拂晓时代"。

日本历史学者内藤湖南首倡"唐宋变革论"，指出唐代是中世纪的结束，而宋代则是近代的开始。从 1910 年提出到现在，这一说法激起了广泛的讨论与深入的研究。钱穆认为："论中国古今社会之变，最要在宋代。宋以前，大体可称为古代中国，宋以后，

---

① 参见《中国经济史》(钱穆，2013)。

乃为后代中国。秦前，乃封建贵族社会。东汉以下，士族门第兴起。魏晋南北朝定于隋唐，皆属门第社会，可称为古代变相的贵族社会。宋以下，始是纯粹的平民社会。除蒙古满洲异族入主，为特权阶级外，其升入政治上层者，皆由白衣秀才平地拔起，更无古代封建贵族及门第传统的遗存。故就宋代而言之，政治经济、社会人生，较之前代莫不有变。"①

春秋之际的中国属于典型的封建社会。所谓封建者，封土建国也。周代商立国之后大封同姓与异姓诸侯，分散到广阔区域。当时地广人稀，"野人"广布，周的封建其实为一种"武装殖民"，天子不仅授土，也授民，即授土上的野人。所谓"封"者，《周官》云："制其畿疆而沟封之"，就是在一块地方圈城，称之为"国"，周族人（或异姓诸侯族人）居于国中，而不断征服城外原住民土著（即"野人"）。被征服的"野人"按照井田制原则被组织起来，以实物租税与劳役形式上贡，而"国人"分为士（军人）、工（手工业者）、商等，从事战争、青铜器与其他制品制造、祭祀等活动。国人按照宗法制度聚族而居，由天子、诸侯而至大夫、士，层层封建之下全体社会得以组织。周天子类似西欧封建时代的国王，拥有最强军力，但并不直接管理诸侯内部事务，也受到氏族、贵族的约束。

统治如中国这样的大国，封建制度无疑有其优势，可谓最简单易行的组织方式。初时，血缘宗法力量强大，周天子军事占优，

---

① 参见《中国经济史》（钱穆，2013）。

封建制度尚可应付；时间流逝下，这两项因素均递减，西周封建渐渐演变为春秋争霸与战国兼并。对诸侯而言，扩张具有动力学必然性，兼并战一旦启动即无可逆转，而战争的残酷逻辑则会不断强化各诸侯国的改革竞赛。因此，井田制必然被废除以利于农业生产与资源组织，而盐铁、水利、渔牧、运输、手工业开始民间化，铁器普及，随后商鞅变法以科层官僚机构替代血统贵族治理，臣民地位与利益不再基于血统而是依赖军工，以理性而非传统来提升战争组织动员能力，最终一统天下。

检点之下，秦政成功并非完全归于法家苛政之功。废井田乃是顺应历史潮流的私有化改革，农业生产力因之大涨。秦也重视工业，道路与水利都是得力的措施。军事组织方面得到财政支持，义务兵制度与雇佣兵制度有很好的结合：当兵为义务，而奖赏丰厚，带有雇佣兵特色，因而军力强悍。除了官营工业之外，秦也鼓励私人工商业。货币、文字、道路、度量衡的统一均是善政。其中，在秦统一天下之前，各国都铸造各自的货币，秦、齐、魏、楚等强国的货币各有特点，也有相应的流通范围，主要服务于本国内及本地区的短途贸易，长途贸易则需要借助黄金或者铸币之间的转换。这在一定程度上表明，基于贱金属铸币的货币其流通需要得到政府权力的背书，特定的、可识别的形态在政府背书的基础之上为民间接受，成为流通中介。在秦统一天下之后，政府更进一步垄断了铸币特权。

秦之灭亡，确是劳役民众太过之故。汉承秦制，接受教训，与民休息，而其财政制度则有得有失。田租虽轻，徭役则重，以此支持西汉所行之郡县征兵制。此制度下，中央军与边防军军力强大，依赖中央财政支持。在财政政策方面，大司农掌管国家财政，所得与农田与人口相关，而少府为皇帝私人财源，所得则与山泽盐铁等非农业相关。商品经济发展之下，政府收入增量少，而少府收入剧增，汉武帝以之为私产而用之支持对匈奴征战，自然对豪强不"自愿"捐献有愤愤之气，转而制定盐铁专卖、告缗、铸钱专营、均输等措施，与民争利，民间工商业因而破产。这其中一个技术关键在于汉朝没有发展出专业的征收商业税的能力与体系，而诉诸告缗，鼓励民间告发豪强而不自愿申报纳税者。

汉武帝赢得对匈奴的战争，社会经济却因之凋敝，晚年下"罪己诏"曰："朕即位以来，所为狂悖，使天下愁苦，不可追悔。自今事有伤害百姓，靡费天下者，悉罢之。"到东汉建立，改行募兵制，光武帝为削弱地方割据势力而罢郡县兵，但中央军力不足，用军之时不得不允许地方募军，种下三国军阀割据因缘。

实际上，两汉政治结构一直苦于中央权威无法直达郡县治理。汉之郡守约介于周之诸侯与清之总督之间，权力相当大，凡诸地方事务如军事、财政、司法、地方官员选任等均在掌握，而郡守自然乐于与地方豪族结盟，以减少对中央的依赖。如此一来，豪门士族势力大涨，一直到前唐时期，均可被称为"士族社会"。两晋南北朝固然是士族权势熏天之时，晚至唐代，即使已经开始开科取士，政治权力仍旧掌握在豪族世家手中。不论是关中豪族还是关东世家，朝廷政治权势无法离开他们的支持。

豪族在政治上的强势地位，对应的是坞堡经济的兴起。部曲与农户难以承受政府压榨而附身坞堡，坞堡实力日益壮大，而中央政府税源日益萎缩，反过来又强化了中央政府不得不依赖豪族的格局。后世皆谓唐太宗李世民虚心纳谏，其实，这未尝不是不得已而为之：李氏起身于关陇集团，始祖为西魏八大柱国将军之一，其得天下仰仗于以关陇集团为代表的一大批军事贵族与以山东豪族为代表的世家大族的支持，即使贵为皇帝，也不得不看重豪族们的态度。与后来的清朝皇帝相比，这多少有些类似于西欧封建制之下国王的处境。

唐代已经开始试验科举制，日后证明这是建立中央管理体系必须的一步，但在有唐一代，科举进士更多是名誉"加持"，而不是入仕正途，皇帝们仍旧处于豪族势力的包围之下。唐玄宗试图更多地依靠胡人来获得更大的权力，却由此种下安史之乱的因缘。

安史之乱被普遍认为是一个分水岭。安史之乱中天下豪族泰半凋零，北方经济中心地位丧失，政治上中国开始走向官僚制，社会上走向平民社会，经济上坞堡模式破产，财税上开始货币化税收，兵制上开始走向募兵制。这样的转变最终导向有宋一代的宏大试验，不仅创造出中国历代王朝中最高的经济成就，也塑造了纸币试验得以推行的经济环境。这就是我们下一节将要讲述的纸币故事。

北宋交子与纸币的诞生

宋元之前，中国和世界其他国家都使用实物货币，其中中国依赖贱金属铸币，西方依赖贵金属铸币；宋元之后，随着纸币的登台，东西方货币路径出现了明显的分岔。

白银在宋代的作用比起唐代有所加强，无论官方记录还是文人笔记，白银出现的频率其实有所增加，白银在民间的使用可谓广泛，不少记录都有酒器为银的记录。日本学者加藤繁曾以货币机能为中心考究唐宋时代的金银，他认为唐宋时代是中国金银货币发展史上重要的时期。他的研究表明，唐宋之际，金银已经具备货币职能，但主要是官方和上层使用，宋代却比唐代更甚，无论是军奉、边籴、军赏等官方支出，还是私人领域的贿赂、赠遗、布施、谢礼等皆使用白银，白银货币地位加强，普通民众也加大了对于白银的使用。

然而，白银在两宋的使用仍旧有限。北宋年间白银往往更多作为商品使用，北宋时期参加王安石变法的沈括就说过，金银为器具而不是货币，"今通贵于天下者金银，独以为器而不为币"；而南宋时期白银确实具有不少计价功能，南宋笔记《云麓漫钞》中记载，南宋接待金朝使臣须招待饭食，亦可不吃折钱，"若折钱，使副折银三两三钱，都管九钱一分"。考察历史，白银的全面货币化发端于宋，金在其中分量不轻，但是白银更为普遍的使用仍旧需要契机，此刻的货币试验的主角是纸币。

在白银作为主角最终登上中国货币舞台之前，从宋代开始曾经有一段并不算短的纸币试验。这一宏大的纸币试验构成了中国金融史的转折点，甚至正是这一试验，最终奠定了中国货币白银化的基础。

不论是北宋交子还是元代宝钞，这背后体现为纸币与金属货币尤其是白银的竞争，更是皇权意志与民间市场的博弈。事实上，纸币在中国历史上纠缠了数百年，延续了几个朝代，其中不少故事在今天读来宛然犹在眼前。关于宋元明三朝的纸币试验，其失败最终反过来印证了白银的价值；换个角度而言，纸币在中国的出现以及陨灭，事实上恰恰为白银的最终货币化铺平了道路。

当西方在金银之间徘徊甚至过渡到金本位之际，中国人的日常生活仍旧离不开"钱"的作用，这往往被学界认为是一个国家工商业不发达的见证。这一现象已经足够令人吃惊，毕竟中国唐宋时代的生产力对比世界并不低下。更令人吃惊的是，中国同时发行了世界上最早的纸币，那就是国人耳熟能详的交子——按照今天的网络用语来说，这不科学。确实，这看起来并不符合一般的货币规律，因为一般纸币被认为是货币发行的较高阶段，是金银复本位之后出现的形态。

那么纸币在中国的故事到底是如何开始，又是如何结束的呢？为什么数百年前纸币会在中国诞生呢？

纸币，也就是传说中的交子的诞生，与经济繁荣有莫大关系，可谓大时代与小地区的因缘巧合，这是一个货币自发演进、超越时代理论的故事。中国交子的故事，一方面揭示了这个古老帝国曾经的文明辉煌（纸币最早确实在 1 000 年前就已经在中国出现，后代经济学家曾调侃说中国人早对纸币司空见惯，不会类似老外那样"友邦惊诧"）；另一方面，也以案例形式解释了货币的规律，当经济环境与制度框架不足以支撑纸币这样的形态之际，其会发生何等的悲剧。

宋被认为是世界最早的海上帝国[①]，商业革命、交通革命、农业革命、都市革命共同构成了其辉煌的文明，人口和人均收入急剧增加，宋徽宗时期人口即多达一亿人，是汉唐两倍有余。"北宋十万户以上的州、府，宋神宗元丰年间为四十多个，宋徽宗崇宁年间为五十多个，而唐代仅有十多个。"[②]宋朝城市结构也逐步打破了商业和居住区的界限，从唐代的"坊市封闭"走向"坊市合一"，夜市禁令被取消，导致了城市生活的急剧繁荣与空前自由。宋朝的经济繁荣不仅超过惯常认为盛世的唐朝，甚至可能是中国历史上人均收入超过欧洲的稀少时间窗口。值得一提的是，宋代商税和田税截然分离，发展出后世认为完整意义上的商税制度，这也意味着抑商政策开始向征商政策转化，商税的征收也更加程序化，"地方政府定期公布商税则例及其变动情况，各地州、县、

---

① 参见《宋代江南经济史研究》(斯波义信，2012)。
② 参见《宋代社会研究》(朱瑞熙，1983)。

墟镇广置税务机构，这些情况表明商税征收到宋代首次进入了自身的制度化时期"。①

宋代的繁荣程度或许是中华帝国曾经的顶点。北宋年间贸易繁荣已经达到惊人的程度，随着造船等技术发展，开始于汉代从港口衔接中国与世界的"海上丝绸之路"，公认在宋达到顶峰。宋与数十个国家开展贸易，广州、泉州、宁波等港口当年的贸易繁荣让后人难以想象。此外，更不用说宋、辽、金与西夏且战且和数百年间连绵不绝的边境贸易，除了官方在接界地点设置的互市贸易（榷场）外，还有各类民间交易以及走私。这些交易规模惊人，仅仅以当时交易比较普遍的商品羊为例，宋代皇室御厨用羊每年就高达数万口，而宋朝方面公私每年用于从河边买入契丹羊的费用为 40 余万缗。②

宋代财税中与商业有关的税种也空前丰富。宋之前对于商业更多是管理而不是收税，唐朝虽也尽力征收商业税，但不成体系，而宋代则将各类商业税收制度化。北宋时期的税率保守估计已经达到 10%，当时的人如此记载："四方之货食以会京邑，舳舻相接，赡给公私。"③重视商业与文官体系发达使得宋的文明程度空前进化，在国家主义和私有经济这两个领域获得平衡与发展，对外奉行防御性政策，但在经济领域中的商业方面则比较激进，尤其在四川、福建、江浙等地——其中纸币的诞生，可以被认为中国

① 参见《宋辽夏金经济研析》（葛金芳，1991）。
② 详见《中国农业通史》（曾雄生，2014）。
③ 参见《宋会要辑稿·食货四二》（徐松，1957）。

文明竞赛中领先西方的顶峰的产物与象征。[1]

与此同时，宋代对于富人的态度也相当宽容，比起今天的"仇富论"，简直堪称"亲富论"。北宋年间宋太宗即表示："富室连我阡陌，为国守财尔。缓急盗贼窃发，边境扰动，兼并之财，乐于输纳，皆我之物。所以税赋不增，元元无愁叹之声，兵卒安于州郡，民庶安于田间。外之租税足以赡军，内之甲兵足以护民。"[2]

除了天子，当时士大夫对于富人也相当宽容与肯定，比如北宋苏辙即表示富人出现是情理之间，贫富相安是安定根本，"惟州县之间，随其大小皆有富民，此理势之所必至。所谓'物之不齐，物之情也'。然州县赖之以为强，国家恃之以为固。非所当忧，亦非所当去也。能使富民安其富而不横，贫民安其贫而不匮。贫富相恃，以为长久，而天下定矣"。[3]更进一步，南宋叶适已经认识到有产阶层对于社会稳定的作用，指出富人是维系社会上下阶层的枢纽，甚至批评希望以打击富人来救助穷人的想法虽然善良却不应实行，"富人者，州县之本，上下之所赖也。富人为天子养小民，又供上用。虽厚取赢以自封殖，计其勤劳，亦略相当矣"[4]。

历史充满文明陨落的悲剧，而史书总是难免成王败寇的逻辑。宋朝最被诟病的是军力，但其实如果宋朝军事真的那么孱弱，为

---

① 详见《世界历史中的中国》(艾兹赫德，2009)。

② 参见《挥麈录·余话》卷一（王明清，1961）。

③ 参见《栾城集·三集》卷八（苏辙，1987）。

④ 参见《水心别集》卷二（叶适，1961）。

何能够在五代十国乱局中崛起，为何能够与辽、金与蒙古这样的军事强敌对峙数百年？宋朝从开国到灭亡，数百年间不是处于战争状态就是处于备战状态，不得不长期奉行"守内虚外"（即禁军多数驻防在京城，少数驻防在边境）的政策理念，为国内发展争取时间。实际上，宋朝军事实力不容小觑，其常规军数量最高达120万人，超过很多朝代，军事开支需求庞大。以后勤为例，宋代的仓场库务在各地都有设置，不仅需要储存粮食与器械等军需，此外主管官员也需要费心经营以提供利润，盐、茶、酒等贸易及其征税均获得充分发展。[1] 能够支撑这一庞大军事开支的帝国，离不开其制度管理与经济实力，经济思维渗透到宋朝的日常系统，纸币也诞生于这种竞争之中。

最早的纸币诞生在四川，除了宋本身的时代背景，也在于四川的特殊性。四川在宋是一个特别的案例。四川因为躲过隋唐战乱，经济相对独立，贸易繁荣，因缺铜而依赖铁钱，但携带不便的缺点日渐凸显。对此，当时的史料有不少记载，往往主妇到集市买盐也需要携带很多铁钱，"小钱每十贯重六十五斤，折大钱一贯，重十二斤，街市买卖，至三、五贯文，即难以携持"（一贯在宋代等于770文）、"尝使蜀，见所用铁钱至轻，市罗一匹，为钱二万"等记载比比皆是。铁钱与铜钱的比价根据记载似乎在10∶1，可以想见其携带不便，"江南旧用铁钱，十当铜钱之一，物价翔踊，民不便"、"会诏川、陕诸州参用铜铁钱，每铜钱一当铁

---

[1] 参见《宋代军事后勤若干问题研究》（贾启红，2015）。

钱十"。

最终，四川茶叶和马匹等贸易的发达以及四川铁钱的笨重，导致交子在相对独立和特殊的四川诞生，"蜀人以铁钱重，私为券，谓之交子，以便贸易，富人十六户主之"。① 交子最开始来自16家富户，其起点是作为私人票据，成为贵金属、丝绸等货币的替代品，可以理解为一种早期汇票，《宋史·食货志》即说"交子之法，盖有取于唐之飞钱"。

关于纸币的诞生，其实很有趣的一点在于金属货币的物理属性的"落后"，如何推动金融层面的创新，在四川是铁，在西方则是铜。几百年后，在16世纪的瑞典诞生了欧洲最早的纸币试验，原因之一就是瑞典是当时欧洲最大铜矿的拥有者，所以该国货币主要是铜，而铜的价值在当时是银的1%。

随后，民间交子开始步入官家视野，在得力地方官的几番推动之下，最终官方交子应运而生。从宋朝仁宗天圣二年（1024年）开始，宋朝政府正式发行交子纸币，数量为1 880 000贯，其式样"一依自来百姓出给者阔狭大小"。② 伪造交子与私造交子纸币都是重罪，此后两年一次的发行额度都是1 256 340贯。在此后的流通中，交子的流动期限以"界"分，一般是三年为期，期满则新旧交替更换。交子原本有稳定的发行准备，一般一界发行额度是150万贯，而准备金是铁钱36万贯。交子的便利也带动铁钱流通量的

---

① 参见《文献通考·钱币考》（马端临，2006）。
② 参见《宋朝事实》卷十六（李攸）。

下降，从北宋初年的 50 万贯逐步下降；铁钱数量的下降，也可以看出交子受到欢迎。①

伴随着国家的介入，交子获得更大成功，不仅解决了私人交子存在的信用问题，也受到从事跨地区跨国贸易的四川茶叶商人的欢迎，导致交子在交易之中以溢价交易，常常以高于标价成交，苏辙就曾记录"蜀人利交子之轻便，一贯有卖一贯一百者"。

交子在商业上取得的成功，也使得交子成为国家财政的重要组成部分，而宋朝日益增加的军事开支也在寻找解决思路，各种金融创新继续发酵。为了给军需提供保障，鼓励商人运输物品到边疆，宋朝当局还发明了一种期票，即"见钱交引"，以节省商人的运输货币费用。当时流行的有"茶盐交引"，后又有其他军需品交引。这些票据进一步兑现成铁钱或交子，运转情况不错，发行权后来也集中在首都开封。

伴随着王安石的激进新政与边疆战事的浩大军用，货币流通数量开始膨胀。王安石变法毁誉参半，但无可置疑的是，它大幅度地提升了北宋经济的货币化程度，对货币的需求因此大增。同时，西北边疆与西夏的战事延绵不绝，军事开支动辄以千万贯计。从铜钱铸造来看，仅 1073—1084 年，宋朝铜钱的产量翻了两番，超过了每年 500 万贯。据统计，北宋铸造铜钱 2.6 亿贯，比其他朝代铸币数量加起来还多，这也反映了宋代商品经济之发达，而纸币之发明与流通曾经有效地弥补了铜钱之不足。

---

① 参见《宋金元朝货币史研究：元朝货币政策之形成过程》（高桥弘臣，2010）。

可惜，平静并没能持续多久，战争使得宋的经济节奏被打乱，交子随之步入超发状态，官方交子发行量与流通中交子数量不断攀升，到了哲宗绍圣年间（1094—1097 年），陕西战事使得交子的"界"以及发行都已经出现混乱，"界率赠造，以给陕西沿边籴买及募兵之用，少者数十万缗，多者或至数百万缗，而成都乏用，用请印造，故每岁书放亦无定数"。① 此外，货币需要商业的支撑，同样是为了应对财政压力，宋代茶叶逐步从私人经营转向国家垄断经营，这也导致交子需求降低，供需失衡之下，人们对于交子的贬值预期又导致交子的进一步贬值，新旧交子贬值为"以一兑四"甚至"以一兑五"，价值只有票面的五分之一，最终交子不得不被官方和市场放弃。

宋徽宗年间，西夏战争中，交子无奈改为钱引，"交子务"也改为"钱引务"，钱引也就是此前在陕西等地已经流行很久的票据。钱引相对交子而言更是增发无序，"较天圣一界逾二十倍，而价愈损"，因为没有资本金，所以贬值更是惊人，"不蓄本钱，而增造无艺。至引一缗，当钱十数"，缗表示成串的铜钱，一般每串 1 000 文，这已经低于十分之一的贬值。值得一提的是，钱引到了南宋仍旧存在，高宗南渡后也以 70 万贯铜钱准备发行 3 000 多万贯钱引。"绍兴七年，通行三界，发行数达三千七百八十余万贯。末年，增至四千一百四十七万余贯，而所有铁钱仅及七十万贯。"②

① 参见《宋史·食货志》（脱脱等，1985）。
② 参见《文献通考·钱币考》（马端临，2006）。

南宋钱荒与疯狂的会子

北宋交子的故事还没完全结束，南宋之后，仍有续集。

南宋大体继承了北宋体制，但是南宋偏安一地，经济重心进一步转向南方，经济制度比起北宋不得不有所拓展，也产生了不少的金融创新，甚至一度南宋的生存都曾依赖于盐引制度。

所谓盐引，是指在盐业专卖之下，国家卖给商人的取盐凭证，盐引具有有价证券以及票据的不少性质。南宋小朝廷草创之时，金军不时南下，四处风雨飘摇，宋高宗赵构甚至逃逸海外。从赵构在河南商丘即位到正式定都杭州，其间经历了10多年，便于携带的盐引在筹集军费等方面曾经帮助不少，甚至有"南渡立国，专仰盐钞"之说。南渡说的是宋高宗赵构南下，而盐钞就是盐引，高宗登基之前担任兵马大元帅，就以靖康之难的勤王口号，为筹集军费发行盐钞，不久得钱50万缗，甚至在高宗的逃亡立国路线图上，一路也伴随着商人们交钱买盐引的影子。

盐利进入财赋，从公元前7世纪的春秋时代即有记录。管仲在齐国即借助临海地理优势"兴盐铁之利"，可谓开盐法之始，此后盐就在官营和私营之间变换。唐代从开元之后开设盐铁使，后来这一职位并入掌管国家财政的新部门三司，宋代三司地位一度与宰相均衡，盐利更是发挥到极致，盐法更为完善，开创了盐引等制度创新。徽宗时期权相蔡京的经济改革中，盐引使用范围更频繁广泛，其制度在后代也延续下来。《宋史·食货志》中记载，唐肃宗年间改革盐法，理财名臣刘晏大力整顿，全国盐利一年 40 万缗，到了晚唐，盐利已经占赋税收入的一半；北宋哲宗年间，仅仅淮盐和解盐两项一年收入就达到 400 万缗，可占唐代赋税的三分之二；到南宋高宗年间，泰州海陵一个盐监的收入就折合六七百万缗，其一个州的收入就超过了唐朝举国收入。

盐引虽然广泛使用，但其实并不是真正的货币，更类似于债券。就纸币而言，南宋除了交子，最著名的纸币就是会子，甚至可以说直到南宋，纸币才真正在中国广泛流行起来，有了法币的意义。会子最早在南宋高宗绍兴三十年（1160 年）官办，次年置会子务，学习四川交子方式，并且设定面额以及准备金，"悉视川钱法行之。东南诸路凡上供军需，并同见钱，仍分一千、二千、三千凡三等。盖权户部侍郎钱端礼主行之，仍赐左帑钱十万缗为本"。[1] 会子分别有东南会子、湖北会子、淮南会子等，在不同地域分别流通。与起源于四川，对应于区域性的四川铁钱的交子不同，会子流传区域很广，其储备主要是铜钱，甚至还有银本位。南宋将领吴玠在河池发行银会子，这被认为是中国最早的银本位制，这也可见白银的货币职能扩大，当时会子和银价之间往往存在此消彼长的关系，"官会与银价常相为消长，会子轻则银价重，

---

[1]《宋史全文》卷 23，（元）佚名撰，李之亮点校。

会子重则银价轻"。[1]

纸币发生于北宋，极盛于元，中间衔接的南宋的作用不可抹杀。如果说北宋纸币的流行只是局部现象，那么南宋的纸币则是一种全国情况。纸币出现于宋朝，一方面是货币经济繁荣的自然结果，另一方面则是军事压力之下的被迫创新。

会子的流行，首先源自南宋政府的财政匮乏。南宋控制范围小于北宋，领土缩减一半，但坐拥南方富庶之地，广开财源，除了拓展海外贸易之外，也继续加收田赋之外的各类税种，如经制钱、折帛钱、添酒钱等。按照北宋和以后帝国的标准比较，南宋地域虽小，人口也只有6 000万，主要集中在两浙与四川等地，其收入反而高于北宋，这其实显示了南宋经济的繁荣与官员的理财有道。南宋孝宗末年政府收入高达6 530多万缗，而北宋哲宗年间不过接近5 000万缗。[2]南宋财政虽然开源有方，但在各类军事开支以及对外赔款压力下，最终还是被总结为"会计不明，用节无度"，费用预支要等数月甚至半年。

其次，则是钱荒的日益频繁。钱荒从隋唐时代即有记录，到了宋代更为频繁。这首先源自铜的匮乏。在隋唐之前，商业不够繁茂，官方政策以严禁民间私铸铜钱为主，之后贸易渐起，而禁止私铸之下，铜价上扬，导致铸钱无利可图，不论是官方还是民间均缺乏铸币动力。铜价高企之下，民间更倾向于将铜币改铸为

---

[1] 卫泾《后乐集》卷一五《知福州日上庙堂论楮币利害》，转引自《两宋货币史料汇编》（汪圣铎，2004）。

[2] 详见《中国财政史》（周伯棣，1981）。

铜器，利润可以高达 5 倍甚至 15 倍。以民间铸造铜器为例，唐代记录铜钱 1 000 文得铜 6 斤，每斤售 600 多文，所得已然 4 倍左右，到了宋代更是翻番，高宗时期即有记录："百姓以十文钱销熔得铜一两，铸为器可得钱一百五十文。"[①] 如此厚利之下，自然屡禁不止，铜钱越发紧缺。

从唐开始，官方政策从严禁私铸转向严禁百姓挟钱出境、严禁百姓毁钱铸器，可见钱荒现象已经很频繁。到了宋代，铜钱的匮乏使得铜钱外流成为一个热门话题，热门程度类似于后来的白银外流或者今天的人民币外流。当时用"边关重车而出、海舶饱载而回"来形容铜钱流向边界甚至海外。宋朝立朝之后继承前制，对于铜钱流向邻国与海外很是警惕，多次下发各类禁令，与之相对，金、西夏等国则是用各种方式吸引铜钱，例如走私、越界采铜、运用短陌等方式。[②] 朝鲜、日本、东南亚等地当时对于铜钱更是趋之若鹜，往往把价值十倍的商品只卖一成，只为带走铜钱。在日本，虽然明代也有少量中国钱流入，但是宋钱数量远多于明钱，影响甚为广泛久远。

宋神宗熙宁年间王安石启动变法，王氏政策之一是废除钱禁，收敛民间财富，充实政府军用。禁令一除，宋钱加速流失国外，钱荒更加严重，这方面的记录比比皆是，比如神宗年间就有这样的记录："两浙累年以来，大乏泉货（货币），民间谓之钱荒。"钱

---

① 参见《群书考索》后集（章如愚，1992）。
② 宋代铜钱采用钱陌制度，各地标准不同，用短陌一般意味着一陌只需要更少的铜钱数。这可以视为一种货币创造行为，以此减轻钱荒的影响。

荒之下，钱贵物贱，宋政府大举铸钱，加之以免役法攫取民间铜钱，府库很快满盈，而民间则商贸凋敝，不乏交不起税而变为流民之人。

　　铜的缺乏使得铜钱的铸造相对前朝而言偷工减料。宋仁宗景祐三年（1036 年）铸 281 万贯铜钱，合计减料 878 000 余斤，而这些料能够再铸造 169 000 贯铜钱，这也使得宋代人更欣赏前朝货币，例如唐代的开元钱。[①] 到了南宋，当时人更是感叹"物贵而钱少"。以会子诞生的绍兴三十年来看，其目标是铸造 50 万贯铜钱，结果只铸造了 10 万贯。[②]

　　宋朝是否真的缺钱？以铜钱为例，其实宋代铸造了不少，学者高聪明统计整个北宋时期的铜钱铸造量达 26 200 万贯，这还不算旧钱，而彭信威估计当时全部货币流通量为 24 000 万—25 000 万贯。日本宋史研究者宫泽知之认为，流通中的铜钱大部分都以各类税收的方式回流国库，一年大约有 7 000 万贯之巨，因此流通中的铜钱没有这么多，但万志英指出，这一说法忽视了一个事实，即朝廷几乎以与收入一样的速度将国库中的钱不断花费出去，因此流通中的铜钱数量仍旧十分巨大。另一方面，高聪明估计 11 世纪末的商品流通总量为 15 000 万贯。如此来看，与商品流通总量相比，宋代铜钱并不算少。

　　然而，钱荒并不仅仅是铜钱的缺乏那么简单，正如学者朱嘉

---

① 参见《漆侠全集》第四卷（漆侠，2009）。
② 参见《宋金元朝货币史研究：元朝货币政策之形成过程》（高桥弘臣，2010）。

明所言，中国自汉朝以来钱荒不断，其核心问题是"以铜钱为主体货币形态的货币需求大于供给，或者说，货币供给滞后于需求的反应，不能满足市场经济对货币的需求"。[1]

这一矛盾在宋代情况十分明显。一方面，大量铜钱被窖藏或者流出到国外，没有有效流通；另一方面，随着宋朝商品经济的发展，在缺乏如现代银行这样的信用货币创造机制的情况下，铜钱数量难以精确对应商品交易需求，宋代钱荒本身也是经济需求的表达。日本学者斯波信义准确描述了宋商品贸易的发达，其区别于前代的特征在于，地方性市场、地区性市场、长途贸易与国际贸易在宋代都得到了广泛发展。贸易繁荣决定了铜作为货币的独木难支，各地随即涌现了不同种类的货币，铁钱、铜钱、纸币、白银都曾作为货币流通。事实上，随着民间经济的发展以及国内国际贸易的发展，无论交易数额的增加还是交易半径的增加，都需要更简便更高面额的货币，无论是最初的纸币还是随后的白银，其实都比铜钱更有优势。我已经在前面讨论过货币的约定性质，只要取得民间信任，各种形式的货币都可能流通，其信誉高者甚至可能溢价交易。这在北宋的货币实践中有充分的反映。

在民间信任的基础之上，如果政府以正确的方式介入货币管理，所谓法币即可能诞生。以北宋交子为例，国家一旦发行纸币就带有法币性质，其信用建立在国家承认其价值的基础之上。金

---

① 参见《从自由到垄断：中国货币经济两千年》(朱嘉明，2012)。

属本位的纸币意味着纸币直接与实物货币等价挂钩，维持了其信用：会子开始与铜钱直接兑换，并且可以用来和政府交易，可以购买盐引、茶引等有效价值凭证，交纳赋税。官泽知之认为，宋朝的财政与货币制度对于纸币在民间与政府之间的纵向流通具有决定性的意义，这塑造了货币在宋朝经济生活中被广泛使用的环境。高聪明则认为，这一纵向流动之所以成立，也是基于范围广大的货币民间交易的横向流通。① 从宋代纸币的实践情况看，可以认为宋政府在尊重民间规则的基础上，顺应经济货币化趋势，因势利导地推进法币实践，是成功的关键。

后来会子发展到不可兑换，官方期待俸禄、军费等支出部分尽可能多地使用会子，在赋税之类的收入部分尽可能少地收取会子，因此规定"九分现钱、一分会子"，结果事与愿违，会子的回笼速度反而加快。人们在和政府做交易的过程中，如购入茶引、盐引等，更多使用会子而不是铜钱，这也是"劣币驱逐良币"的南宋版本。

发现这一情况之后，务实的南宋政府意识到只有给予会子和铜钱相同的待遇，才能真正使得会子被民间接受，因此取消了对于会子和铜钱的不同待遇，改用"钱会中半制度"，即在财政中铜钱与会子的数量各占一半。这意味着会子和铜钱的地位对等，发行会子的次年就规定钱会各半，"新造会子许于淮、浙、湖北、京西路州军行使。除亭户盐本钱并支见钱外，其不通水路州军上供

---

① 《宋代货币史研究的创新》(万志英、周星辉，2012)。

等钱，许尽用会子解发。沿海诸州军，钱会各半。其诸军起发等钱，并以会子品搭支给"。①

钱会中半制度随后有所反复，但是其基本原则在南宋一朝贯穿，当会子发行减少时，甚至一度引发会子受到更多欢迎。

南宋孝宗时期值得一说。宋孝宗是南宋第二位君主，被认为颇有作为，岳飞案件的平反为他获得不少政治加分。他的身份是宋太祖七世孙，他的登基其实也使得南宋帝位从宋太宗序列回到宋太祖序列。他于1162—1189年在位，接近30年的执政时间使得南宋颇有起色，有"乾淳之治"之称。在他治下的淳熙年间（1174—1189年），会子基本与钱等同，出现"商旅往来，贸易竞用会子""军民不要见钱，却要会子"等记录，甚至有"楮币重于黄金"的说法。②所谓楮币、楮券等，都表示纸币，因为楮皮可以造纸，往往楮也表示纸，纸币多用楮皮制成。针对会子的情况，南宋词人辛弃疾在淳熙年间也说会子和钱会中半制度的效用带来"会子自贵"。"往时应民间输纳则令见钱多而会子少；官司支散，则见钱少而会子多。以故民间会子一贯换六百一二十足，军民嗷嗷，道路嗟怨，此无他，轻之故也。近年以来，民间输纳，用会子见钱中半，比之向来则会子自贵，盖换钱七百有奇矣（江阴军换钱七百四十足，建康府换钱七百一十足）。此无他，稍重之

① 参见《宋史全文》卷二十三上（汪圣铎，2016）。
② 参见《宋史·食货志》(脱脱等，1985)、《皇宋中兴两朝圣政》卷五四（佚名，2007)、《容斋三笔》卷一四（洪迈，2005）等。

故也。"①

会子的使用离不开商业的繁荣，商人竞相选择会子除了便利保值之外，还因为当时金银需要缴纳一定的税收，宋孝宗本人也表示自己因会子"几乎十年睡不着"，认为"大凡行用会子，少则重，多则轻"，即已经意识到会子价格与数量之间的关系，由此也可见南宋的经济微观调控能力经过实践的调试已经达到相当的水准。

就货币理论而言，宋代更是发扬了中国传统的"子母相权"理论，这一理论最早提出是在春秋时期，表示大钱和小钱之间的关系，东周鲁国史学家左丘明于《国语·周语》言："货币之重者、大者为母，轻者、小者为子。币轻物贵，推行重币以市贵物，称母权子；币重物轻，推行轻币以市贱物，亦不废重，称之权母。"这句话的意思是铸币轻重大小应该与商品流通、物价水平相适应，重币用于贵物，轻币用于贱物，子母币相权而行。随着宋代纸币的出现与繁茂，"子母相权"逐渐变为铜钱和纸币（尤其是会子）的关系，南宋杨万里曾说，"盖见钱之与会子，古者母子相权之遗意也。今之钱币其母有二：江南之铜钱、淮上之铁钱，母也；其子有二：行在会子，铜钱之子也，今之新会子，铁钱之子也。母子不相离，然后钱会相为用"。② 这一理论日后也引申到白银和铜钱的关系上，对于中国货币史影响颇深，总体而言体现了

---

① 参见《辛稼轩诗文钞存·论行用会子疏》（邓广铭，1957）。
② 参见《诚斋集》卷三十（杨万里，2005）。

对于货币数量的控制与管理。

钱会中半制度确定了会子的法律地位，但是会子的运作也受到发行量的限制。会子和交子一样，后来有了以界为发行期间的做法，原本是三年为一界，发行额规定为约 1 000 万贯，到期会子可以得到替换回收。回顾会子的成功，其实秘密正是在于合理的准备金，同时控制会子数量，鼓励会子与铜钱等价。明末清初思想家黄宗羲欣赏会子的成就，曾经如此评价会子："然宋之所以得行者，每造一界，备本钱三十六万缗，而又佐之以盐酒等项。盖民间欲得钞，则以钱入库；欲得钱，则以钞入库；欲得盐酒，则以钞入诸务；故钞之在手，与见钱无异。其必限之以界者，一则官之本钱，当使与所造之钞相准，非界则增造无艺；一则每界造钞若干，下界收钞若干，诈伪易辨，非界则收造无数。宋之称提钞法如此。"[①]

会子的好时光并没有维持多久，即使有"母子相权"理论作为指导，会子最终仍旧毁灭于滥发。又一次，战争打乱了一切。南宋开禧二年（1206 年），铁木真被推为成吉思汗，建立蒙古帝国，同年南宋主战派获得暂时上风，宋宁宗下诏北伐金朝，即所谓"开禧北伐"。在孝宗隆兴年间的会子不过 400 万贯左右，随着财政吃紧，尤其 1206 年后，会子的发行量急剧增加，而且多界会子混用。战争之前的开禧元年（1205 年），第十三界会子是 5 548 万贯，期限为 9 年；开战后嘉定二年（1209 年），第十四界会子则

---

① 参见《明夷待访录·财计二》（黄宗羲，2008）。

发行了 11 263 万贯，期限变为 22 年。

如此，宋孝宗时代会子受到信任的黄金景象一去不复返。纸币成为拯救国家命运的最后稻草，也是帝王将相醉心的理财之术，继续大行其道，"庙堂之上，缙绅之间，不闻他策，惟添一撩纸局以为生财之地；穷日之力，赠印楮币，以为理财之术。楮日益多，价日益减"。① 所谓楮币，也就是纸币，因为当时多用楮树作为纸币契约用纸，而纸币发行如果没有相应的实物作为准备金，最终只是纸上富贵。会子的加倍增发，也意味着贬值的加速进行。根据学者漆侠的整理，以米价为代表，南宋物价一直步步增高，宋高宗年间（1141 年）米价曾经是 100 文一斗，其间从 300 文、500 文涨价，最后激增到 100 年后宋理宗年间（1240 年）的 3 400 文。这一趋势随着战争形势不断加剧，在 1246 年高达 65 000 万贯，第十八界会子 200 贯纸面价值为 20 万文，却还买不到一双草鞋，"以更易关子以来，十八界二百不足以贸一草履，而以供战士一日之需……饥寒窘用，难责死斗"。②

随着会子日益贬值，"劣币驱逐良币"规律再次发挥作用，铜钱逐步退出流通市场，钱会中半制度从收入和支出都难以为继，本来为缓解钱荒而引进的会子却反过来导致钱荒恶化，钱荒日益成为常态，如是更导致经济恶化。南宋后期时人感叹，"钱荒物贵，极于近岁，人情疑惑，市井萧条"。宋的竞争力并不在军事，

① 详见《中国财政史》（周伯棣，1981）。
② 参见《桐江集》卷六（方回，1981）。

支撑宋王朝命脉的一直是经济，经济的最终溃败也决定了其命运的无可挽回。

景定四年（1263 年），南宋会子增印 15 万，到宋末甚至在元军将至的时候，丞相贾似道继续滥发货币。景定四年还曾发行新的货币关子，有取代会子的意思，却导致会子更加贬值，几乎不值一文。① 之后，元大军南下临安，以 1∶50 的比率兑换中统钞与会子，会子最终退出历史舞台。当时会子贬值剧烈，而中统钞还算坚挺，南宋还没有正式灭亡，这个价格未尝没有收买人心、稳定民意的意思。

从交子到会子，结果都是因为财政危机而遭遇贬值命运。铜钱紧缩带来的钱荒使得纸币发行数量增加，而纸币的增加与准备不足又导致纸币贬值，其根源其实在于，作为抵押物的宋代财源不断因战争备受侵蚀，步入滥发贬值之路。不论交子还是会子，最开始时往往是私人发行，不可避免会造成局部的混乱，比如最早私营交子的富商经营不善、遭遇挤兑，于是国家开始介入发行，增强民间对其信任，私人纸币也因此被挤出市场。这意味着最开始国家发行的纸币有着比私人纸币更高的信用度，甚至溢价使用。不过国家一旦过分滥用这样的信用，滥发货币，最终必然遭遇贬值，被市场抛弃。最后，宋朝陨灭也成为必然的命运，"变成了一个寄生政府，受到自己臣民的遗弃"。

中国人往往以宋代纸币为骄傲，然而战争使得一切都归于虚

① 详见《中国货币史》（彭信威，2007）。

空。我们见证了宋代民间社会的创造力以及官僚灵活的经济治理水平，但战争失利导致财政失控，失控的财政政策必然导致失控的货币政策，交子最终敌不过财政货币化的悲剧。交子、会子等货币最终成为一个通胀的历史悲剧故事，也是宋朝统治者未能把握的改革红利。宋代纸币退出了舞台，但是贪婪与愚蠢永远存在，尤其越到末代王朝，越是穷凶极恶地试图通过纸币掠夺民间财富，宋如此，金如此，元也未能幸免，明则完成纸币在中国古代的最后一幕。

钞票的没落与马可·波罗的局限

宋代的钱荒不仅存在于南宋，也出现在其对手方。边界各方都绞尽脑汁地阻止铜钱外流，同时用发钞来补充铜钱的不足。作为南宋的对手，金发钞的命运也好不到哪里。

金受宋影响，很早就设立交钞局发行交钞。交钞以7年为流通期限，随着战乱，交钞也走向滥发，即使金尝试实行限价也无济于事，到了金灭亡的1222年，"官定银价上涨了四十几万倍，而市价则超过千万倍，交钞一百缗只能换到一碗面，一万贯才买一饼"。[1] 这一贬值速度和限价措施之剧烈，令经济学家也只能将其与后世的金圆券相比拟。值得一提的是，金比起南宋更缺乏铜，因此更加鼓励用钞，民间也储藏了过量铜钱，这一过程其实促进了银的使用增加。及至金末年，很多文献已经记载以银做米的计价，甚至出现民间贸易用银过多，导致民间掘墓劫取白银。[2] 正因如此，日本学者加藤繁认为，银作为货币从金就开始[3]，而不是多数人认为的明代。无论如何，银在宋元开始崭露头角，正是因为

---

① 参见《印刷术的发明：源流·外传·影响》（肖红英，2008）。

② 参见《元史·张荣传》（宋濂，1976）。

③ 参见《唐宋时代金银之研究——以金银之货币机能为中心》（加藤繁，2006）。

钱的短缺以及钞的没落。

灭亡金的蒙古贵族也采用金（其实也是南宋）的做法，发行以丝绸纱或白银标明币值的纸币。元朝算是古代发钞的集大成者，每每被货币史学者认为占据货币史一席之地，日本学者甚至称其为"空前绝后的货币政策"。元代不仅开创了纯纸币流通制度，同时设定了无限法偿的先例，几乎是后世各国法币的前驱。对比之下，作为英镑前身的英格兰银行的银行券，则晚至17世纪才粉墨登场。

元朝获得南宋统治地区之后，就开始禁用铜钱，用元代中统钞回购会子。在南宋末年，第一位以欧洲语言写下的讨论中国人的专著中，纸币已经被提到，"契丹人的货币是纸钱，长宽有如手掌，上面以印子打了线条"。作者就是圣方济修会的修士威廉·鲁布鲁克，他曾到蒙古记载当地人的状况。①

大概是吸取南宋和金的教训，元代发行最初有定额准备，中统钞等也维持了多年的货币稳定，其钞票制度曾在意大利旅行家马可·波罗的游记中有详细记载。虽然马可·波罗的书充满传奇，被认为"掺杂了待证实的事实、信手拈来的资料、夸大的说法、虚伪的言辞、口耳相传的故事以及不少全然的虚构""凭着想象在

---

① 详见《大汗之国：西方眼中的中国》（史景迁，2013），史景迁认为鲁布鲁克虽然没有亲自到中土，却利用在1253年前往中国西北边界的蒙古都城哈拉和林的机会，记下很多当地中国人的生活，比如在契丹可能有一座城，以"银子做城墙，金子做城垛"，而鲁布鲁克所谓"契丹人"就是罗马人所称的"丝人"（Silk People），"因为最好的丝都是从他们那儿来的"。

写作"①，但他的书中很多生动的细节可以与正史印证，尤其是关于纸币的部分。甚至从时间点来看，欧洲正是在马可·波罗的书之后才出现纸币雏形，这是否是对中国的一种借鉴？

对于纸币，马可·波罗从其制造到使用都有详尽的描述，甚至估算对比了纸币的价值，"在此汗八里城中，有大汗之造币局，观其制设，得谓大汗专有方士之点金术，缘其制造如下所言之一种货币也。此币用树皮作之，树即蚕食其叶作丝之桑树。此树甚众，诸地皆满。人取树干及外面粗皮间之白细皮，旋以此薄如纸之皮制成黑色，纸既造成，裁为下式"，"此薄树皮用水浸之，然后捣之成泥，制以为纸，与棉纸无异，惟其色纯黑。君主造纸既成，裁作长方形，其式大小不等"，这种纸币根据面额等价于不同的银钱甚至金币。

除了对比价值，马可·波罗游记中也记载了强行要求使用纸币的过程："既用上述之法制造此种纸币以后，用之以作一切给付。凡州郡国土及君主所辖之地莫不通行。臣民位置虽高，不敢拒绝使用，盖拒用者罪至死也。兹敢为君等言者，各人皆乐用此币，盖大汗国中商人所至之处，用此纸币以给费用，以购商物，以取其售物之售价，竟与纯金无别。其量甚轻，致使值十金钱者，其重不逾金钱一枚。"

纸币依赖君主的权威，也为君主带来了便利，君主成为最大

---

① 详见《大汗之国：西方眼中的中国》(史景迁，2013)，书中指出马可·波罗是第一个宣称深入东方的人，其描述产生的影响在西方迄今无法磨灭。

的印钞者，在不同领域推广捍卫纸币的法定价值。"此种纸币之上，钤盖君主印信，由是每年制造此种可能给付世界一切帑藏之纸币无数，而不费一钱。"除此之外，元代纸币不仅在军需之上使用，也受到商业欢迎，而且频繁使用之后，旧钞票可以换新钞票。"此种货币虽可持久，然亦有敝坏者，持有者可以倒换新币，仅纳费用百分之三。诸臣民有需金银、宝石、皮革用以制造首饰、器皿、衣服或其他贵重物品者，可赴造币局购买，唯意所欲，即以此种纸币给价"，"尚应知者，凡商人之携金银、宝石、皮革来自印度或他国而莅此城者，不敢售之他人，只能售之君主。有贤明能识宝货价值之男爵十二人专任此事。君主使之用此纸币偿其货价，商人皆乐受之，盖偿价甚优，可立时得价，且得用此纸币在所至之地易取所欲之物，加之此种纸币最轻便可以携带也"，"所有军饷皆用此种货币给付，其价如同金银"。

为强制推行使用，元代钞票制造以及推广着力颇多。"此种纸币制造之法极为严重，俨同纯金纯银，盖每张纸币之上，有不少专任此事之官吏署名盖章。此种程式完毕以后，诸官之长复盖用朱色帝玺，至是纸币始取得一种正式价值，伪造者处极刑。"

最大受益者显然是君主，"由是君主每年购取贵重物品颇多，而其帑藏不竭，盖其用此不费一钱之纸币给付也。复次每年数命使者宣告城中，凡藏有金银、宝石、珍珠、皮革者，须送至造币局，将获善价，其臣民亦乐售之。盖他人给价不能有如是之优，售之者众，竟至不可思议。大汗用此法据有所属诸国之一切宝藏"，"大汗获有超过全世界一切宝藏的财货之方法，业已备述于前。君等闻之，必解其理。兹请言此城执行大权之诸大官吏"。

经济繁荣，发行纸币，经济继续繁荣，滥发纸币，纸币开始贬值，继续滥发纸币，经济没落，王朝灭亡，纸币退出。这几乎是货币发行的中国式循环。马可·波罗笔下的繁华景象也不可避免成为明日黄花。随着海外扩张以及国内靡费，明末清初的思想家顾炎武曾经感叹元代赏赐金银之数为历代最多（其中白银数量超过黄金）。[1]元朝钞票好景不长，最开始币值稳定，甚至在各地设立平准行用库，贮备金、银、丝等准备金作为钞本，纸币可以兑换。随着元代中后期时局混乱，钞票准备金集中回收至京城，民间其实无法兑换，钞票走向无本发行，也未能避免滥发局面。纸币滥发导致物价成倍上涨，出现钞票10锭（当时一锭等于50贯，一贯等于一两白银）不能换一斗米，而且民间重回以物易物时代，最终通胀也使得国家税收无法保障。"物价腾涌，价逾十倍。又值海内大乱，军储供给，赏赐犒劳，每日印造，不可数计。舟车装运，舳舻相接，交料之散满人间者，无处无之。昏软者不复行用。京师料钞十锭，易斗粟不可得。既而所在郡县，皆以物货相贸易，公私所积之钞，遂俱不行，人视之若弊楮，而国用由是遂乏矣。"[2]

钞票是元代的主题，虽然赏赐不少是金银，但俸禄则是钞票与米，税收折银也极少，不过蒙古以及其征服的花剌子模等中亚

---

① 《日知录》（顾炎武）。
② 参见《元史·食货志》（宋濂，1976）。

地区一直有用银的传统，随着钞票的贬值，银开始在中国繁茂，不仅多数钞票以银作为票面价值，本位也多与金银挂钩，民间用银亦广泛。例如元曲大师关汉卿的作品既有提及钞票，也有不少写银的地方，《窦娥冤》开篇即说，"小生一贫如洗，流落在这楚州居住。此间一个蔡婆婆，他家广有钱财，小生因无盘缠，曾借了他二十两银子，到今本利该对还他四十两"。

元代纸币经历了中统钞、至元钞、至正钞的不同阶段，从准备金充足走向滥发，但是纸币基本一直作为其法定货币，而且纸币的不可兑换性在当时还是引领了世界潮流，甚至有种说法指出，元朝纸币影响了欧洲纸币的诞生。经济学家戈登·塔洛克被誉为寻租理论创始人，他同时也对中国货币着迷。在其研究中，他一边连篇累牍地引述马可·波罗对元代纸币的叙述，一边也遗憾地指出马可·波罗的局限——认定印纸币是政府一种有效获得收入的方式，而没有认识到不断增发货币带来的后果，比如纸币贬值。[1]

实际上，钞票的混乱局面不仅使得人们回归实物经济，同时也加强了对于白银这样的金属货币的信心。为了鼓励人们使用中统钞、至大钞等钞票，元代从忽必烈大汗时期就禁止在市场交易中使用铜钱。这样的做法也曾被后代模仿，却注定以失败而告终，最终市场的交易规则会战胜皇帝的意志——元朝政府最终在14世纪宣布停止发行至大钞和铜钱，并且取消了对黄金白银的禁令。

---

[1] 参见《古代中国的纸币兴衰史》(塔洛克，1956)。

通胀的教训与白银的崛起

从中国纸币的历史来看，可谓一部抖小聪明的错乱史，钱穆一言以蔽之，"宋、元两代用钞票，均有滥发之弊病"。有趣的是，即使海外学者也承认，13 世纪中国就提出了古代货币理论，由此可以看出中国人货币理论水平高出同时代欧洲人，那么，纸币的崩溃为何反复发生，从中可以学习到什么教训？

关键在于，国家信用的边界。法币的流通意味着国家信用的放大，而在强势政府之下，政府行为决定了货币政策走向与效率，正如一句老话所言，"统治者通过控制货币供给来管理经济"。问题在于，谁来监管监管者？从历史来看，政府接管私人纸币的发行之后，初期往往能够发挥纸币的优点，缓解通货紧缩而对经济有所裨益。可惜的是，这样的美好开局从来没有被坚持到最后，滥发的诱惑在没有约束之下往往随之滋长。

普遍的观点都承认，货币的重要性导致其不能假手他人，那么政府是否必须对货币负责？而各类惨痛教训也在于，如果赋予政府对货币过大的权力，如何监管与限制？弗里德曼认为，列宁的名言"毁灭一个社会的最有效的方法是毁灭其货币"戏剧性地表现了货币的力量，可能的出路在于通过制度设计使得政府在履行职责的同时能够被监督，"使政府能对货币履行职责，然而同时还限制给予政府的权力，并且防止政府以各种方式使用这个权力来削弱而不是巩固自由社会"。

交子以及其后继者的兴起与没落，很大程度上也折射出东西方看待货币的分歧。从古希腊开始，内在价值就是西方货币的一个必要条件，法律并不足以赋予货币（更不要说纸币）价值，也就是"充当货币的商品价值起源于它们作为商品的交换价值"，甚至在大部分时间人们可以自由铸币，只要付出铸币税，人人都可以去铸币厂以金银换成货币。

进一步而言，这也得益于西方诸侯林立、分裂竞争的局面，没有一个大一统政府垄断货币之发行。与之相反，东方帝国在历史上就主张货币为政治服务。无论货币理论还是货币政策都强调统治者对货币的创造作用，也就是"赋予货币价值的是统治者手中的印章，而不是货币的内在价值或者交易价值"。①

在这样的逻辑之下，货币政策施政重点往往在于如何使之更好地为国家或统治者服务，经济上的考量往往不是首要因素。统治者好像对于自身管理宏观经济的能力一直很自信，所以有学者如是评价中国古代统治者对于货币的理念，"如何通过相关政策安排，使统治者能够熨平时而匮乏、时而充足的经济兴衰周期，以满足本国人的物质需要。为了达到这一目的，统治者可以通过调节货币供给量，来保证物价水平稳定和物品供给充足"。

---

① 参见《价值起源》（戈兹曼等，2010）。

在前现代社会，经济运作规律和今日完全不同，货币主义大师弗里德曼所提到的要求政府对货币负责、限制政府权力等制度安排对于古代中国来说过于奢侈。由于金、银等贵金属数量稀少，天然对于统治者的滥发货币的冲动形成有力制约，经济则往往遭受通货紧缩之苦，即所谓的钱荒。反过来说，相对于本位货币，在西方辅币是最大的铸币税来源，因为辅币往往价值低廉、容易获得、便于增发。

对于中国来说，作为辅币的铜钱一直是民间主要流通手段，即使在银本位确立之后也是如此，所以中国皇帝过去往往也为铜的短缺苦恼，常常用制造低劣辅币、以严刑峻法限制铜出口等方式应对。

以最为后人追忆的唐朝为例，其经济发展能力其实已经受到货币发展的约束。唐沿袭隋制，钱帛为主，有时候也用黄金。唐代的钱帛制度曾经引起很多讨论，以丝绸布匹进行交易在今天看来似乎天方夜谭，不少人谈起来都将帛的作用过分放大，其实没那么夸张，还是以钱为主，民间帛用得多点，官员俸禄大多是按照米之类的实物计算，小部分用的是钱。值得指出的是，通胀高涨往往才有钱帛制度流行。其实钱贬值时实物经济自然繁荣，非唐独有，其实是沿袭南北朝，而实物货币的缺点也很明显，即无法标准化，如《晋书·张轨传》言，"遂不用钱，裂匹以为段数。缣布既坏，市易又难，徒坏女工，不任衣用，弊之甚也"。

唐代常常受到通货紧缩影响，晚期曾经毁灭佛像来铸钱，才使得情况有所好转。这样的情况之下，如果能以一定数量的辅币甚至纸币作为一种补充，对于统治者和人民来说都不失为一件好事，所以货币学者彭信威评价，"如果不是纸币发行太多，人民一定可以享受一种稳定的物价"。

如果滥发贬值的行为在一定幅度之内，尚且可视为权宜之计，但是财富毕竟不可以凭空造出，历史经验反复说明，如果通胀到了一定程度，必然引发货币系统、财政系统甚至国家的崩溃。至于民间为什么会放弃纸币，回归以物易物，经济学家认为以物易物极为低效，但纸币贬值却可以使得以物易物的选择变得具有吸引力，历史上也出现过各种货币替代品，"战后的德国人把香烟作为货币，或者回到殖民地时期的弗吉尼亚，使用烟草作为货币"。[①]最终来看，黄金或白银是首要的商品货币。

古代纸币的闹剧，到明代基本结束了，清政府除了在太平天国时期短暂发行纸币之外，一直对此非常谨慎，可见元明纸币通胀的阴霾之深。值得指出的是，中国纸币试验失败，并非只是国民性的问题，其仍旧服从经济学的普适规律。即使在今天，滥发货币导致的通胀也是一个世界性的难题。换个角度而言，是否私人发行纸币是一个方向呢，其信用就一定会好于国家吗？一方面，从中国的交子的早期经验来看，私人发行货币也不可靠，但由于其市场自动出清以及规模限制，确实也不太可能出现类似国家滥用信用的极端情况；另一方面，从现代经济的波动性来看，一个稳定的中央银行作为信用坍塌之下的"最后贷款人"确实是必要

---

① 参见图洛克的文章（Gordon Tullock, 1957）。

的，这是人类在无数次金融危机后学到的血淋淋教训。

这并不是想象，而是历史的逐步演进。18世纪时英格兰银行还是一家私人银行，也在探索并纠结是否应该承担一定的中央银行责任。在西方，所谓纸币其实就是一种特定的银行券，当时有超过200家银行发行银行券，1797年暂缓兑付只是特例。当时的经济学家休谟就洞察到国家介入纸币信用时利弊并存的状况，他认为国家纸币信用一般而言好过私人，但是必须保证不滥用这样的优势，"如果不设立国家银行，私人银行家就会乘机大肆活动，就像从前伦敦的金匠那样，或像现在都柏林的银行家那样。所以不妨认为：应让国有的公司享有那种纸币信用的好处。这样反倒好些。因为在每个富裕的国家里，它总会占有一席之地。不过要是人为地致力于扩大这样一种信用，恐怕绝不会对任何贸易国家有利，而是使这些国家蒙受不利，因为超出同劳动和商品的正常比例来增加货币，只能使商人和制造业主要出更高的价格去购买这些东西"。

国家信用的介入意味着对于私人信用的挤出，如果运行得当，对于整体来说是件好事，能降低交易费用。但是权力也意味着责任，休谟承认国家银行会大量切断私人银行家和货币经纪人的买卖，如此国家就得承担相应责任，"国家手中掌握这么大量的货币，在紧急危难之际，可以随时动用，乃是一种极大的便利。至于所动用的部分，可以在国家恢复和平安定以后，慢慢归还"。

因此，更深一层讨论的要点在于，如何避免权力滥用或者说过度滥用纸币。无论是否在商品本位之下，纸币都是一种信用安排，这个时候即使有一个强而独立的中央银行作为货币机构，可能都难以完全避免政府之手的介入。正如弗里德曼所论证的，"一旦引入信用因素，即使信用在最初系由私人所提供，要想避免政府对它们的控制是困难的。其理由基本上是防止伪造物或在经济上的类似行为这一困难。信用货币是支付标准货币的一个契约。通常的情况是：在制订这样的契约和实现这样的契约之间趋向于有一个长的间隔。这便增加了执行契约的困难，因此也增加了签订欺骗性契约的诱惑性。此外，一旦引入信用因素，诱惑政府本身去发行信用货币几乎是不可阻挡的。因此，商品本位实际上趋向于变成包含国家广泛的干预的混合本位"。

人性的悲剧在于，贪婪往往胜过理性，纸币的便利往往掉头转向灾难。每当遭遇战事之时，国家往往求助于印钞或者降低币值，这对于战胜战败的双方都有巨大代价。以南宋开禧年间（1205—1207 年）的战争为例，虽然金获得了胜利，但是其国内的纸币数量数十年间增加了十多倍。

古代战争考验资源动员能力，中国古代帝王多求助于滥发纸币而不是更现代的金融设计，这并不是偶然，而是各自制度惯性使然。这或许提示我们，在 13 世纪，中国和西欧的金融分别不仅在于纸币，更在于应对战争引发的突发融资需要的时候政府和公众之间的关系。中西金融的分叉，可以在 1262 年东方的临安与西方的威尼斯不同的战争融资举措中得到最鲜明的说明。在东方，南宋政府直接背书信用，以法币形式发行纸币，最终往往走向滥发；而在西方，几乎同时期的威尼斯、热那亚等意大利城邦，在面对战争融资需求的时候，都发行了公共债券，甚至对债券的交易也随之展开。这一对比显示，当国家控制财政的时候，它既是强大的，其实也是脆弱的，因为这意味着它不需要市场力量，也意味着它最终将因为无约束而丧失民间支持。

不过，如果认为历史只敲一次或者两次门，那么未必低估人性的顽固，印钞的诱惑与抗争贯穿纸币的历史。对中国而言，随着国民政府在 20 世纪 30 年代统一货币系统，纸币重新回归，现代法制的包装并无法掩饰天生的经济逻辑弊端，也带来了后面恶性通胀的历史循环。随后 1948 年匆匆出台的金圆券，同样是没落政权试图以纸张掠夺民间资产之举，最终 1949 年的危急存亡也部分源于通胀带来的人心尽失。历史走了几百年，当政者颟顸固执，轮回何其相似，仿佛看不到丝毫进步。

宋金元的纸币尝试，最终纷纷以通胀告终，不仅使得铜钱作为良币日益退出市场，也使得白银日益作为货币替代品使用。对于当时的人来说，当无法相信纸币之际，官方即使明文禁止用银，白银仍旧步入寻常百姓家，作为货币的主流，日益兴旺发达起来。

1262年：贾似道买公田与威尼斯卖债券

南宋端平元年（1234年），宋蒙联军灭金，南宋成为蒙古在中国土地上唯一的对阵者。1258年蒙古南侵，南宋损失巨大，财政亏空加大。宋理宗后期，南宋政府不得不更加依赖和籴，也就是以低价征购民间粮食，当时已经到了"国用边饷，皆仰和籴"的地步，然而为保证和籴继续下去，朝廷只能继续滥发纸币，导致通胀继续恶化，陷入恶性循环怪圈。

如此情况之下，公田法应运而出，也就是让国家买回民间尤其官员手中超过限额的部分田地，以此缓解和籴之困。1262年是宋理宗晚期，贾似道上书提出公田法，并且列举了公田法可以达到平抑物价、抑制纸币发行、抑制富室、免除和籴、可以饷军共五大好处。"三边屯列，非食不饱；诸路和籴，非楮不行。既未免于廪兵，则和籴所宜广图；既不免于和籴，则楮币未容缩造。为今日计，欲便国便民而办军食、重楮价者，莫若行祖宗限田之制。以官品计顷，以品级计数，下两浙、江东西和籴去处，先行归并诡析，后将官户田产逾限之数抽三分之一，回买以充公田。但得一千万亩之田，则每岁可收六七百万石之米，其于军饷沛然有馀，可免和籴，可以饷军，可以杜造楮币，可平物价，可平富室，一事行而五利兴矣。"

听起来很美好的公田法，为什么以前没有实施？这主要涉及宋代土地制度的情况。在唐代，土地买卖不被官方允许，虽然均田制在唐后期已经名存实亡。对比唐代，宋代人口多、土地少，从开国起就"不立田制""不抑兼并"。换言之，宋代土地制度采用自由放任方式，对于买卖双方的身份都没有太多要求，这源自市民文化的兴起，也是私有产权的进步。在传统观念中，这种制度也被认为鼓励兼并，宋朝一直有批评兼并的各种意见，但事实上即使在均田制下，农民的权益也并没有得到更好的保护，往往也只能依附豪门，土地集中亦难以避免。宋朝的土地政策有利于资本自由流动以及经济生产，打破门第观念，其本质是赋予普通人买卖田地的权利，而失去土地的农民当时也有一些去工商业就业的机会，这其实和今天的农民工城市化不无相似之处。

不过，随着时间积累，权势阶层除了借机兼并土地之外，更是借助官户身份减少向国家缴纳赋税。从北宋就开始有各类限田令，规定不同等级官员拥有田地的限额，这不是打击兼并，只是要求对于超出免征额度的土地缴纳税收而已。这些规定具备一定的经济合理性，多少有点类似今天的个税财产申报。

这一方法听起来很理想，但会触及太多利益。宋理宗最开始很犹豫，贾似道"愤然以去就争之"，于是公田法在1263年推出。贾似道的方案是，废除和籴，同时买入1/3超出限额的田。也就是说，当时限定每户200亩，对于超过限定的田，1/3卖给国家，富户卖田之后可以免除以后的和籴。最开始实施是在江南比较富庶的六郡，从实施到下野共计 12 年，这对于中国历史的影响很大。

公田法虽然一直有人反对，但是初期效果并不差。贾似道先以他自己家产的一万亩开始，半年之后已经购得 300 多万亩，"中外支用粗足"。公田法的思路并不算很差，但是操作上却是以廉价的会子去购买民众的良田。买田的价格本身已经低于市场价值不少，关键是买田的支付中有不少是贬值的会子，以及荣誉性质的告身和难以转卖的度牒。"五千亩以上，以银半分、官告五分、度牒二分、会子二分半；五千亩以下，以银半分、官告三分、度牒二分、会子三分半；千亩以下，度牒、会子各半；五百亩至三百亩，全以会子。"白银的比例如此之少，这事实上是变相摊派掠夺。"是岁，田事成，每石官给止四十贯，而半是告、牒，民持之而不得售，六郡骚然。"[1]

贾似道当时表示，公田法是为了拯救会子，"救楮之策莫切于住造楮，住造楮莫切于免和籴，免和籴莫切于买逾限田"。换言之，其如意算盘是，以政府之力低价收购民田，田多则可不再依赖和籴，而无和籴用款则会子发行数量可减少。但从实施情况看，这个计划本身会放大财政不足情况下的恶性通胀循环：会子不坚挺，无法买到足够的粮米，所以就印刷更多会子去买富户的田地，会子流通既多则更加贬值，财政实际购买力随之下滑，问题其实并未解决。

如果价格公道，公田制并不算恶劣，但是在南宋财政困境之

---

[1]《宋史志·卷一百二十六》。

下，公田法制度要义是针对财政匮乏，可以说是从相对富有的民众手中夺取财富的一种方法。虽然这一方式看似有利财政，短期之内也积累大量田地，但是以国家力量侵犯私人产权，最终触犯众怒。本来买田已经是贱买，后来随着贾似道的倒台变得流于形式，难以拯救财政危机。

1274 年，元世祖忽必烈下诏进攻南宋，次年贾似道率领 13 万兵应战，兵败丁家洲后被贬黜，其政策也随之而去。"黑锅"也让贾似道全背了，随后一任皇帝即表示买公田不是前任皇帝的责任，并且承认还田，"公田最为民害，稔怨召祸，十有余年。自今并给田主，令率其租户为兵"。① 然而，一切都晚了。1276 年，南宋都城临安沦陷，还田来不及，公田多数归于元朝，流于各种赏赐。

宋理宗赵昀作为南宋第五位君主，在位时间为 1225—1264 年，接近 40 年，从登基之初与权臣史弥远的斗争到晚年的消沉，其中"端平入洛"与公田法两大举措，非议最多。前者是宋联合蒙古灭金后，南宋在端平元年（1234 年）欲收复原北宋领土，结果因为粮草不济而惨败，因此被蒙古指责"背盟"，导致宋与蒙古战争的全面爆发。后者则导致国内实力下降，财政趋于全面崩溃，人心也因此四散，可谓导致南宋朝廷溃败的最后一根稻草。《宋史》中如是评价，"理宗享国久长，与仁宗同。……顾乃贪地弃盟，入洛之师，事衅随起，兵连祸结，境土日蹙。郝经来使，似道讳言其纳币请和，蒙蔽抑塞，拘留不报，自速灭亡。吁，可惜哉！由

---

① 《宋史志·卷一百二十七》。

其中年嗜欲既多，怠于政事，权移奸臣，经筵性命之讲，徒资虚谈，固无益也"。

宋理宗身后也不得安宁。元朝至元年间，西夏人杨琏真伽担任元朝江南释教都总统，掌江南佛教事务，他与西僧嗣古妙高挖掘南宋皇陵，盗宝弃骨，在南宋帝后遗骨之上建白塔，就叫镇南，即镇压南人的意思。[1] 理宗的尸体本来以水银浸泡期待保存不朽，其坟被盗时果然还没腐败，盗墓者为了取得水银将尸体倒悬于树林中，其头颅更是被割下作为饮器，随后躯干被焚毁。据说明朝立国后，明太祖朱元璋得知此事叹息良久，在元大都皇宫中找到已经辗转几处的理宗头颅，下令安葬于绍兴永穆陵旧址。

这件事往往被记录为元朝统治者的野蛮证据，其实朱元璋的下属也没有好多少。元朝中期，朱元璋大将胡大海攻打绍兴，对宋陵盗墓辱尸，其暴行被记录于《保越录》之中，"敌军发掘冢墓，自理宗慈献夫人以下至官庶坟墓无不发，金玉宝器，捆载而去。其尸或贯之以水银，面皆如生，被斩戮污辱者尤甚"。看到这则笔记的周作人也感叹，这话虽出自敌方，但是"当非全无根据""胡大海与杨琏真伽觉得没有什么区别"。[2]

至于公田法的"始作俑者"贾似道，身后名列《宋史·奸臣传》，而贾似道的政策因其本人的道德瑕疵以及误国形象而遭受不少诟病。抛开个人修为和私人品质，贾似道和王安石有点类似，

---

[1] 南人，即原南宋境内的人民，在元朝属于最末的第四等人。
[2] 参见《自己的园地》（周作人，2011）。

都是将财政大权集为一身的丞相，也得到皇帝支持，如此权柄熏天，其实有违政制，在当时的看法中未尝不是犯了忌讳，但是他们都尝试有所作为。正因如此，虽然贾似道被列入《宋史·奸臣传》，但元世祖忽必烈在宋亡之后对他评价并不低，曾经当众称许贾似道，"彼守城者只一士人贾制置，汝十万众不能胜，杀人数月不能拔，汝辈之罪也，岂士人之罪乎"。[1]

这倒未必是贾似道多能干，而是国祚维系于一人而已。宋代财政问题之一就是开支浩大，如何理财成为各位位极人臣者所谋。王安石将茶叶、马匹等权利从商人手中转移到国家，而贾似道将民间粮田廉价变为公共财力，由于两人的做法，民间离心离德，朝廷则分裂加剧。

现在复盘，历史有没有其他可能性？几乎与贾似道计划买公田的同时，欧洲也发生了类似的事情。1262年3月，威尼斯面临一次严重的军事压力，对方是强大的拜占庭皇帝及其热那亚盟国。在财政压力以及战争阴霾之下，当时威尼斯为了保护自己，其最高组织议会重新颁布了一项法律，即允许政府的日常开支增加到每月3 000里拉，若超过政府必须向其债权人支付5%的利息，授权政府以税收作为定期利息来源发行国债。这个法律可以称为13世纪最伟大的金融创新，也引领了意大利城邦蒙蒂债券体系的形成。

又一次，战争催生政府融资需求，而政府赤字不仅压迫政府

---

[1] 详见《元史》(宋濂，1976)。

制度的更新，也带来了交易需求，即政府债券作为一种资产，可以被交易转让。不要小看这一创举，即使今天的各种美债以及欧洲债务，其实都是绕着债务转让以及清偿在打转。

若坚持不以道德评价人，更应该追问，为什么在融资问题上，贾似道或者中国的敛财大臣总是采用各种各样恶劣的方式来掠夺？贾似道的悲剧似乎在于在一个没有充分商业环境的社会推行一种不对等的商业交易，他的公田法堪称当时的农耕文明的失败试验品。即使南宋已经属于古代中国商业最为发达的时代，但在旧有权力格局和游戏规则之下，其实他并不能拥有更多的选项，无论是金融工具还是经济选择。

对比之下，欧洲银行诞生之初，最大的客户其实是君主，而银行家们为自己赢得了在谈判桌前的地位。银行家美第奇家族统治了佛罗伦萨三个世纪，而罗斯柴尔德家族（欧洲著名的金融家族）曾经以上帝的口吻和借钱的权贵打交道。至于中国的皇帝们，虽然财政处于入不敷出或者勉强维持的状态，他们却从来无法得到来自银行的帮助。商业和权力之间，民间和皇权之间，不仅没有对话渠道，也没有交易渠道。

经济学家关注人均所得，政治学家则关注政治体制差异。对比中国和欧洲的经济脉络，可以明显感到双方在金融路线上的迥异，而货币银行化可能是这一差异的最大动因。现代经济是信贷经济，而信贷经济的核心是信贷，这意味着货币不断资产化，而贷款也日益货币化，二者互动深化构成今天的金融大图景。

正因如此，我们回顾 13 世纪时，或许会发现一些差别，13 世纪的中国发生了会子与交钞的崩溃，继而是金朝与宋朝的灭亡，之后中国进入元朝的纸币时代，随后则进入明朝的白银时代。对于欧洲而言，从 12 世纪开始，意大利银行家兴盛，法国香槟地区的交易也进入历史。到 13 世纪意大利进一步发生了诸多金融变化，1252 年佛罗伦萨铸造了西方基督教最初的金币弗罗林（约 3.5 克），而当时的意大利诸城邦已经开始诸多金融创新。

中外历史学家喜欢谈论中西大分流，争论无非是从 15 世纪还是 18 世纪出现大分流，其实更重要的是，在此前数百年，东西方已经在 13 世纪出现了金融大分流。在西方，正是金融革命及其深化引发了后来的工业革命；而东方在宋元纸币试验仓皇失败之后，不得不退回到明初洪武体制下的停滞琐碎，花费另外数百年时间补上贵金属（白银）货币化之课，现代金融业的发育则迟迟得不到机会，直至西夷挟坚船利炮叩门而来。

从 20 世纪中国奋力追赶，建立现代银行，再到 21 世纪中国国有银行位列全球前列，我们回顾历史，在金融领域，国家和市场的关系是否已经厘清呢？我们的银行家能否为自己找到一把相对平等的椅子呢？

第三章

明代：银本位与全球化

这位官人，便是本县里一个财主，知县相公也和他来往，叫作西门大官人。家有万万贯钱财，在县门前开生药铺。家中钱过北斗，米烂成仓，黄的是金，白的是银，圆的是珠，放光的是宝，也有犀牛头上角，大象口中牙。

——《金瓶梅》，（明）兰陵笑笑生

死亡是偿还。①

——"英国文学之父"杰弗雷·乔叟，*Lamentation of Mary Magdelene*（Geoffrey Chaucer，1343—1400）

继哥伦布而起的探索新世界的西班牙冒险家，似乎都具有同一动机——都是对于黄金的强烈欲望。当这班冒险家到达一个未曾被发现的海岸时，首先调查的就是那里有没有金矿可以发现。他们就依此决定他们的去留。

——"经济学之父"亚当·斯密

---

① 死亡是偿还，寓意生命借自上帝。

洪武体制的建立与突破

历史学家们对明朝具有矛盾的情感，有些人视之为中世纪政体，有些人则认为明后期已经跨入近代世界。加州学派中不少学者曾论证，明朝中后期江南经济的繁荣程度可以媲美当时的欧洲各国①，而江南工商业的发达、贸易的繁荣、分工的精细，也足以让人怀疑资本主义萌芽已经出现，若无清朝入侵，中国似乎有机会步入工业革命路径。

这一看法无疑过分简单。事实上，明朝宛如经历时空穿梭，在有限的时间之内，经历了从中世纪性质的洪武体制向近代商品化经济发展的历程。明朝一度可谓走出了中国历史的数千年，其中的教训以及成败堪称中国历史的集合。

明朝取代元朝，以恢复汉族正溯为号召，其制度设计既有传承自元朝者，也有相当部分直接衔接宋代架构。历史学者李新峰认为，"明初君权极端膨胀，源于宋金元传统，中央政府权力由三大机构分割，形式与汉制相似，地方权力遭中央剥夺和彻底分割，形式与宋制相似，地方区划是元制与宋制的结合，勋贵兵权遭剥

---

① 如彭慕兰《大分流》等。

夺、武将统兵受限制，则得唐宋遗意"。

朱元璋回归征兵制，而分割练兵、统兵、调兵权力，放弃了宋代以庞大财政开支支持募兵制体系的实践。相应地，财税回归实物经济，力推重农轻商政策，不惜摧毁江南繁荣的工商业，实施海禁。社会控制方面，宋政府从基层管理层面不断退却，地方治理大致由地方精英承担，人民获得相当大的身份自由，明政府则反其道行之，建立起严密的里甲制度①、黄册制度，配户当差，人户分为军、民、匠、灶四大类，身份世袭，人人服役，政府对社会控制力度空前扩张。如此建立的洪武体系笼罩明前期直至中叶，社会安宁之余，经济回归到小农经济的静态微澜状态。与宋代商品经济发达、铸币量高达 2.6 亿贯相比，明代合计铸币量不超过 600 万贯，不到宋代的 3%。考古学家在马来西亚砂拉越地区发现了大量的宋代瓷器，却无明代瓷器，被称为"明代空窗期"，也从一个侧面反映了明代国际贸易对比宋代的倒退。

洪武体制却无法如朱元璋所愿万世安好。如同任何一个中原王朝一样，明代边事频繁，客观上要求常驻边防军，而不是如朱元璋设想的那样兵将分离、战时出征、平时散归，因而不得不逐渐发展出总兵统制边镇军与庞大京营常备军结合的体制。更重要的是，如同前代府兵制一样，府兵随时间流逝必然凋敝，随之府兵战斗力锐减，"土木堡之变"中明大军覆灭，可谓军力减退的大

---

① 里甲制度是明朝的基层组织形式，每 110 户编为一里，由丁粮最多的 10 户担任里长，其余 100 户则称为甲首。10 名里长以 10 年为一个周期轮流应役，每年由一名里长率领 10 名甲首应当差役，并负责"管摄一里之事"。

爆发。土木堡惨败之后，从建立精干团营到戚继光练兵，明代军制逐步复归募兵制，这才在一定程度上恢复了战斗力。

在经济方面，明初受倚重的屯田生产能力严重萎缩，而严重依赖基层治理能力的里甲编户授田制度也不可避免地走向衰败。开支浩大之下，传统徭役制度已经不堪重负，实物税制度早已暴露出效率低下、不敷使用的缺陷，实物税折银与用银偿付徭役逐渐变得越来越普遍。[1] 和平时期人口繁衍，江南农业形态也不断变迁，之前海禁被不断突破，商业与手工业也不断发展。到明朝中叶，洪武体制已经千疮百孔，随后在大量海外白银流入、张居正"一条鞭法"之类政经改革举措冲击之下名存实亡。明代中后期的经济势态已经完全不同于明朝前期，其区别之大，使不少历史学者谈论明朝中叶的变革，称其与唐宋变革遥相呼应。

这一宏大的潮流转换也决定了明代货币体系的转变，从勉为其难的大明宝钞最终走向银本位的确立。

---

[1] 详见《剑桥中国明代史》(牟复礼，1992)。

发钞救不了明朝

明朝，堪称古代中国印钞史的最后一幕。

单就货币而言，明朝初期的模式很大程度上因循元代。从隋唐到南北朝，从金元到南宋，货币制度演进的连串性很强。激进改革不仅在民间阻力很大，在上层也面临质疑，货币政策选择在局部网络之内具有强大的外部性，后代按照前代模式也是一种可以理解的路径依赖。

明朝建立之始，寄厚望于发钞。开国皇帝朱元璋发钞——而且为不兑换制度之钞，甚至禁止民间使用白银，"禁民间不得以金银物货交易，违者罪之；以金银易钞者听"，做法跟元代很类似。宝钞表面有"大明宝钞，天下通行"字样，钞票上写明告发伪造者有赏，有趣的是元代和明代对于告发伪钞制造者的赏赐都是银，宝钞核定"每钞一贯，准钱千文，银一两，四贯准黄金一两"，由此可见，明代初金银比价为 1∶4 左右。

明代大明宝钞不能兑换铜钱或其他任何金属货币，这样的规定几乎成为法币的前身，但没有足额储备金作为保证，其结果自然可想而知。在市场上，大明宝钞从一开始就不受欢迎，民众拒绝使用，钱与白银仍旧流行，而顽固的明太祖直到统治末年，仍旧重申禁银命令。到了英宗一代才开始放松用银禁令，但对于拒绝使用钞票仍旧有责，甚至有全家戍边的可能，"阻钞者追一万贯，全家戍边"。①

明代币制本来堪称齐备，有纸币，有铜钱，也有银锭。但从实际使用情况而言，明代从"用钞不用钱"到"钱钞兼用"，再到"一切以银钱支付"，其背后原因并非统治者开明，实在是纸币贬值太多，银、铜重获民间青睐。当时御史陈瑛也表示，"比岁钞法不通，皆缘朝廷出钞太多，收敛无法，以致物重钞轻"。②户部也表示，"民间交易，惟用金银，钞滞不行"，结果是"物价翔贵，而钞法益坏不行"。洪武年间（1368—1398）钞票已经出现大幅贬值，即官方价格是一贯钞等于1 000文，但实际上民间160文换一贯钞，到了宪宗时期（1465—1487），税赋和官俸军饷钱钞并用，结果是一贯钞不等于一文钱。到了嘉靖四年（1525年），即使官方也承认钞票大幅贬值的现实，银钞比价变为钞一贯折银三厘，结果是钞票愈加难行，白银大行其道，"是时钞久不行，钱亦大壅，益专用银矣"。③

纸币贬值对明有什么影响？鉴于前朝的通胀后果，明朝对于纸币及时收手。和南宋、金、元等别的朝代因灭亡停止发行纸币不同，明代几乎在败象未露的时刻就逐步停止发行纸币。个中原因，其实可以从公共政策的思路来分析。相关各方的激励与利益都应该被考虑到，所有的重大政策，无论进步还是倒退的，都离

①②③ 参见《明史·食货志》（张廷玉，1974）。

不开官僚集体的激励兼容，说白了就是有好处就干，没好处大家就不干。

从官员俸禄情况来看，跻身利益阶层的明代官员，薪水最开始也以钞支付，随后因通胀而缩水。根据当时历史记载考证，官员薪水因为通胀而大打折扣，原因就在于发钞支付薪水，俸禄的购买力一落千丈。

按照学者测算，一个从九品官在洪武初期每个月有八公石的米，正统中期减成两石半，成化年间减成一石七斗。明代正一品官常缺，为其最高官衔，"一个正一品官在洪武初每月约可得到一百一二十公石的米，那时全部发米。宣德八年，改搭一部分宝钞，于是只合得四十六公石的米，正统中宝钞占的成数增加，正一品每月所得只合得三十四五公石的米。成化七年减为二十公石上下，等于唐开元时的一个七品官"。[①] 官不聊生的状况自然导致政策需要修改。正德三年（1508 年）后官员俸禄中九成用白银支付，其余一成用铜钱，嘉靖末年（1566 年）则完全用白银支付。

在明朝的案例中，纸币贬值，于是政府只能依赖行政力量，强迫大家使用，但是行政力量往往不会持久，因为行政力量代表的官僚集团首先就会抵制这种行为。官员的利益也受到钞票贬值的影响，推广钞票的制度自然难以维持。无论这种行为是积极抵抗还是消极执行，都会导致行政手段难以执行。最终，皇帝会发

---

① 参见《中国货币史》（彭信威，2007）。

现这成为自己一个人的战争，禁令流于纸面而难以执行，最后的结果必然是不了了之。还有一点，正如塔洛克所强调的，从政府经济学的角度考虑，当纸币越来越不流行的时候，滥发纸币带来的收益也在变小，如果其低于成本，那么政府更没有动力去推行了。①

不过，纸币始终是帝王难以放弃的救命稻草。即使到明代末期，掌权者还期待通过纸币来一改颓势。根据明末清初政治家孙承泽所著的《春明梦馀录》记载，崇祯十六年（1643 年）末，也有大张旗鼓改用钞票的做法。崇祯帝为筹措军费，已经山穷水尽，曾经采用书生蒋臣的建议，希望重新发行钞票来吸纳民间白银，还以减免租赋作为优惠。当时有大臣评价"百姓虽愚，谁肯以一金买一纸？"崇祯以朱元璋发行钞票为回答："高皇帝如何偏行得？"和他先祖朱元璋一样，崇祯迷信强权法制的力量，不顾"民困已极，且宜安静"的建言，以为"只要法严"即可。可惜纵然日夜赶造，也没有人买钞票，商铺关门，直到李自成进京，这一闹剧才收场，后来的李自成和南明小朝廷倒是接着铸钱。

纸币熄火，白银复燃。历史的往复往往如此迷人又痛苦，纸币的诱惑与危险在于，看似可以随意滥发，最终必然玩火自焚，这一点历代的掌权者往往会忘记。当纸币闹剧在中国告一段落，数百年后又"从出口转内销"，粉墨登场，引发了 20 世纪三四十年代中国最为惊人的通胀历史，甚至导致了中国历史的重大转折。

---

① 参见图洛克的文章（Gordon Tullock, 1957）。

禁不住的白银

后人往往把银本位确立归功于明代，但明代官方对银的态度分外矛盾，经历了从最初抗拒到最后接受。他们刚开始沿袭元代做法，试图用纸币代替铜钱和白银，在大明宝钞的设计中，基本态度就是民间金银只能卖给政府。

禁止白银是为了推广纸币，不让白银与纸币竞争，反过来说，纸币的没落与退出，则源于白银的胜利与地位的确立。根据经济学家塔洛克的研究，明朝纸币的退出存在临界点，也就是14世纪90年代早期。明朝洪武二十六年（1393年）铜钱流通被暂时禁止，但到1400年纸币已经跌到了其面值的3%，即使明朝官员自身也怨声载道。

普天之下莫非王土，然而历史发展往往不以帝王意志为唯一，货币更是如此。明初的白银禁令其实一直没有被严格遵守，尤其是所有滥发纸币都不可避免地面临贬值问题。到了明英宗1436年登基之后，不得不"弛用银之禁"，《明史》记载"朝野率皆用银，其小者乃用钱，惟折官俸用钞"。[1] 此后对此也有反复，甚至"十三

---

[1] 参见《明史·食货志》（张廷玉，1974）。

年复申禁令，阻钞者追一万贯，全家戍边"。最终到明穆宗隆庆元年（1567年），宣布"凡买卖货物，值银一钱以上者，银钱兼使；一钱以下止许用钱"。从此，白银正式获得应有地位，完全货币化，成为十足的货币。事实上后来俸禄也逐渐白银化，明朝最终迈入银本位大门。

历史的政治皮肉肌理之下，税赋始终是历史变动的主要动脉，而货币则是其中的绵密经纬。明代白银禁而未止，首先在于白银证明了自身适用性。帝国需要赋税维持，而"一条鞭法"之类的改革使得田赋征收更有效率。"一条鞭法"经张居正于万历九年（1581年）推广到全国。关于"一条鞭法"对于白银的影响，学界很早就注意到，比如经济学家梁方仲教授早在1936年就曾指出其不仅在田赋史上是一大枢纽，更可以说是现代田赋制度的开始。从此田赋的缴纳才以银子为主体，打破3 000年来的实物田赋制度。① 清代思想家魏源则认为，宋明之前，白银不是货币，税收由钱粮改白银导致了白银的全面流行，"宋明之前，银不为币……钱粮改银以后。白金充布天下"。②

银本位表面与"一条鞭法"直接相关，事实上也与白银流入存在隐秘联系。"一条鞭法"的推行意味着以往的徭役和其他杂役等折算成银两缴纳，值得指出的是，这一政策最早从东南沿海省份开始推行，原因在于那是白银浸润之地，"那里银子充裕，同时

---

① 参见《中国近代经济史研究集刊》第4卷第1期（梁方仲，1936）。
② 参见《圣武记·军储篇》（魏源，1984）。

142

由于大规模的贸易和商业，在商业事务中长期以来都愿用银两"。①
随着这一政策推广到全国，银本位逐渐得以确立。

帝国政权的经济命脉在于金钱，溃败总是先从财政开始，又以财政结束。无论永乐皇帝朱棣迁都北京还是日后郑和下西洋，如此政治上的大手笔意味着需要经济上的支撑，这些变化使得白银在官方系统中有机可乘。以迁都为例，明初百官俸禄原本是江南官田，不久后改为禄米，中叶之后更是部分改为钱钞。②永乐迁都，导致京师官员俸米支取不便，不仅要凭俸帖支取俸米，而且往往折价。宣德年间（1426—1435年）江南一带推行金花银折纳田赋，所谓金花银本来是足色有金花的银两，后来成为全国折粮银代称。到了明英宗正统元年（1436年），更是推广金花银法，银开始成为税赋的主角，又过了100多年后才经由张居正改革而完成田赋的白银化。

15世纪初明代政府终于放弃大明宝钞，承认白银的地位，税收也用白银支付。白银终于成为主角，日本、美洲白银大量流入，万历年间明代也大开银矿。学者强调，明代这一期间的"炼银热"趋势与世界同步，日本、德国当时也是如此。

当时的明人笔记里记载了对于钞票和白银截然不同的高下评价，"宋、元用钞，尤极不便：雨浥鼠啮即成乌有；怀中囊底，皆致磨灭；人惟日日作守钞奴耳。夫银钱之所以便者，水火不毁，虫鼠不侵，流转万端，复归本质。盖百货交易，低昂淆乱，必得

---

①《剑桥中国明代史》。
② 参见《廿二史札记》（赵翼，2008）。

一至无用者，衡于其间，而后流通不息。此圣人操世之大术也"。①

除了禁白银，明代也锁国，甚至禁耕沿海土地，明太祖朱元璋曾经号令"寸板不许下海"。白银禁不住，禁海也未必守得住。15世纪明代宦官郑和七次下西洋在历史上耳熟能详，民间更是风行走私，对外交流贸易的民间潜流一直存在。中国和欧洲、美洲的贸易关系也在16世纪缔结，从此延续百年。

不过值得一提的是，郑和下西洋不仅中国人熟知，海外对于这一纪录也大书特书。中国和欧洲在15世纪同时将眼光投向海洋，却具有完全不同的动因。当时中国船只与航海技术几乎领先世界，郑和的探索比起欧洲的探索早了接近一个世纪，不过其一切努力几乎在历史的巨大变迁中渺然无踪。外交家基辛格在其著作《世界秩序》中也强调郑和原本具有领先优势，对比多元化或者破碎的欧洲，中国的航海技术更为领先，但郑和下西洋更注重与印度、南亚等当地权贵来往，赠予礼物，力图招徕他们进入中国朝贡体系，带回的只是一些当地风物奇珍。

郑和之败，不是技术，也不是资金。后人考证，郑和船队无论规模还是吨位，都十倍于哥伦布的舰队，但是一个是炫耀国威，一个是探索未知，加上郑和之后没有持续的机制来保证出海，最终导致结果的不同。汉学家费正清就强调郑和与哥伦布在推动力以及动机上的巨大区别，中国船队不仅缺乏绕道非洲前往欧洲的推动力，甚至也没有动力建立贸易据点，"中国和葡萄牙的航海人

---

① 参见《五杂俎》（谢肇淛，2012）。

144

员能力相似，这使他们动机上的差异显得更为突出。中国人完全缺乏欧洲人那种力求扩张的强烈欲望，这一事实就使两者的成果大不一样"。①

从后代来看，太祖的禁令近乎空文，无论是针对白银还是出海。这二者其实存在逻辑关系：白银地位在明朝得以巩固，进而成为明清的价值标准，离不开海外白银的巨量流入，而对外贸易也助长了这一趋势。经济学家全汉昇对古代白银有很多研究，其研究也得到国际同行的认可，他将白银放在中国历史中对比，唐末至北宋中叶是钱币使用最高潮，而到了明朝中叶，白银逐步得到认可，尤其是从政府收入可以看出银钱比例变迁，其结论是自宋至明，政府收入中钱数越来越少，银数则越来越多，印证"用银而废钱"的趋势（见表3.1）。

表3.1 宋、明政府收入银、钱数额

年代	钱数	银数	根据
天禧五年	26 530 000（+）	883 900（+）	《续资治通鉴长编》卷九七"天禧五年"
元祐元年	48 480 000	57 000	苏辙《栾城后集》卷一五《元祐占会计录收支叙》
万历八年	21 765.4	2 845 483.4	孙承泽《春明梦馀录》卷三五
约万历九年	21 765.4	3 704 281.6	《皇明世法录》卷三六，15页下至16页

资料来源：《宋明间白银购买力的变动及其原因》（全汉昇，1967）。

———————

① 参见《美国与中国》（费正清，1999）。

中国贫银，产银不多，明代白银货币从何而来？一个公认的决定性原因就是 16 世纪以来的白银流入，正如魏源所言，"而不知自昔中国之银，大半来于外洋。外洋之用银币，亦先于中国。何者？宋明以前，银不为币"。

中国自产白银集中在云南，宋代《天工开物》就有记载，"凡银中国说出……然合八省所生。不敌云南之半"。正因如此，有日本学者认为明代天顺（1457—1464 年）之后的白银主要是云南白银，隆万（隆庆 1567—1572 年，万历 1573—1619 年）之后，多来自海外，吕宋（菲律宾岛屿）为主。① 除了明代产银之外，实际上明前数代尤其宋代产银量也不小，远多于明代。学者宋菱菱估计，南宋时期每年流入国库的金银量高达 300 万两，学者综合各方估计，认为宋代末期白银总量约为 1 亿—1.5 亿两。不过这些白银并没有都留在中国，元代用钞，严禁用银，而西域各国传统用银，其价格远高于中国，因此中国白银在元代大量经由丝绸之路外流至西域各国。据日本学者爱宕松男估计，元代中国流失白银高达 9 000 万两。若如此，宋末白银留存到明代的数量恐怕只有 3 000 万两。即便如此，这一数量也高于明代自身产银量，后者估计为 1 500 万—2 500 万两。两者合计，明代本土白银约为 5 000 万两。

相比之下，来自日本、南美与欧洲的白银在明代白银大潮之中，扮演了更加重要的角色。

---

① 参见《唐宋时代金银之研究——以金银之货币机能为中心》（加藤繁，2006）。

全球化的触角，始终因贸易而勾结。首先是葡萄牙人几经努力之后，终于获得澳门贸易的许可，而澳门的存在一直是明清连接世界的重要门户之一，将中国与全球化齿轮加速下的世界联系在一起，而其中的"润滑剂"自然就是白银，而且是持续流入中国的白银。这种贸易模式甚至被某些学者总结为另一种"纳贡"："外国人，包括欧洲人，为了与中国人做生意，不得不向中国人支付白银，这也确实表现为商业上的'纳贡'。"但是，中国依赖白银的程度，其实远远重于西方依赖中国的丝茶，尤其在白银成为日渐货币化的中国的重要经济血液之际，无论当时的欧洲人还是中国人，对于这一重大历史真相都没有给予足够的重视，导致中国从晚明开始的一连串悲剧，这将在后面详细论述。

更加重要的是与菲律宾的贸易，这里不得不谈西班牙人。当然，这并非源于他们对于贸易的贡献。"东方世界的发现者"葡萄牙人与中国交往之后，澳门在数百年里成为各国贸易基地，此后"世界的发现者"西班牙人也来到了东方，据说种牛痘就是他们在19世纪初引入中国的。对菲律宾的贸易兴旺背后是中国商人势力的崛起，这些商人大多是福建人，来自厦门、泉州和福州。根据记载，西班牙人对此不安，又不得不在贸易方面倚重中国人，曾经在1603年、1639年屠杀中国商人，受害者数以万计，而人数限制、人头税、驱逐都不能阻止中国商人的继续增加。

西班牙人占领南美大陆之后，获得巨量白银矿藏，从16世纪开始，来自南美的白银从不同渠道流向全球，其中菲律宾成为白银流入中国的重要中转站，不仅汇集了来自西属拉丁美洲的白银，也包括从欧洲转道南洋的白银。

全汉昇估算明代从菲律宾输入中国的白银为 7 500 万比索，约为 6 000 万两。而在 1571—1821 年，有人推算"拉美运抵马尼拉的白银共达 4 亿比索之多，这些白银主要用来购买中国的生丝和丝织品，然后运往拉美出售，所以大部分白银流往中国"。[①] 另外根据中国学者钱江的测算，1570—1760 年，中国与吕宋的实际贸易额达到 3 亿比索，甚至当时西班牙人在 1639 年如此抱怨，"中国皇帝能够用从秘鲁运来的银条建一座宫殿，这些白银的运出都没有登记，也未向西班牙国王缴税"。[②] 不少学者认为，由菲律宾流入中国的白银不少于 2 亿比索，折算为 7 200 吨。

除了菲律宾，不少白银到了欧洲再继续流向亚洲。沃德·巴特雷认为 1493—1600 年世界银产量 23 000 吨，美洲产量占 74%，70% 输入了欧洲，而其中 40% 流到亚洲。[③] 学者万明估算 1570—1644 年美洲白银总共约有 12 620 吨流入了中国。[④] 弗兰克的估算比较夸张，他认为 1500—1800 年欧洲从美洲收到 9.8 万吨白银，其中 3.9 万吨运往中国，5.9 万吨留在欧洲。[⑤] 总体而言，除了日本白银之外，共识是 1/3—1/2 的美洲白银流入了中国，各种估算大体都在这一区间之内。根据各方研究，合计大约有 2 亿两白银

① 参见 James Eames（1974）。
② 参见 William Atwell（1982）。
③ 参见 Ward Barrett（1990）。
④ 参见《晚明社会变迁问题与研究》（万明，2005）。
⑤ 参见《白银资本》（弗兰克，2008）。

流入中国，极大程度上促成了中国经济的白银化。

换言之，中国虽然最早发明了交子，但是随后纸币滥发而退回商品货币，混乱状况中甚至不乏铜钱乃至米之类的实物交换，最终金属货币获得市场承认。此 1 000 年内，前 500 年是纸币的试错与崩溃，后 500 年是白银的确认及胜出，白银在中国经济中开始扮演主要角色，甚至直到 20 世纪 30 年代，中国才最终放弃银本位制。白银的流动对于中国乃至世界的影响如此深远，以致乐于反对"西方中心论"者从白银流入中国来验证中国曾经的地位，宣传"全球市场的轮子是用白银的世界性流动来润滑的"。[1]

然而，这些都是后话。白银不请自来，也在帝国晚年催生了一个全新的末世景观。

---

[1] 参见《白银资本》(弗兰克，2008)。

白银货币化与西门庆们

白银的使用，不仅是海外贸易繁茂的结果，也是从实物经济转向货币经济的需要，源自明代社会经济发展成熟。这也使得明代经济呈现与以往不同的形貌。

白银不仅刺激了中国经济，还催生了诸多的社会变革。白银流入对于晚明意义重大，正是在那时形成了一个因商业而快速世俗化的新世界，"通过推进货币增长，提高商品交换效率，以及促使中国官员实行延误已久的赋税改革等方式，日本和墨西哥银元在成就中国晚明声望的充满活力的经济膨胀之中，扮演了举足轻重的角色。这一经济膨胀的影响涉及明朝各个地区，但对南方和东南地区的影响则尤为明显，在此，城市人口激增，农业也更加商品化，工商业则一片繁荣"。[1]

《金瓶梅》成书期间，刚好对应晚明经济白银化的历程，在某种意义上，正是白银成全了西门庆们。仔细阅读对比，就可以注意到这是与以往古典小说截然不同的经济世界。正如有研究者所言，全书中有名有姓的人物多达 300 余人，几乎达到全民皆商的

---

[1] 详见《对中国和日本"十七世纪危机"的几点观察》（艾维四，1986）。

地步，即使不从事商业，也呈现商业气质。"除了妓女和西门庆的家族成员之外，作品的主要人物大致可分为两类，一类是商人，一类是官员。有些官员直接或间接地从事商业活动——如周守备就出资在临清经营了'谢家酒楼'；有些人虽不从商，但也将官场视为赚钱牟利之具。可以说，《金瓶梅》中几乎所有的官员身上都散发着浓郁的商业气息。"①

商而优则仕，西门庆无疑是一个主要角色，是晚明社会的绝佳隐喻。抛开道德判断，这个人从破落户出身奋斗到权倾一方，从生药铺起家到家产万贯，算得上具备部分企业家精神。他也是一个典型的经济人，其家庭生活与权力网络都是围绕着白银而展开。

在白银浸淫之下，清河县西门一家的生活是怎样的呢？除了人们津津乐道的"色"，在"食"上也让人记忆深刻，有人统计《金瓶梅》所提到的食品达 200 多种，酒 24 种，茶 19 种，大小饮食场面 247 起，而书中露骨的性描写仅 105 处。②且看应伯爵上门时候的招待，"先放了四碟菜果，然后又放了四碟案鲜：红邓邓的泰州鸭蛋，曲弯弯王瓜拌辽东金虾，香喷喷油炸的烧骨，秃肥肥干蒸的劈晒鸡。第二道，又是四碗嗄饭（即佐餐菜肴）：一瓯儿滤蒸的烧鸭，一瓯儿水晶膀蹄，一瓯儿白炸猪肉，一瓯儿炮炒的腰子。落后才是里外青花白地磁盘，盛着一盘红馥馥柳蒸的糟鲥鱼，馨香美味，入口而化，骨刺皆香"。

---

① 详见《雪隐鹭鸶》（格非，2014）。
② 参见《金瓶梅饮食谱》（邵万宽、章国超，2007）。

对一个帮闲的日常招待，也写得活色生香。一个县城暴发户的奢侈在书中比比皆是，京城朝廷的风气则可想而知。由此可见，白银流入带来的货币化引发生活品质的变化，炫耀性消费增加，在这点上明朝、晚清和18世纪的欧洲很接近，只不过它还在欧洲带来了重大的社会变革，正如休谟所言，金银流入造就了欧洲各国生产兴趣的高涨以及勤勉心，"自从美洲发现了金银矿，不光矿主，连欧洲各国的生产情绪都普遍高涨；这种劲头的形成，除了别的原因，把它归之于金银的增加，是不过分的"，"追溯货币在全体国民中流通的过程是很容易的，我们将看到：货币在提高劳动价格之前，必然首先刺激每个人的勤勉心"。①

和大卫·休谟、马克斯·韦伯等人对于资本主义兴起的解释有所不同，同时期的社会学大师维尔纳·桑巴特对于18世纪欧洲资本主义兴起的解释更加活色生香，"奢侈，它本身是非法爱情的一个嫡出的孩子，是它生出了资本主义"。②一切流行总是自上而下，奢侈与资本主义的流行也是如此，从宫廷尤其是法国宫廷开始流向不同阶级，节日欢庆以及化装游行频率都加大，"一切与时尚、奢侈、华丽、挥霍相关的怪念头首先都是由情妇们在实践中尝试，使其在某些方面变得平和之后，它们才最终为受尊重的妇女接受"。

事实上，炫耀性消费有益于经济的观念在今天也能得到验证，而美国经济学家凡勃伦所著的《有闲阶级论》很早就提出类似观

---

① 详见《休谟经济论文选》（休谟，1984）。
② 参见《奢侈与资本主义》（桑巴特，2005）。

点。不过像桑巴特这样将骄奢淫逸之风界定为时代潮流甚至前进动力，并将其放在类似"第一推动力"位置上的似乎还是少见。他认为正是这类超出必要的消费促使资本主义萌生，而资本主义早期的大城市基本上都是消费型城市，"富人们很快就对新的快乐感到麻木。他们房中的陈设像舞台设备一样可以随意改变；穿着成了真正的任务；吃饭则是为了炫耀。在我看来，奢侈对于他们就如同贫穷对于穷人一样，是一种苦恼。啊！为奢侈而牺牲任何事物，这太值了！巴黎那些富人的巨大灾难就是疯狂的消费，他们总是花得比预计的要多。奢侈以如此可怕的消费形式出现，以致没有哪份财产不被其逐渐消耗掉。从没有一个时代像我们现在这样恣意挥霍！人们浪费自己的收入，挥霍尽财产；每个人都追求让人吃惊的铺张排场，试图在邻居中出人头地"。

桑巴特的理论世界中，肉体与情爱的解放正是奢侈消费的动力之一，如"在合法配偶之外养一个文雅的情妇，或用情妇取代合法配偶已成一种时尚"、"勾引妇女对年轻男子来说成了一种勇敢行为，他必须这么干，不然就会被同伴讥笑"等描述见诸其书，他最终断言，"没有一件事情比从中世纪到 18 世纪两性关系的改变那样，对中古和近代社会的形成具有更重要的意义"。

回头来看，这和《金瓶梅》中的世界何等平行，二者似乎是在同一个起点之上，而《金瓶梅》比起桑巴特的记载早了一两百年。明朝晚期确实是一个注重享乐与商业的时代，看似相同的奢侈，为何没能催生出现代银行制度以及更多金融创新，进而诞生资本主义呢？

李约瑟之谜在明朝

　　白银浸淫之下的中国明末，经济高度商业化，全球白银源源不断地流入，为何未能产生资本主义？这是历史的天问，却对后人充满诱惑，相关研究层出不穷，其中最为著名的提问者有两位。

　　首先是著名社会学大师马克斯·韦伯，他曾经提出疑问：工业革命为何没有首先发生在孕育了资本主义萌芽的中国？这也就是传说中的韦伯疑问。随后英国科技史学家李约瑟在研究中国的科技发明之际，也萌生了著名的李约瑟之谜：中国发明在古代遥遥领先于其他文明，但为何工业革命没有发生在中国？

　　从韦伯疑问到李约瑟之谜，可能的答案是什么？芝加哥学派信奉复杂的问题有简单的答案，但是历史的真相往往是，简单问题往往有复杂的答案。李约瑟对中国的兴趣或许源自其专业之外一时外溢的好奇心，但是他留给中国的则是数十年的困惑。这个巨大的理论黑洞，需要无数的解释来填充，而白银则是历史经纬中的隐形一环。

　　白银的流入，引发一系列经济变化：伴随着银本位的确立，欧洲出现了银行，而中国出现钱庄——明代话本小说多有银铺一说。威尼斯的银行起源于兑换业，最早有中央银行模样的银行在万历十三年（1585 年）出现于威尼斯，万历十五年（1587 年）威尼斯利雅图银行成立，负有盛名的阿姆斯特丹银行成立于万历三十七年（1609 年）。

白银在明代逐渐成为主流，从货币以及商业层面改写着明代社会，也渗透进入寻常百姓家，使得各个阶层都日益卷入更为世俗以及市场化的生活之中。

白银的流行首先带来金融业的革新。众所周知，中国兑换业务历史悠久，唐代就出现金银铺，以交易为主，兑换为辅，这和欧洲银行家起源于金匠并无本质区别。早期钱铺往往也被看作钱庄的前身，也作"钱肆"。钱铺最早往往被认为出现在《金瓶梅》中，比如书中人物冯金宝的一段话，"自从县中打断出来，我妈着了惊谎，不久得病死了，把我卖在郑五妈家。这两日子弟稀少，不免又来在临清马头上赶趁酒客。昨日听见陈三儿说你在这里开钱铺，要见你一见。不期今日会见一面。可不想杀我也"。

中国钱庄与世界上的银行，看起来平行共生，但从一开始起点就不同，注定将来命运也不同。几乎同时代的欧洲，布罗代尔对热那亚银行业大书特书，甚至认为与今天巴塞尔国际结算银行的作用相差无几，"在（约）3/4 的世纪里（1557—1627 年），热那亚的商人兼银行家通过操纵资金和信贷，得以主宰欧洲范围内的支付和清账。这段经历本身值得大书特书，它肯定是欧洲经济世界历史上有关中心形成的最奇特的例子，因为经济世界环绕的中心点这次几乎是非物质的"。至于同时代的美第奇家族，已经是重要的权力玩家，更是统治了佛罗伦萨长达三个世纪，其家族诞生了三位教皇、两位法国王后以及多位执政大公。对于欧洲一流银行家，君主、教皇其实才是他们的最大主顾，至于位列清河县首富的西门庆，好不容易攀上蔡太师管家的门路，费尽周折进了东京太师府，对方几乎毫不回应，低三下四拜了几拜，才获得赐座的待遇。

由此可见，白银流入似乎只是流入中国惯有制度的历史黑洞之中，只有局部的改变，却无制度性的飞跃。在某种程度上，西门庆属于白银时代的企业家，却无法走出清河县的历史惯性，源于中国缺乏培育现代企业家的土壤。也就是说，如果没有制度环境尤其法治环境以及契约精神的支撑，资本主义就无从谈起。关于"资本主义"的定义或许不同，但是大多数研究都支持资本对市场拓展、制度塑造的作用，其中的重要一环恰好在于国家政府对它的支持，"环境、野心，甚至还有责任观念，把很多旧政权的君主带入了资本主义的活动中"。经济史学家认为，企业家有两类，运用政治权力的以及运用自身组织动员能力的，后一类企业家在新时代与前者逐渐融合，并且能够通过前一类企业家或者政府来通行有利于自身经商活动的法律。

对比之下，中国制度并不鼓励企业家或者企业家行为。人类商业历史久远，中国也是如此，《春秋穀梁传》中说过："上古者有四民：有士民、有商民、有农民、有工民。"可见，当时商民已经存在，而且排在农民与工民之前，但是随后的秩序则发展为士、农、工、商，学者余英时认为士、商、农、工是专业分类，"士和商则无疑是当时最活跃的两大阶层"，后世四民的次序为士、农、

156

工、商，则是因"重农轻商"而修改。可见，自古以来中国工商业就比较发达，商人地位其实谈不上多低（禁止商人"衣丝乘车"只是表象），但中国历史传统却有着与商业逻辑不尽一致甚至背道而驰之处。钱穆曾经说："中国的历史传统，常能警惕地紧握着人生为主而经济为副的低水准的经济观。故谈及经济问题时，常特别注重于'制节谨度'这四个字。节与度即是一水准，制与谨则是慎防其超水准。"因此之故，中国政府对经济的理想水准主要在"平"，其最终标准是"天下太平"，而西方历史主要在求"不平"。

说到底，企业家是社会的关键人群，正是在"不平"之中诞生。中西企业家面对着不同的制度环境，一种是抑制工商业，一种是致力于保护产权。旧时代的中国，虽然并不缺乏个体致富甚至富可敌国的可能性，但难以滋生群体性推动的制度变迁。正因如此，无论是韦伯所谓讲求勤勉以及禁欲的"清教伦理"，还是桑巴特所谓企业家精神和市民精神结合的"资本主义精神"，类似这些精神在中国或许有零星的火种，却始终难成气候，始终走不出"红顶商人"的政商循环，只能产生靠制度渔利的企业家，而无法诞生推进制度变革的企业家。

从文艺复兴开始，西方历史的风向开始转向，非物质的制度创新作用开始膨胀。彭信威认为，欧洲银行由兑换发展出存放款和汇兑业务，导致其规模日渐变大，毕竟金融业是建立在信用之上，而信用的累积则会激励正向的货币创造功能。这条路并非一帆风顺，威尼斯兑换店也有赖账的时候，查理一世在崇祯十三年（1640年）对伦敦铸币厂下手，甚至约翰·劳在法国的纸币游戏，始终都是"消极"的掠夺，但顿挫之后，西方现代银行体系终得以成形。而对比之下，中国由兑换发展为放款业务，存款业务却没有进展，公家私家都没有存钱在外的习惯，甚至明代严世蕃之类的巨贪抄家，对待白银也只是窖藏，统治者则一直"积极"地掠夺。

至于汇兑，其实中国领先一步，甚至自北宋之后已经平常化，不过后人却评价为"没人注意"，而明末崛起的票号钱庄可谓一大景观，后面再详细叙述。明代的汇兑是政府来操作，民间叫会票，也就是宋代所谓的钱引，这种传统汇兑方式不但没有随着商业社会而演进，还少不了官商勾结惯例。欧洲则从类似的实践出发，发展出更多信用业务，进而运营于国际贸易，最终在17世纪发展出支票账户、存款准备金、本票付款等金融创新，引发商业社会大变革。

中国钱庄领先于起点，却最终落后，甚至湮灭于历史尘埃之中，是什么因素导致中西私人银行业的迥异结果呢？更进一步来说，白银带动西门庆之类的新商人崛起，可是他们的崛起往往不是加入旧阶层就是以为官为归属，这样的企业家对于社会以及经济的市场拓展贡献，似乎更多只是起到了分蛋糕而没有做大蛋糕的作用。

对于中国经济的特性，钱穆给出一种人文而不失温情的解释，"中国工商业一直在发展情况下繁荣不衰，惟遇到达社会经济物质条件足以满足国民需要时，中国人常能自加警惕，便在此限度上止步，而希望转换方向，将人力物力走上人生更高境界去。……

158

故经济之向上发展，虽同属于一种物质方面的，而西方则偏在科学机械方面，中国则偏在艺术陶冶方面。……可见中国传统经济观，均是一种人文本位道德本位者，重人生，不重经济。经济只以辅助人生，非以宰制人生。于是经济发展，遂成为有限度的"。钱穆认为工商业发展节制是一种自觉意识，这种解释见仁见智，但是无论钱穆本人的观点还是其所指出的道德化思想，确实揭示了中国经济政策观。在这样的思想中，一方面经济往往安于低水平均衡，另一方面商人多数是没有什么地位的，他们也没有能量与权力参与和政府的制度博弈，其结果则是产权制度以及资本主义无从生长。从表现形态看，如果国家对资本与企业家加以妨碍，那么精明如西门庆，也只能在清河县翻云覆雨而已。

更进一步审视，中国自古就有借贷，其中政府与民间借贷在古代分别有"赊"和"贷"，唐代就有所谓飞钱的汇兑业务，此后银铺、钱庄繁荣，可见白银的流行与商业的发达。但这未必就是中国资本主义的萌芽或先声，其中某些对明代的商业化有时候未免过于一厢情愿。不少学者即质疑商业化不等于资本主义，现代西方的资本主义与中国、印度、巴比伦、埃及和地中海地区存在的早期商业体系不同，前者特别依赖精确的自然科学，而中国即使到了更晚的清代也缺乏类似实验室。这种说法对应于管理层面，也类似黄仁宇所谓"数目字管理"的思路。

这只是原因的一面，事实上，除了文化、民族性等解释之外，经济制度仍旧是一个值得思考的问题。东西方对于贸易、航海等的不同态度使得各自经济步入不同轨道，而其中产权保护制度仍旧是要点。这必须要依赖法制的保障，正如诺思所言，"如果预期的净收益超过预期的成本，一项制度安排就会被创新。只有当这一条件得到满足时，我们才可发现在一个社会内改变现有制度和产权结构的企图"。①

对比欧洲，美洲金银涌入被视为西方世界兴起的先声。这些贵金属首先造就了一批新贵，事实上据说寻找贵金属所费几乎等于贵金属价值，这更多是一个财富再分配而不是财富再创造的过程，可是就是在这样的过程中，财富的归属发生变化，新的阶层在欧洲诞生。如桑巴特所言，"在中世纪，如果你有权有势，其必然的推论是，你很富有。如今，如果你有财富，其必然的推论是你一定有权有势。以前，权势带来财富；如今，财富带来权势"。②这些新贵和以往贵族的不同在于，其财富诞生与权力无关，于是更多中产阶层由此催生，中产阶层也在海外贸易之类的新经济活动中找到机遇，因而塑造出新的企业家类型，其力量的积累最终成为改变历史的一大推动力，资本主义也孕育于其中。

世界变化之际，中国商人们的点滴努力虽借助白银生出别样灿烂，却仍旧如同涓涓细流，囿于清河县一隅，无法冲破历史钟罩的层层束缚从而汇聚成资本的汪洋洪流。没有法治与信用，就没有企业家成长的空间与历史环境，现代资本主义的诞生也无从谈起。

---

① 参见《制度创新的理论：描述、类推和说明》(科斯、诺思等，1994)。
② 参见《奢侈与资本主义》(桑巴特，2005)。

白银流入与明朝灭亡

明代白银的使用普及，首先是经济自身的货币化需求，就外在供给而言，也依赖于海外白银的流入，这是中国海外贸易与地理大发现的因缘际会。白银繁荣于大明帝国之际，无意之间，也埋下毁灭的种子。

追溯明朝之所以在 1644 年灭亡，应该可以溯及更早。明朝是中国新旧世界的节点之一，明朝一方面延续此前历代的演变逻辑，另一方面也为明清时代的转折埋下伏笔。在时间坐标轴上，明帝国对应着欧洲石破天惊的变革，出于比较的惯性，史学家总喜欢从明代入手来剖析千年得失，一切无关紧要的年份亦被标注在案，赋予深远意蕴，比如黄仁宇的 1587 年，再比如汉学家芮乐伟·韩森的 1600 年。

对于中国而言，1600 年是一个分水岭。一生都为中国着迷的韩森，其视角与我们惯常的思维不同。她指出 1600 年之前，中国其实是"开放的帝国"。[①] 她放弃惯有的王朝划分，将 1600 年之前的中国定义为三个时期：首先，从商周到秦为第一阶段，这是公

───────────

① 参见《开放的帝国》(韩森，2007)。

元前 1200 年到公元前 200 年的构建中国时期;其次随着公元前 3 世纪秦代的统一,本土道教开始有组织地兴起,众多佛教徒也来到中国,中国开始了面朝西方以及印度的 1 200 多年;最后则是从 10 世纪到 17 世纪开始转向北方,大部分时间中国都处于北方游牧民族的统治之下,蒙古人仍旧是明朝的最大戒备对象,最终则有东北满族的崛起。

1600 年前后发生了什么?伴随着巨量白银的流入,白银在中国的地位在明代中叶之后有增无减,从各方面巩固了银本位的地位。不少学者强调张居正"一条鞭法"的作用。"一条鞭法"的推行彻底废止了洪武体制,上接中唐杨炎的两税法改革,下接清初雍正的摊丁入亩制度,令中国财赋体系最终告别实物税,转向货币税。学者们普遍同意,它进一步加大了明代经济白银化程度,根据学者彭信威估算,明代 200 多年内,金银比价从明初的 1∶4、1∶5 到明末的 1∶10 甚至 1∶13。贵金属的流动看似只是经济行为,但其作用以及副作用则相当漫长,甚至影响了一个帝国的兴衰。

秘鲁银矿发现之后,欧洲银矿大部分废弃,日后声名鹊起的经济学家亚当·斯密断言,美洲银矿不仅对欧洲银的价格有影响,而且对中国银矿的银的价格也有影响。他目睹了 17 世纪贵金属对于欧洲的影响,也注意到这种新旧大陆之间的交易对于彼此的影响,"以金运往印度,又不如以银运往印度为有利,因为在中国及其他大部分印度市场上,纯银与纯金的比率,通常为十对一,至多亦不过十二对一。而在欧洲,则为十四或十五对一。在前者方面，虽能以银十盎司至多十二盎司购得金一盎司，在后者方面，则需银十四盎司乃至十五盎司。因此，对于航行印度的欧洲船舶，一般地说，银是最有价值的输运品。对于向马尼拉航行的亚卡普科船舶来说，也是如此。新大陆的银，实际就是依着这种关系，而成为旧大陆两端通商的主要商品之一。把世界各处相隔遥远的地区联络起来的，大体上也以银的卖买为媒介"。①

明朝末叶中国与世界货币体系的交换关系，甚至与 21 世纪初叶的入超与热钱情况很相似。中国最早从罗马时代便被认为是欧洲货币的归宿，由于国际收支结构有利于中国，白银从全世界源源流入中国，17 世纪在美洲白银推动之下更是如此，"西属美洲所产白银，有 20% 被西班牙大帆船直接运过太平洋到达马尼拉，然后运往中国购买丝绸和瓷器。还有一部分美洲白银通过中亚贸易到达俄国的布哈拉，然后间接转入中国。美洲新大陆出产的贵金属，有一半之多经上述渠道流入中国"。②

对于伟大的罗马帝国，其生命力曾经被认为因贵金属大量外流而枯竭，在这一点上，白银与明帝国也与此类似。美国学者魏斐德认为，1644 年明朝的灭亡和清朝的勃兴，是中国历史上所有改朝换代事件中最富戏剧性的一幕，而白银在其中扮演了重要角色。

历史的真相必须基于比较，欧洲其时也正经历着名的"17 世

---

① 详见《国富论》(亚当·斯密，2014)。
② 详见《洪业》(魏斐德，2008)。

纪危机"——历史学家艾瑞克·霍布斯鲍姆发明了这一名词，主要表示经济衰退、人口下降、社会动荡等一系列危机。更进一步而言，这场危机其实是一场全球性危机，史学界有一派认为，东西方应对这一几乎同时段危机的不同方式导致历史的大分流。

"17 世纪危机"之下，东方被认为延续着王朝更迭的模式，而西方则由此率先迈入现代化社会，"面对每一次的全面性的危机，不同的国家反应不同，据此而带来了发展的不平衡，这一点最终定格了历史"。于是，瞬间的战略定格成为永恒的历史，一个看似细小的分叉导致了结局的大相径庭。

对比之下，中国王朝更迭于传统叙事之下，往往掩盖了历史的隐匿真相。值得指出的是，数千年中，与繁荣、多元联系在一起的更多是分裂而不是大一统。尽管中国秦朝大一统时间实际很短，"如果从秦始皇完成疆域的开拓算起，统一只保持了 6 年"①，这 6 年却从此开始埋下种子，正如老谋深算的外交家基辛格所言，"中国历史上并没有出现过欧洲国与国之间那种政治与外交观念，然而这些观念只是在国家分裂时期作为一种反传统的思想存在于中国。似乎冥冥之中，中国终将从分裂回归天下一统，新的朝代将再次重建以中国为中心的地位"。②

通过白银，中国的动荡也与世界脉动隐秘地联系在一起。魏斐德认为，17 世纪的中国危机与全球危机之间存在彼此呼应关系，

---

① 详见《统一与分裂》(葛剑雄，2008)。
② 参见《论中国》(基辛格，2011)。

"中国对马尼拉遥相呼应的支配达到了这样一种程度，使得中国贸易和世界贸易的长期周期性波动出现了一致性；甚至还达到了这样的程度，使中国贸易的波动幅度比世界贸易的波动幅度大得多。因此，我们可以断定，不管表面现象如何，正是跟中国之贸易的兴衰，支配着西班牙海上贸易本身的消长"。

"福兮祸之所伏，祸兮福之所倚。"白银上位之后，白银与明帝国的命运更加密切地交织在一起，对于这一事实，历史学家们褒贬不一。有人强调即使没有白银中国经济也会发展，海外白银涌入被认为是中国丢失货币主权的象征，甚至认为这开启了数百年货币主权外移的历史。[①] 直到今天，甚至有人认为正是货币主权外移导致明朝灭亡、清朝没落。

事实上，我认为货币主权在贵金属时代并无太多意义，而贵金属对于古典经济活跃自然是一个跃升。即使在现代，货币主权也不是可以争而得之的权力。明代从禁银到用银是迫不得已，货币主权并非可以争而得之，中国产银太少也是事实，而海外白银流入枯竭的影响远不止于通货紧缩。

拥有贵金属几乎曾经是所有古老帝国的渴望，海外白银与大明帝国彼此成全。历史学家布罗代尔曾经说，亚洲从罗马帝国时代起，只同意欧洲用贵金属来进行交换，而且亚洲主要接受白银，中国和印度已成为在世界各地流通的贵金属的最后归宿。中国如此渴望白银而且能够吸引白银持续流入，最初看起来是优势，其

---

① 参见《五百年来谁著史》（韩毓海，2010）。

实也构成了其脆弱之处。白银源源不断地流入促成了中国银本位的确立，使得商品货币化前所未有地增加，而一旦这样的流入遭遇衰竭，那么其对于明代经济也将带来致命性的打击。

17世纪上半叶，中国爆发过多次重大饥荒。过去的解释往往归结于自然原因，事实上除此之外，更可将其归结于积患已久的经济社会问题的悲剧性产物，甚至涌入亚洲的金银也难辞其咎。历史学家艾维四指出，"这些金银促成高水平的公共支出，快速的城市增长，以及激烈的经济竞争，而这一切被证明是社会和政治的腐蚀剂"。他认为中国困境源自几乎完全仰仗于进口白银来保证货币供应比例，一旦美洲白银流入中国的实际数量急剧减少，明朝政府就迅速跌入经济梦魇之中，而明朝的灭亡其实就在于财政的难以为继。

事后回溯，一系列近乎偶然、却彼此串联的事件，为明帝国打上了棺材铁钉。1634—1636年，西班牙决定限制西属拉丁美洲白银流入菲律宾的数量，1639年冬天，在马尼拉西班牙人与中国人长期的紧张关系最终爆发为暴力冲突，2万多中国人被杀，随后，经菲律宾流入中国的美洲白银大量减少。同年夏天，日本德川政府决定禁止从澳门来的商人在长崎进行贸易，曾经给中国带来大量日本白银的路线也宣告关闭。一连串因素作用之下，中国的白银进口量骤然跌落。而随着白银流入量的锐减，银钱比价崩溃。这些历史的线索，静静地勒住了套在大明帝国脖子上的经济绳索。

白银的减少导致各种窖藏出现，出现了"人为的疾患"。由于许多捐税要使用白银支付，赋税负担变得不可忍受，许多人因此破产，曾经的富庶地区出现"人去屋塌"的现象，而朝廷榨取到的财政收入大幅减少。白银枯竭之下，银钱比价暴涨，对穷苦民众而言，他们使用铜钱购买活命粮的能力大幅下滑。加之其时正逢小冰期（Little Ice Age），各地自然灾难不断，粮食减产之下，粮食价格暴涨，1640年河南灾荒之后，米价每斗3 000钱，小麦每斗2 700钱，从北方到南方许多人饿死。因饥荒与时疫，人口也一时之间减少数千万人，这导致民间暴力革命在所难免。

白银是导火索，伴随着白银危机而来的经济危机、自然危机、人口危机，叠加构成了明朝历史的大转折。"流亡载道""人相食"等记载见诸史料，饥荒背后则是民变，各类起义此伏彼起。灭亡明朝的李自成部队出现在西北，对此后世历史学家认为并非偶然，因为那是一块远离白银浸淫而又饱受饥荒的土地。

通胀的破坏导致社会全面性溃败，不仅导致饥荒、死亡、民众受苦，引发各地反叛，也使得官僚集团的薪资缩水，进而又因腐败动摇了明代政权的合法性。粮食价格不断上涨，而以银两计算的俸禄则相对稳定，这意味着官员收入也面临着通胀的侵蚀，"到1629年，朝廷每年向在朝的官僚、贵族（仅在京城的就多达4万人）发放的俸禄，只有15万两，不到国家财政预算的1%"。

显然过低的官员俸禄并非好消息，因为这必然引发更为严苛的搜刮。以清官形象在历史中存在的海瑞，似乎就是为了印证明代的腐朽。像海瑞这样的朝廷命官，依赖俸禄过活的结果是其毕生清苦，生前为母亲祝寿买两斤肉都可以成为新闻。他虽然最终

◀ **嘉祐铜则**

　　铜则是官府颁发的标准权衡器。此铜则前后两面刻有铭文，一面是"嘉祐元年丙申岁造"，一面是"铜则重壹佰斤黄字号"。

图片来源：《文物中国史·宋元时代》（中国国家博物馆编，2003）。

◀ **大驾卤簿图（局部，文官和武将）**

　　画卷展示了皇帝出行祭祀的场面，让人很直观地看到了古代社会礼乐文明中最形象的一幕。

图片来源：《文物中国史·宋元时代》（中国国家博物馆编，2003）。

▲ 耕获图（南宋，北京故宫博物院藏）

此图描绘的是宋代农业劳动的场景。

► 开元通宝

开元通宝是唐高祖武德四年七月十日（621 年 8 月 2 日）铸行的一种货币，是唐代流行时间最长、最重要的流通货币。

▼ 清明上河图（局部）

《清明上河图》为北宋张择端所作，宽 25.2 厘米，长 528.7 厘米，绢本设色，作品为长卷形式，采用散点透视构图法，现藏于北京故宫博物院。

▲ 大明通行宝钞一贯

▶ 明太祖朱元璋（1328—1398年）

图片来源：维基，https://commons.wikimedia.org/w/index.php?curid=21014889。

▶ 马可·波罗

　　在漫长的游历之后，马可·波罗回到威尼斯，在一次威尼斯和热那亚之间的海战中被俘，在监狱里口述旅行经历，由鲁斯蒂谦执笔写出《马可·波罗游记》。

图片来源：维基，https://commons.wikimedia.org/w/index.php?curid=3519073。

▲ 宋代水磨坊

与前后朝代相比，宋代对水力的利用十分广泛，水磨坊的数量为历朝之最。

▼ 清咸丰户部官票（上海博物馆藏）

▼ 清光绪北京户部银行兑换银票（上海博物馆藏）

图片来源：《熠熠千年：中国货币史中的白银》（上海博物馆编，2019）。

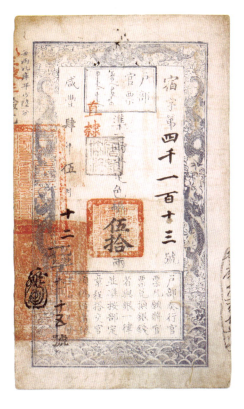

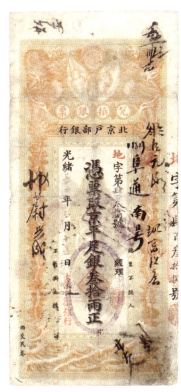

▲ 老市场（The Old Stocks Market）

　　比利时画家 Joseph Van Aken 1735 年的作品，描绘了当时伦敦的景观。

图片来源：英格兰银行官网。

官至御史，高达二品，死后赠太子太保，谥忠介，然而身后无子，只留下白银20两，甚至丧事也靠他人凑钱。《明史》记载："白衣冠送者夹岸……天下称刚峰先生。"可是，有多少人愿意像海瑞那样活着甚至悲切地死去呢？海瑞经历了正德、嘉靖、隆庆、万历四朝，天下闻名，但在仕途上起起伏伏，并没有被真正委以重任。

可想而知，海瑞的清廉不仅是少数，而且在那个时代显得不合时宜。当谋求非法收入成为政治潜规则，甚至明朝历代皇帝也尽力充实内府金库，将天下视为私产，军费紧张却"不得请发内帑"——讽刺的是，到最后李自成占领北京时，明朝内外府库仅剩下黄金17万两，白银13万两。当腐败成为一种制度性现象，上层对下层平民残酷压榨，那么社会的溃败不可避免，灭亡也为期不远，"明末的经济衰退，是由于制度的破坏导致了整个社会秩序的崩溃"。

诚然，白银对于中国经济货币化以及制度变革带来深远影响，从银本位的确立到明朝覆灭，持续的入超也带来了鸦片战争之类的后续问题——某种意义上，称鸦片战争是为白银而战也不过分。白银货币化和晚明商业化相互刺激，一方面使得中国部分融入世界经济，另一方面也使得中国不得不在繁荣之后领会萧条。正因如此，顾炎武、黄宗羲之类的思想家对于白银大多抱以负面评价，典型如黄宗羲认为废除白银有七大好处："粟帛之属，小民力能自致，则家易足，一也；铸钱以通有无，铸者不息，货无匮竭，二也；不藏金银，无甚贫甚富之家，三也；轻赍不便，民难去其乡，四也；官吏赃私难覆，五也；盗贼胜箧，负重易迹，六也；钱钞路通,七也。"① 学者王夫之和当时不少启蒙学者的结论类似,即认为白银加大贫富差距,甚至白银越多,差距越大,"其物愈多,而天下愈贫"。

写下就是永恒,文字始终是历史的根基。对比思想家们对白银的愤怒控诉,从白银中浸淫而出的西门庆们则无从发声,他们是中国恒久沉默的工商阶层。黄仁宇在《大历史不会萎缩》中有一个比喻,称中国明清社会结构类似"潜水艇三明治",上面是一块长面包,即文官集团或知识分子,下面一块长面包是清一色农民,至于中间结构,则一直孱弱而无关紧要,"工商业没有本身存在的价值",其法律地位和社会地位可想而知。

对比之下,中国明代启蒙家一方面嗅到了时代转折中的货币因素,另一方面,民间疾苦的现象也刺激他们提出了犀利的批判,这些言论很大程度上影响了后世的判断,即使这些判断以更为现代、更为学术化的形式呈现。但是无论古代还是今天,多数人始终忽略了经济的逻辑,白银并非大明帝国的主动选择,而是皇权与市场博弈之下的无奈结果。值得注意的是,明朝的兴亡历史中,白银流入减少固然重要——可以说白银成就了明朝的繁荣,也部分造就了其灭亡的命运——但是更大的背景在于中国无法走出残破政府体制的约束,是制度的大失败。

历史并非单一原因可以解释和推动的,国人对于大历史的偏执往往罔顾现实的复杂性,探求历史真相意味着接近可能的真相

---

① 参见《明夷待访录·财计二》(黄宗羲,2008)。

而不是寻求单一的推动力。白银是历史的血脉，但并非历史的原因以及目的。白银流入与国际贸易、经济市场化和货币化本来并存，对白银的接纳与否，其实并非官方的希望或推动一手造成。白银的流行，仍旧由明代商品经济繁荣决定。无论是何种货币，最终得到市场认可仍旧源自民众的选择，中国交子、欧洲货币甚至明代最后的纸币闹剧都证明，君主或许可以选择某种货币，甚至将自己的头像印在货币之上，却无法强迫人们使用。而白银流入启动晚明商业经济繁荣之际，其流入枯竭也成为套在明王朝脖子上众多绳子中的一根。

中国钱与丰臣秀吉

世界是围绕金钱运转的，每个时代的新钱都会造就新的土豪，甚至新的时代。

影响近代历史最大的当属地理大发现带来的美洲白银，其流入欧洲不仅促成了西班牙的物价革命，也导致欧洲一连串的通胀：16世纪安达卢西亚物价上涨了5倍，英国和法国也有类似情况，而工资上涨却赶不上物价上涨。通胀在当时并非全是坏事，经济学家指出，"高物价低工资意味着高利润"，这鼓励了海外贸易，溢出的财富则培养了一批雄心勃勃的商人。收入底层遭遇通胀打击，而劳动力成本的下滑也促成许多制度层面的重新安排。这一次重新分配社会财富，连锁反应可谓多多，也被认为是对欧洲资本主义诞生的"推波助澜"。[①]

在东方，白银同样影响甚深，除了中国之外，也影响到日本。史前的日本以猎狩采集为生，随着稻米耕作在大约公元前3世纪传入日本，其群落生态逐步进化，社会秩序也应运而

[①] 芝加哥大学经济史教授汉密尔顿（Earl J. Hamilton）关于这方面的研究影响了很多后来的学者。

生，散落成不少小国。7 世纪，天皇取得了全国的政治统一，佛教也开始昌盛起来，这是日本历史上天皇确实掌握实权的阶段。天皇的统一并没有持续很久，明代正是对应日本的战国时代。

当时中国白银的来源之一正是日本。日本银矿丰富，号称银岛，有人记载"日本夷商唯以银易货，非若西蕃之载货交易也"，这部分流入虽然比不上其他途径，但测算下来也相当可观。有日本学者指出德川幕府统治确立后，向中国出口白银接近 200 万公斤，约 3 000 万两。

白银流入中国，对应着中国钱币流入日本。中国钱币流入日本，在明之前就开始了。比如幕府将军足利尊氏计划修建天龙寺，资金存在缺口，于是日本制订了所谓"天龙寺船派遣计划"，恢复与元朝贸易。无论盈利与否，每只船回归之后都要出 5 000 贯，作为兴建天龙寺所需资金。

和美洲白银在欧洲引发剧变类似，金钱的作用不仅仅在于物价变化，更在于通过物价变化达到财富再分配，进而影响社会结构。日本在丰臣秀吉时代之前，基本都用中国钱币，往往以进贡、贸易、打劫等方式获取中国钱币，而中国钱币的大量流入对日本产生巨大影响。

历史学家艾维四引用了一位当时在日本的西方牧师的观察，"法律、官府、风俗、文化、商业、财富以及辉煌重现于整个王国。由于商业发展、社会安定，人口稠密的城市以及各式建筑处处可见。尽管平民和农户因缴纳年贡而贫穷，但亦有家资富饶者。

地主财力雄厚，腰缠万贯。整个王国拥有大量的财富，新的矿藏被开采，一切物品王国应有尽有"。他认为日本白银通过中国澳门、中国台湾等地区最终流入内地，这也反过来刺激了日本本国市场的扩大，16 世纪末和 17 世纪初的日本经济发展中的一个重要因素是快速发展的货币化经济，这有力地推动了由织田信长、丰臣秀吉、德川家康所发起的政治统一运动，同时不少领主将相当一大部分财产投资于对外贸易之中，导致 16 世纪末、17 世纪初日本出口白银剧增。

经济往往是社会结构与文化心态的第一推动力，时代变化已经有些征兆，朱元璋和丰臣秀吉都是古来少有的出身低贱的一代霸主。丰臣秀吉作为战国三大战神之一，可谓当时应运而生的日本"土豪"。他出生于 1536 年，往上承接织田信长，往下开启德川家康。这位日本战国时代枭雄出身低微，父亲是一名下级武士（一说农户），后来追随织田信长，随后取代其地位，位至太政大臣，丰臣是皇室赐姓。这个平民出身的武士，不仅统一日本，更曾试图染指东亚——从朝鲜到中国。丰臣秀吉所建天守阁已经毁灭，现存天守阁原址是德川家康打败丰臣秀吉之子秀赖后所建，处处可见丰臣的事迹，德川家康几乎沦为影子式的存在，得到天下，仍输掉历史。

丰臣秀吉的崛起离不开经济力量，中国钱的大量流入与之有莫大关系。中国钱流入对应着日本对外贸易的繁荣，其结果则是商业资本家抬头，幕府铁腕统治开始瓦解，日本战国时代因此诞生。同时，社会结构开始变化，平民地位上升，甚至有学者表示丰臣秀吉是被中国钱"豢养"出来的。[1]有趣的是，日本从丰臣秀吉时代开始铸钱，日后日本在晚清比中国更早采用机器铸钱，甚至有日本银元流入中国，世人称之为"大日本"，因为其正面有此字样。

日本应仁之乱的发生，对内开启战国时代，对外亦引发争贡之役[2]，导致明朝一再拒绝与日本的贡品贸易，即使海禁名存实亡之后也是如此。这不仅导致明代走私愈加横行以及倭寇之乱愈演愈烈，更使得葡萄牙人开始在中国对外贸易中分得一杯羹，日本也因此开始放弃承认中国作为宗主国的地位，尤其是战国三雄之后。[3]

丰臣秀吉有生之年，不仅完成日本室町幕府瓦解后的再度统一，更野心勃勃地在明万历二十年（1592年）和万历二十五年（1597年）两次发动朝鲜战争（日本称之为文禄—庆长之役），甚至期待借此为跳板染指中国。

朝鲜战争对于中国的影响往往被忽略，其实它可能是推倒明朝花团锦簇之下的第一团败絮。学者们往往认为，明朝经济基础在弘治、正德后已经渐露破绽，万历年间开始动摇起来，《万历十五年》着力刻画了这一东西方的分野时刻。作为一个象征，最

---

[1]《中国货币史》(彭信威，2017)。
[2] 也称为宁波之乱，著名外交事件，发生于1523年（明朝嘉靖二年，日本室町时代的大永三年），起源于日本大名细川氏和大内氏各派遣对明朝贸易使团来华贸易，在浙江宁波因勘合真伪之辩而爆发暴力事件。
[3] 参见《世界经济千年史》(麦迪森，2003)。

引人注意的是万历年间的三次战争，其中朝鲜战争最为特别，也是唯一在外国土地上作战的战役。根据记载，丰臣秀吉动员了大约 300 000 人，明朝则调集一支由 100 000 人组成的远征军以夺回朝鲜，据说其中有来自暹罗和琉球群岛的军队。丰臣秀吉对于中国的真实企图，仍旧令历史学家不解，尤其他与明代使臣的多次交涉，各方对于胜负也有不同评价，但是最后这场历经七年的战争因丰臣秀吉的死而无疾而终。

据说丰臣秀吉曾要求分割朝鲜，以及一个朝鲜王子赴日本留作人质，同时与明朝公主结婚，这显然无法得到满足。日本在明朝的企图看似偶然，其实源自日本发展与中国秩序的冲突，即日本不甘于自身的边缘地位，然而中央之国的概念对于中国是合法性的象征，不容放弃，在百年后清朝统治之下，中国的观念仍旧如此，即使对外贸易也希望延续朝贡模式。

不过这场战争犹如一场后来历史的小小预演。作为天朝眼中的附属，日本的崛起无疑已经挑战了明朝想象的天朝秩序，暗示了天朝与外界的系列碰撞，令人联想其与日后甲午战争或许存在隐约联系。《剑桥中国史》中评价朝鲜战役是一次"奇怪的战争"，双方的不善处理使得局面僵化，如果不是丰臣秀吉的死亡，真不知如何收场。

虽然最终明朝从军事上了结了朝鲜战争，但是经济上却受到重创，或者说，日本的进攻是大明盛世即将瓦解的象征与前奏。随后，明代朝政陷入困境，币制亦开始恶化，万历以前的中国制钱购买力还很高，从此之后开始滑落。所谓明之亡，实始于万历，也少不了日本以及朝鲜战争的作用。反观日本，随着接替丰臣秀吉的德川家康于1603年建立江户幕府，日本再次统一，是为江户时代的开始，从此算得上欣欣向荣。就其货币而言，也从依赖追逐明朝的"渡来钱"逐渐发展出自身的货币制度。德川家康不仅开创了江户时代，也发展出独立的货币制度，即以金、银与铜币并行的"三货制度"。

明代末叶对应着日本江户时代的开启。江户时代是日本最后一个封建时期，从1603年到1867年，延续了265年，往往被视为形成日本集体意识以及国家认同的最重要时期。例如日本往往自诩为稻米之国，其实广泛使用稻米甚至和食主要是在江户时代形成。

17世纪是全球化的时代，各国危机也表现出了共时性。不仅欧洲，中国和日本的处境也类似，天灾与饥荒都曾发生。中国的故事已经叙述了很多，那就是明王朝的灭亡，而日本的应对则带来一个自给自足堪称平安的时代，原因何在？历史学家艾维四认为，一部分原因是幕府实行的贸易和金融政策，比如减少白银出口以应对国内需求，另一部分在于铜的产量大大提高，日本相较中国更快地从"17世纪危机"中恢复过来。

随后的18世纪两国命运更加不同，两国在白银问题上更是越走越远。艾维四指出，随着日本的白银矿产能力无法同步于经济需求，幕府被迫实施出口限制措施，贵金属产量下降刺激日本在一个多世纪里不遗余力地开展国际性的经济活动。相对而言，此后日本沉浸于自给自足之中，这一点给其未来150年带来了深远的历史影响。至于中国，仍旧依赖海外白银，也因此更加深陷于"新兴的世界经济"之中。

"17世纪危机"成为一个热门名词，明代灭亡在海外研究中被归为其中，包括小冰期带来的恶劣影响。明王朝和德川幕府其实面临着相似的挑战，日本的第一次大规模饥荒发生在宽永时代（1624—1643年），有学者由此将二者极具反差性的政治命运归因于不同的应对方式，涉及经济、政治和货币制度等。

对比只是一种想象，历史无从复制，却可以进行某种程度的复盘。相对独立的白银以及铜产量对日本应对"17世纪危机"大有裨益，但是，中日真正的区别很可能在19世纪才会体现。

第四章

晚清：混乱中崩塌

为官的，家业凋零；

富贵的，金银散尽；

有恩的，死里逃生；

无情的，分明报应；

……

——《红楼梦》，（清）曹雪芹

谁要是能够把这些黄金制成了指环，谁就能统治世界，但他必须放弃爱情。

——《尼伯龙根的指环》，瓦格纳
（Wilhelm Richard Wagner，1813—1883）

非急设中国银行，无以通华商之气脉，杜洋商之挟持。

——"中国实业之父"盛宣怀（1844—1916）

币制混乱的清朝

如前所述，明朝败亡最直接的原因是军事失败。在明帝国最需要军事力量的时候，其军事机器却已沦落到最低效的状况，其有限的军力若全力平复西北方向农民起义军，或全力防守东北方向清朝铁骑，或可取得局部成功，但却没有能力同时在两面作战。1638年，当明军看到扑灭起义军的曙光之时，皇太极大规模入侵，迫使明军增援东北，之前的战果化为乌有，李自成与张献忠得以席卷半个中国。

进一步追究，这实际上是传统中原汉族帝国面临的老大难问题，即如何应对来自草原的军事威胁。代之而起的清朝，对这一问题提供了远比明帝国更好的方案：清朝构建起南北两院制的二元帝国体系，长城之北以大可汗身份统领女真、蒙古各部落，长城之南以皇帝权威治理官僚体系及其下属臣民；南方的税赋足以支持清帝打消贵族分权企图，而草原骑兵则为帝国提供了冷兵器时代最强大的军力。因此，和平终于在血腥屠杀之后来临，中国经济也在清初"永不加赋""与民休息"等政策护持之下快速恢复。

此后，白银的故事继续在中国上演。白银从西方流向东方，一方面滋润着大清帝国，另一方面使得中国的未来更加充满不确定性。清代主要制度承接明朝，白银仍旧大行其道，所谓"大数用银，小数用钱"，而且历代的钱币都可使用，银钱混杂两用，如兵饷之类的发放也是"银八钱二"。

早在明代万历年间，时人谢肇淛就在《五杂俎》中洋洋洒洒地描述银钱通用与混用的各地风俗，"用钱便于贫民。然所聚之处，人多以赌废业。京师水衡日铸十余万钱，所行不过北至卢龙，南至德州，方二千余里耳。而钱下加多，何也？山东银钱杂用，其钱皆用宋年号者，每二可当新钱之一，而新钱废不用。然宋钱无铸者，多从土中掘出之，所得几何？终岁用之，而钱亦不加少，又何也？南都虽铸钱而不甚多，其钱差薄于京师者，而民间或有私铸之盗。闽、广绝不用钱，而用银抵，假市肆作奸，尤可恨也"。

即使到了清代，银两作为法定货币的地位已经确立，银在中国仍旧没有演变为铸币形式。千家驹认为银两从官方层面是一种本位币 ①，原因有三点：征税在一两以上必须收银，一两以下则听民自便；在银两与制钱的比价方面，法令规定制钱一千换银一两；规定纹银为标准成色，而且政府会计都用银两计算，表面上白银没有无限法偿，但大额交易不可能支付制钱。

但如果把清朝货币制度直接定义为银本位，也容易忽略其复杂混乱之处。关于清朝货币制度有很多定义与讨论，但就其实际作用而言，白银的地位得到进一步加强，而铜钱在特定区域场所

----

① 参见《中国货币史纲要》（千家驹、郭彦岗，1986）。

仍旧占据优势。根据学者考证，政府开支几乎都用银，而且清代也奖励民间用银，乾隆十年谕"嗣后官发银两之处，除工部应发钱文者仍用钱外，其支用银两，俱即以银给发。至民间日用，亦当以银为重"。①

清无前朝发钞之弊，没有大幅通胀之忧，但复杂之处则在于其币制之混乱。

姑且不论种类繁多的铜钱，就是白银一种货币也令人头疼。我们曾经说过不少货币名称起源于重量单位，比如英镑，不过这些单位最终都和这种货币没有直接联系，但是在中国，银两很长时间之内仍是一个货币单位，进化不大，可见其原始。讽刺的是，到了鸦片战争时期需要对外支付的时候，不得不支付600万墨西哥银元，原因也是与中国银两度量衡混乱有关。

美国人马士（Hosea Ballou Morse，1855—1934）从1874年起曾经在晚清中国海关服务多年，他被认为是赫德的亲信。他提供了很多一手资料，后世不少研究都绕不开他。马士曾抱怨，"银两兑换也是可以把人弄糊涂的一个问题，它会使一个普通人无法了解中国税制的奥妙。中国除铜'钱'外，没有铸币，目前10 000铜钱约等于1英镑，2 000铜钱约等于1美元。中国白银货币并没有一个统一的标准，全国有不下几百种标准；就在一个地方也会有十几种标准，彼此相差数额可以达到10%以上。甚至库平银，也仅在帝国国库方面使用，它在国内其他各地只是一种会计上的

---

① 参见《清朝文献通考·钱币考》（张廷玉等，2000）。

182

货币"。①

这种混乱事实上延续了数百年，即使到了近代也是一本糊涂账。从晚清到民国，中国往往被视为银本位，事实上，更确切的说法，中国是没本位，正如1914年北洋政府的自白，"今日中国所大患者，无本位也"。其间，不仅银两、银元不同种类混用，铜钱、洋币也流行，钞票有外国银行和钱庄"私票"，就是银两也分为虚银和实银，实银分为宝银（元宝）、中锭、裸子、小镙、散碎银等，元宝又分为各地的成色，如上海的"二七宝银"和天津的"白宝"等。单单就称量实银的秤来说，也各有不同，在北洋政府时期据说有上百种之多。各种虚银更是形形色色，如库平银、广平银、海关银、漕平银等。

由于各地各行业的虚银形形色色，其兑换划算也是金融业的重要业务。当时山西票号流行一个银色歌，把各地的主要用银单位"纹银""豆规""公估纹银""化银"等整合进顺口溜。

天津化宝松江京，纹（番）银出在广朝城，
上海豆规诚别致，公估纹银西安行；
票色重贵足纹厚，云南票锭莫忘情，
川白锭出成都省，荆沙老银沙市倾；
二四估宝属武汉，桂梧化银记分明，
常纹周在湘潭县，长沙用项银出名，

---

① 参见《中华帝国对外关系史》（马士，2006）。

常德市纹银为主，金陵项化是足色，

粗俗不堪人目视，诚恐难记随口诵。①

中国货币的混乱局面，首先是中央地方割据的结果，使得货币从铸造到使用都具有地方性。其次，也在于各类私铸的繁盛。

金融研究员石俊志曾经总结说，"西汉王朝在秦朝货币立法的基础上，进一步予以完善，形成了三项重要的原则：（1）朝廷垄断铜钱铸造权，严禁百姓铸造；（2）法律保护朝廷铸造铜钱的流通，各级官府及百姓，对朝廷铸造的优劣不同的铜钱，不得有所选择，必须同样接受；（3）禁止百姓销毁流通中的铜钱。这三项原则，对于当时的货币流通，起到了重要的作用"。②但事实上，严禁民间铸币并不容易实现，宋朝更是彻底放弃了禁止私铸的政策。从很早开始，私人铸造就颇为繁茂，历朝历代都有，私铸甚至被自由主义者认为是民间自由铸币的传统之一，又被国家主义者诟病为缺乏货币主权意识的证据补充。万志英指出，早在 15 世纪，银锭与私铸铜钱联手，很大程度上取代了朝廷铸行的官方货币，甚至明朝一度放弃铸币。

私人铸造流行，其实也是一个典型的中国法治悖论，禁令越多，往往表示情况越难以控制。历史上往往都禁止私铸钱币，但历代的私铸很少因此消停，反而有各种名目，当时也有不少相关

---

① 参见《山西票号史》（黄鉴晖，2002）。
② 参见《中国货币法制史概论》（石俊志，2012）。

的记载，"私铸则有所谓沙壳、风皮、鱼眼、老砂板、毛钱、灰板、鹅眼、水浮等名目，盖皆薄而小，杂以土砂铜铅锡而铸造者也。人皆夹此小钱于制钱中以充用，而钱之市价、钱之名称，亦因此私钱混杂之多少而大分别"。①

私铸不仅屡禁不止，甚至公开出现，公家和个人都有涉足。私铸往往被认为不乏公家人参与。经济学家马寅初就说过一个小案例，"铜元局逐日鼓铸铜元，原有一定之钟点，铸数自不太滥"。但不少铜元局参与铸钱的人可以公然将铸钱时间延长一两个小时，多铸的余利归个人所有，堂而皇之叫"局私"。另一方面，当时国际势力在华不受约束，国外银行只要满足本国规定的准备金要求，即可以在中国发行货币，其信用比起国内政府的货币信用不算差。

私铸门槛低，也说明古代铸币的技术水准门槛不高。当时不仅流行外洋，以往朝代的钱币也在使用当中，官方铸币与私人铸币并行流通。换个角度来看，或许成本因素可以帮助解释上述现状。在前工业时代，如果官方货币本身在技术上无法做到杜绝仿制，那么私人铸币其实难以杜绝。事实上，英国金币的成功有赖于蒸汽机发明之后的技术革新。而当时中国铸造水平仍旧低下，铸造成本很高，在乾隆时期据说平均成本占金属价值的 15% 以上，这一水平导致官方铸辅币很多时候几乎无利可图，历史上也不乏因此停止铸造的案例，同时也使得民间铸造继续盛行。

如此混乱的币值，可谓兑换者的天堂，不仅中国钱业的兑换

---

① 参见《中华币制史》（张家骧，1925）。

业务大有可为，也为各种官员上下其手设置了不少空间，其中涉及各种利益，随后币制改革一直无法彻底推进的原因之一亦在于此。马士提供的一个真实的案例是关于当时银两换算何等大费周折："从库平银折合铜钱的兑换率是每两 2 600 文，从铜钱再往回折合库平银的兑换率却是 1 105 文，因此，一笔 70.66 两的税款，经过折合就要交纳 166.29 两。但是我们这里拿一个经常发生的事实来说吧，从江苏省税收里拨解甘肃省的协饷，税票原来是按库平银计算，但缴税时却按当地银两计算；当税款汇解上海时又折成漕平银，到上海后再折成上海银，等到汇解甘肃时（假定是汇划）却又要再折回漕平银，款子到了甘肃又按当地银两收进；甘肃所收银款还要折成库平银来和江苏结账，再折成本地银两存进钱庄，又折成库平银来和帝国国库结账，然后再折成当地银两或铜钱准备开支。"

中国混乱的货币制度中，不仅出现银钱混用，地方性也很强，不说各地的铸币，就是统一的铜钱比价也不同。《泰晤士报》记者莫理循早年以学生身份游历中国，他就记录了同一时期不同地区的铜钱比价：在东部各省，一吊钱为 100 个铜钱，10 吊钱相当于一块墨西哥鹰洋。但当时中国有 18 个省，一吊钱对应的铜钱数各地不同，比如太原是 83 个，直隶省则只有 33 个。日本人出于谍报需要，观察更为仔细，在 19 世纪 80 年代各地钱价如下：北京（大钱称当十钱），五个一百文，五十个一吊，一美元凡九吊五百文；天津（小钱称京钱），五十个一百文，五百个一吊，一美元凡二吊四百文；通州（小钱称京钱），五十个一百文，五百个一吊，一两凡三吊四百文；上海（小钱称老钱），一百个一百文，一千个一吊，一美元凡一吊二百五十文；烟台（小钱称老钱），一百个一百文，一千个一吊，一两凡一吊七百三十文；蒙古（小钱称老钱），一百个一百文，一千个一吊；山海关（小钱称东钱），十六个一百文，一百六十个一吊；盛京（今沈阳），三十三个二百文，一百六十个一吊，一两凡九吊六百文。①

这看起来是天方夜谭，却是真实的故事。如此烦琐的过程，也给不少人中饱私囊提供了方便之门。官僚机构往往会谋取自身福利最大化，国外观察家在晚清一边无可奈何地目睹了在兑换中的各类"神奇事迹"，一边特别强调这并不是开玩笑，而是确凿的实际叙述，"经手人在这一连串 9 次兑换里，每次至少可从折解数额获得 0.5% 的好处，至于款子在地点转移时，从兑换率上所得的好处，以及向纳税人所进行的'勒索'，都还没有计算在内。并且，我们所叙述的是过去的情形多，现在的情形少，因此，我们就更不该忘记，过去解款照例是真正把银子从江苏运到甘肃去的，就是现在，也还常常这样做，但是这种直接运款，并没有把上述的反复兑换的情形省略，采取直截了当的交割办法"。

由此可见，清朝的腐败几乎是一种制度性腐败，而币制混乱能够持续多年甚至也是腐败的一种副产品，这样的转换手续也为官员的自由裁量权大开方便之门。历史告诉我们，任何一种制度，无论其好坏，其实也有传统，货币制度的混乱也是如此。

———————

① 参见《外国人亲历的晚清金融》（刘平，2010）。

随着明代中叶之后税收的实物征收变为银两征收，无论碎银还是后来清朝的银元，都需要重铸成为分量更大的银锭。而碎银熔铸过程的损耗往往就成为官员要求民众额外缴纳的部分，这一部分往往不归国库，而归地方，所谓"火耗""羡余"之类，有时候甚至高达预定税额的一半，往往层层摊派，有增无减。比如《金瓶梅》一书中，场景应该是在北方，有一次西门庆和吴大舅就谈到了屯田，税收时都以银作为单位，"而今这济州管内，除了抛荒苇场港隘，通共二万七千亩屯地。每顷秋税、夏税，只征收一两八钱，不上五百两银子。到年终才倾齐了，往东平府交纳，转行招商，以备军粮马草作用"。总数也就是五百两银子税收，其中所谓"羡余之利"轻松可以达到两成（"现一年也有百十两银子寻"）。到了清代雍正一朝，特别取消火耗而改成养廉银，这算是古代的"高薪养廉"制度，养廉银甚至十倍百倍于官员薪水，但是本质上也于事无补，没有统一的货币度量其实给了官员上下倒手的机会。

系统溃败的代价显而易见。它徒然大量增加了交易成本，也使得钱庄"旅途中为转运和护送所需的费用，而且由于长途跋涉，所费时间，不是以日计而是以月计的"。不仅天子无法彻底改变这一情况，官僚集团本身也越来越强大，甚至已经到了反腐即亡国的地步，导致后来推行币制统一遭遇很多阻力。

"黄宗羲定律"遭遇"马尔萨斯陷阱"

金融财税相生相伴，财税被认为是普天之下财富的流通与再分配的源泉。谈到与中国币制混乱相对应之处，则不得不提中国租税的混乱。在大部分时间里，财税的变革才是真正的历史。《说文解字》里面曾说"税，租也"，联系经济学里面租金的概念，所谓税收，其本质就是执政者收取的保护费。

财税体制的落后，明清为最。不过与之对应的是，中国过去尤其是明清，税收额度并非很高，"税重民穷"的刻板印象以及因果逻辑其实存在误读。以明代为例，黄仁宇指出全国田赋额最重的为南直隶苏州府，约占农村收入的20%，平均一般都在10%以下，对比之下，日本大名政权税额占收入的50%，而17世纪末的中国和英国，人口相差30倍，但是税收总额几乎相当。[①]

至于清的税制，清朝入关之后定规（规定额度），这也使得后来随着人口增加与物价变化，税收负担其实更低，尤以晚清税为最，以近代标准来衡量仍旧较轻。根据美国农业经济学家卜凯（John L. Buck）在中国的调查估算，20世纪初直接税占中国农民

---

① 参见《万历十五年》（黄仁宇，1997）。

收入约为 5%，而经济学者王业键的估算在 2%—4%，高的地区如苏州和上海也不过 8%—10%。[①] 王业键估算，晚清末期土地税比前朝负担更低，康乾盛世顶峰乾隆十八年（1753 年）的税收总额约 7 379 万两，其中田赋为 5 421 万两，占总额的 73.5%；处于末世的光绪三十四年（1908 年）税收总额为 29 200 万两，其中田赋为 10 240 万两，占税收总额的 35.1%。对比之下，1753—1908 年，耕地面积增加了一半，土地产量增加了 20%，物价增加了两倍，税收总额增加了近三倍，而土地税只增加约一倍，相对负担降低了 1/3。

对此，有中国左派学者肯定中国历代王朝稳定之余，大谈其基础就在于实行消极的财政政策和稳健的货币政策，并且认为所谓消极的财政政策，就是国家对于人民与产业采取"少取少予"乃至"不取亦不予"的原则，财政支出主要用于养官僚，对民生与产业的发展则一概持消极态度，以"切勿多事"为原则。这种解释无疑是事后想象与过度诠释，王朝的类似消极财政政策属于注定的选择，事实也是无奈的选择。

首先，明清赋税率不高，并不是一种目的，而是一种结果，其背后是腐败的横行以及税收体系的低效。清代定额税赋，表面上是作为底线来安定民心，事实上则是作为双方博弈的最后标准：官家规定最少缴纳额度，而民众将这个额度视为最高缴纳额度，争取成为最低。换言之，统治者已经很努力地搜刮了，只是能力

---

① 详见《中华帝国的田赋（1750—1911）》（Yeh-Chien Wang，1974）。

有限而已，而且受益者也并非农民。历史学家也表示"民穷"的原因不在于赋税过重，根本还是在于制度，低税率并没有惠及普通农民，反而鼓励大小地主加重剥削以及官僚额外加征。①

其次，税收定额表面上看起来是好事，但是缺乏符合经济学规律的制度支撑，即使动机良好往往也会走向反面。在清代，定规时诞生的附加税收也成为"制度化"的一部分，其结果必然走向附加税的累进。随着清代中后期人口膨胀，靠政府谋生的人员增加，随之而来的则是各类附加税的增加。

额外加征可谓明清两代一大特点。对于旧时代税制改革的弊端，大家往往会引用明代大儒黄宗羲的一些思考。黄宗羲出生于明末，大变革时代之下他跳出传统儒家的窠臼，重新思考传统制度，也提出一些当时可谓惊世骇俗的思想。他对于传统财税制度也不乏深刻思考，尤其是从唐代两税法到明朝"一条鞭法"前后的并税式改革的"积累莫返之害"②，为后人一再激赏。前有民国梁方仲等人，近有学者秦晖，黄宗羲的观点被总结为"黄宗羲定律"，即"为克服胡征乱派之弊、减少税收中途流失和官吏层层贪污中饱，并税—除费—简化税则就成为主流的改革思路"③，类似的改革还有"征一法""一串铃""地丁合一""一条鞭法"等。对"一条鞭法"后世争议很多，钱穆的评价较为持中，这种赋役合一的制度通常被认为是简单的方法，但是也有很多反对的声音，其中

① 参见《万历十五年》(黄仁宇，1997)。
② 参见《明夷待访录·田制三》(黄宗羲，2008)。
③ 详见《并税式改革与"黄宗羲定律"》(秦晖，2002)。

的争执和宋代看待免税法一样，是南方人赞成而北方人反对。

这种做法有效么？短期有效，长期没有。作为理性人，上有政策，往往下有对策，如果没有制度的监督与管理，每一次改革只能是各届官员趁机进行监管套利。上对下的监督如猫鼠游戏一样玩了几千年，也没有什么进展。等到腐败过于严重之际，往往又局部地惩治一些官吏来平民愤。日本学者岩井茂树指出"一条鞭法"存在局限，一方面将徭役、费用、额外负担统一纳入财政正额而进入财政史，另一方面也使得地方政府财政弹性空间压缩，这导致地方一旦开支增长（比如军事之类的突发事件），"一条鞭法"以外的各种徭役名目自然面临一次又一次扩大。因此，岩井茂树将明清财政体制形容为"原额财政主义"，帝国的没落，也可以说原因在于财政危机以及改革危机之间的钟摆轨迹与反复循环。①

总而言之，这些税改做法都未能走出"明税轻、暗税重、横征杂派无底洞"模式，本质亦如黄宗羲很早就提出的对"一条鞭法"的批判，其弊端是专制统治无法走出的治乱怪圈。学者秦晖亦据此总结：每搞一次"并税"改制，总能催生出一次杂派高潮。

之所以将明清财政体制总结为原额财政主义，是因为明清财政虽然存在不同之处（比如明前期实行的是现物财政，而清代实行的则是银钱财政），但财政结构之上有共同特点，那就是僵化的正额部分与具有很强伸缩性的额外部分形成互补关系。② 更有甚者，

---

①② 参见《中国近代财政史研究》（岩井茂树，2011）。

从长历史周期来看，国家财政的原额主义造成了地方官府财政经
费不足，附加性或追加性征收项目与数量日益膨胀，而不断增加
的额外负担又不均衡地加之于社会各阶层之上。

　　此外，各类额定之外的税费增加，也对应清朝的人口景象，
帝国的繁荣以及停滞都与此有关。承平日久，大清帝国日益遭遇
另一个陷阱，即"马尔萨斯陷阱"。18 世纪至 19 世纪可谓一次人
口大爆炸。根据学者统计，从 17 世纪末到 18 世纪末白莲教叛乱
时，中国人口翻了一倍多，从 1.5 亿增加到了 3 亿多，其中仅在
1779—1850 年人口就增长了 56%。[①] 顺治八年是 1 063 万（一般
认为这个数据是男丁数或纳税男丁数，不是人口数），康熙五十年
2 462 万（男丁数），雍正十二年 2 642 万（男丁数），乾隆五十九
年则为 3 1328 万（人口数），道光二年已经是 37 245 万。[②]

　　在如此多的人口之下，如果没有经济与技术的突变，人均生
产力无法提高，只能勉力维持，主要依赖于早熟稻以及玉米等高
产作物的推广。人口的增加抵消了技术进步以及耕地增加的作用，
人均收入没有显著增加，或者说几乎没有变化。这一趋势其实在
明清之际基本如此。根据哈佛大学教授德怀特·帕金斯（Dwight
H. Perkins）的研究，中国在 1368—1968 年粮食产量增加了 10
倍，人口也增加了 10 倍，耕地面积只增加了 5 倍，农业发展刚好
赶上人口增长的速度，人均粮食拥有量则不变，这基本显示为实

---

① 参见《1368—1953 中国人口研究》（何炳棣，1989，第 64、278、282 页）。
② 参见《清实录》（中华书局，2008）、《清代人口的计量问题》（吴慧，1988）、《清
代人口研究》（周源和，1982）。

际所得恒定。① 虽然经历了各类战乱，中国农业仍旧表现出强大的稳定性以及一贯的低水平均衡性，人口在经历战乱以及饥荒后仍旧有所增加，但是过剩劳动力的收益不仅没有提升，反而趋于降低。

过多人口对于社会最为典型的影响之一，就是科举制度已经不能满足日益扩大的读书人群体的出头梦想，结果就是行政机构的不断膨胀以及人员冗余。"吏"这一阶层日益扩大，很多无法步入"官"阶层的人也开始追逐这一职务，各种食客、幕僚、书役的繁荣成为晚清一大景观。地方上的各种包税以及包讼阶层衍生，各种食利阶层的庞大注定了帝国这一庞大机器无可避免地进入低效甚至停摆状态。

税收低效与各类额外征收，暴露了帝国国家治理体制的弊端，典型表现如预算层面混乱。预算是一国的生计，预算法在今天也被称为经济宪法，目的在于管住不受约束的权力之手。西方和中国的预算制度从一开始就有分野，二者在收入支出管理上存在明显区别。西方预算收入以及支出都有明细款项，而中国并非如此，收入和支出之间存在严重的不对等与随机性。

还是马士，以一个外来者的好奇，道出东方与西方预算的区别。西方制度是以行政区域作为预算的收入与开支单位，比如美国预算分为国家、州和市三级，英国预算分为国家、郡、市三级，德国预算分为帝国、皇室和市三级，"就是从纳税人直接取得的每

---

① 参见《中国农业的发展（1368—1968）》（Perkins，1969）。

一文钱都要缴进公库，行政开支的每一文钱也都要从公库支付"。[1]

对比之下，由于没有与税收对应的权利，也没有与预算对应的税收，民众也没有意愿缴纳更多税收去支撑行政体系，中国的预算制度成为一笔糊涂账。原有制度惰性与日益增加的官僚集团彼此依赖，经济的无效率与帝国官僚制度性溃败形成恶性循环，导致人浮于事、机构臃肿等现象比比皆是，"中国司法行政并不由政府正式的收入来支应，而是用规费和罚款自行维持"，"中国的官吏，属于行政性质的少，属于税吏性质的多"。

预算是税收制度的基础，税收是立国之本，而税收的使用与监管则体现一个国家的文明程度与国家治理水平。现代国家的诞生往往来自财税制度的改革，对比中西的经验，甚至可以说，落后的帝国制度酝酿出落后的财税制度，而后者只能支撑帝国落后的行政体制。

中国这样的财税制度既是经济无效率的原因，也是其无法脱离历史钟罩的结果。经济无法脱离传统农业模式，导致人口的增加无法如同工业时代一样转化为人口红利，反而停滞在前工业时代的"马尔萨斯陷阱"中，成为帝国不堪的重负。

在欧洲各国，与中国最为接近的类型应该是法国。中国的财税制度往往令西方人联想起法国17—18世纪的"乡长包税自肥制度"，包税制带着封建的残留，税收承包商曾经在法国被抨击为"应该打碎的怪物"中第一位，因为它们"掠夺而不受任何惩罚，

---

[1] 详见《中华帝国对外关系史》(马士，2006)。

它们所产生的麻烦几乎摧毁了王国的整个商业和制造业",最终法国大革命的怒火埋葬了这一制度以及法国旧时代。

对比之下,同时代的英国税收比例高于法国,也远远高于明清。法国的纳税额度比英国低很多,但是并没有防止法国大革命爆发,这一方面是其效率低下,另一方面是腐败肆行。在英国的四角制度中,其优越性首先在于有效的征税体系,尤其对比法国的包税人系统;此外也对权力做出有效约束,国王让渡给议会部分权力,议会保证国王不会随意滥用权力,加上强大的国债制度与相对独立的英格兰银行彼此配合,英国成功解决税收征收与经济波动问题。这一系列成就使得国家有了稳定丰厚的财政支撑,导致英国在航海时代即使错过美洲金银,也可以依赖现代金融力量崛起。

依赖白银的大清帝国,在白银外流与坚船利炮之前,已经遭遇潜在的危机。这一危机缓慢而致命,在帝国盛世已经埋下了腐烂的根基。在"黄宗羲定律"与"马尔萨斯陷阱"的夹击之下,烈火烹油的康乾盛世只是过眼繁华。在一系列因素下,中国白银化程度依旧有增无减,当外来挑战来临的时候,刚好是中国治乱循环的一个低谷。一位历史学家如此感叹,"不幸到了19世纪,我们的社会、政治、经济都已到腐烂不堪的田地……中国到了嘉庆年间已到了循环套的最低点。西洋势力侵略起始的时候,正是我们抵抗力量薄弱的时候。到了道光年间,我们的法制有名无实,官吏腐败,民生痛苦万分,道德已部分地失去其维系力"。

中西终于正面碰撞之时,两相对比,实力差距不言而喻,何况这一切还有白银作为冲突引线。

朝贡生意经与天朝心态

白银多是从海上来，那么闭关锁国制度之下，如何有白银？这要从大清帝国固有的朝贡体制与东亚贸易圈说起。闭关锁国是人们对于清朝的印象，但封闭其实从明朝就已经开始，明太祖禁海的祖训虽然没有完全遵守，但是仍旧影响甚深，外交的朝贡制度可以说也从那时候起得到固化。

《明会典》中关于"诸番国及四夷土官朝贡"事宜被历史学家多次引用，"东南夷：朝鲜、日本、琉球、安南（越南）、真腊（柬埔寨）、暹罗（泰国）、占城（越南）、爪哇、苏门答剌（印度尼西亚）、琐里、苏禄（菲律宾）、古里（印度）、满剌加（马来西亚）、榜葛剌（孟加拉）、锡兰山（斯里兰卡）、吕宋（菲律宾）、木骨都束（索马里）等；北狄：鞑靼、瓦剌（蒙古）等；东北夷：海西女真、建州女真等；西戎：哈密、畏兀儿（维吾尔）、撒马尔罕（中亚）、天方、默德那（阿拉伯）、乌思藏（吐蕃）等"。[1] 清朝则加上了老挝、缅甸、葡萄牙和荷兰等国。

这些名字的排序与变化，往往代表中国与之关系的远近亲疏。

---

[1] 参见《明会典》（申时行，1989）、《国史十六讲》（樊树志，2006）。

事实上，华夏与四方之民的观念在西周春秋即有，《礼记》中记载："与中国戎夷，五方之民，皆有性也，不可推移。东方曰夷，被发文身，有不火食者矣。南方曰蛮，雕题交趾，有不火食者矣。西方曰戎，被发衣皮，有不粒食者矣。北方曰狄，衣羽毛穴居，有不粒食者矣。"随着夷、蛮、戎、狄等概念在后世演进，现代对于朝贡体制的评价也一直偏于负面，比如历史学家樊树志认为朝贡制度与当时已经初露端倪的"全球化"贸易格格不入。为人熟知的中国观察家费正清就曾指出，"朝贡制度既像一个处理贸易、外交关系的机构在起作用，又像一种断言儒教秩序之普遍性的宗教仪式在起作用。这个制度的最成功之处在于它与中华帝国的各种制度和社会生活融为一体，同时表明了它的既稳定又脆弱"。

的确，朝贡体系不仅仅是经济的一部分，更是帝国政治和天朝秩序的一部分。清朝政体继承于明朝，朝贡体系也继承了明朝衣钵，其实满人中的几支也曾经加入明朝的朝贡体系。

然而朝贡体系之外，全球化的浪潮喷涌而来，只不过亚洲尤其中国似乎不为所动。正如费正清指出，中国的成熟与新世界的空白大为不同，"16 世纪的葡萄牙人，以及 17 世纪的荷兰与英国的冒险家和商人，开展了对华贸易，发现了前所未知的地区；正如他们的同时代人揭开了蒙在新世界上面的帷布那样；最重要的不同之处是，东亚绝不是一块未经开发的大陆，它早已有它自身组成的庞大而复杂的商务中心。早期西方的贸易事业，不过是在已有数百年历史的商业渠道中，增添了一些小小的数额而已"。①

---

① 详见《美国与中国》(费正清，1999)。

在历史大视野中，横向比较往往更能揭示本质。汉学家费正清曾以中国和新英格兰作为对比，1637年英国在广州打开贸易，而1620年"五月花"号才到达新英格兰马萨诸塞的普利茅斯，但是随后数百年间二者的发展则不可同日而语，"然而直到19世纪，英国的对华贸易还未能扩展到广州之外，而新英格兰却早已分开成为一种新国家，并且那个国家本身也正准备协助扩大广州贸易了"。这一结果不能让西方的商业野心得到满足，当朝贡逻辑遭遇贸易逻辑，其结果如何？不同于朝贡国家，以英国为代表的西方国家显然希望获得更多。

于是，1793年发生了英国使节乔治·马戛尔尼（George Macartney）以庆贺乾隆八十寿辰为由的"历史性出使"。蒋廷黻指出，当时欧洲把乾隆皇帝看作开明君主，英国人以为在华通商所遇困难是因为地方官吏，马戛尔尼使节的准备也很费一番心思，"特使乘坐头等兵船，并带卫队。送乾隆的礼物都是英国上等的出品。用意不外要中国知道英国是个富强而且文明的国家。英政府给马戛尔尼的训令要他竭力迁就中国的礼俗，惟必须表示中英的平等"。

隆重的对待之下，乾隆皇帝也很高兴，但即使再隆重，自然也只把马戛尔尼一行当作朝贡之一，关于跪拜的仪式引发了争议。与此前荷兰、葡萄牙、俄国等西方使节对于中国觐见仪式的满足不同，英国人并不将其视为国际礼仪。

于是，无尽的劝说与拒绝往复了好几周。马戛尔尼也从最初不答应到有条件地答应，"将来中国派使到伦敦去的时候，也必须向英王行跪拜礼；或是中国派员向他所带来的英王的画像行跪拜答礼。他的目的不外要表示中英的平等。中国不接受他的条件，也就拒绝行跪拜礼"。

面对马戛尔尼的通商要求，乾隆做了一个著名的回应："天朝物产丰盈，无所不有，原不借外夷货物以通有无。特因天朝所产茶叶、瓷器、丝斤为西洋各国必需之物，是以加恩体恤，在澳门开设洋行，俾（使）日用有资，并沾余润。"①

这一生动的历史细节，日后往往被解读为天朝的傲慢以及封闭，但是从经济意义甚至政治上解读，乾隆的回应未尝没有合理性。随着研究的深入，学者们对于朝贡制度也有了新的解读。根据日本学者滨下武志的研究，亚洲很早就存在自身的贸易圈，朝贡制度正是其基础，中国的处理不乏精明，相当灵活地将不同国家、宗教、社会、种族人群囊括其中，"朝贡关系并不是绝对地建立在控制关系之上，而是有很重要的贸易基础；朝贡体制是多维的，包含了多重因素和多方位的需求"。②

正因如此，中国坐拥内部的市场以及外部的朝贡贸易圈，外来商品对于中国来说并非必需品，贸易并非立国必备，朝贡系统的一个特征正是以商业交易为基础，"朝贡体系实际上是与商业贸易关系平行交织在一起的"。

一个事实在于，单纯就经济而言，中国似乎不需要世界也可以活得很好，而从政治来看，中国通过选择性的通商也可以达到

① 详见《粤海关志》（梁廷枏，2002）。
② 详见《中国、东亚与全球经济》（滨下武志，2009）。

政治上的目的，朝贡制度似乎可以达到一箭双雕的目的。滨下武志指出，作为统治结构内的朝贡关系的基本性质可概括如下："维持朝贡关系的基本原则是地方统治者到北京觐见皇帝（天子）并接受册封，确认朝贡的使命即俯首称臣。这种关系的性质是宗主国和藩属的关系，朝贡国家、地区、部族要定期向中国进行朝贡以示忠诚。作为交换，朝贡不仅得到了统治者的承认，而且还获得了回馈的礼物和从事奢侈品贸易的机会。"

与之对应，朝贡制度包含三个内容："双边正式的朝贡互换——朝贡使团的贡物和帝国回馈的礼物；北京会同馆的特许贸易——以官方允许的随同朝贡使团的商人规模为限；边境贸易——随同朝贡使团的商人和中国商人在中国的榷关和特许港口进行交换。"

正因如此，如果将清朝对于西方的应对简单视为一无所知或者盲目自大，或许少了一份理解的同情。朝贡制度可以视为天朝姿态的一个注脚，也可以视为海外军事实力不足情况之下的一种怀柔政策。历史学家布罗代尔很早就注意到中国对广大邻近地区的控制，这也是一个相对独立的经济世界，"朝鲜、日本、南洋群岛、越南、蒙古与中国休戚相依，如附庸一般簇拥在它周围"。

与此同时，对于朝贡一方而言，其对中国的视角其实也在发生微妙的变化。在朝贡制度的延续中，以往的天朝上国已经今非昔比，中原衣冠已经变成了胡服，而继续身着大明衣冠的朝鲜人颇感得意之余，也把旅行记从"朝天"改成了"燕行"，名字之别背后，是与昔日仰望的告别。嘉庆九年（1804年）朝鲜使者徐长辅就说，"天地尽腥秽，气数方晦塞。玉玺元无主，女真敢为贼"。① 这种对清朝治下中国的微妙心态，其实可以视为日后日本将甲午战争宣传为文明之争的源头之一。

值得注意的是，在朝贡制度之中，白银也成为一个焦点。白银不仅在内部通行，也是国际贸易的媒介，随着白银流入渐渐形成所谓亚洲银货圈，这对于中国乃至亚洲影响甚大。它不仅加速中国的白银化，而且将中国裹挟入世界货币系统之中，引发一系列的深刻变化。本来随着 16 世纪之后西班牙银元流入，白银地位已经加强，而到了 19 世纪中叶，"随着金银矿的相继开发，在西欧向金本位逐渐过渡的同时，亚洲的银本位圈作为通货体制也纳入到国际金银比价体系内部之中"。②

在中国的明清朝贡体系之中，中国处于中心地位，除了政治因素，也与中国的经济地位有关。通过与朝贡贸易圈以及世界的联系，中国在世界经济中具有微妙的地位——经济学家甚至认为具有重要地位 ③，原因在于中国的特殊性：一方面，中国是瓷器、丝、茶等产品的垄断者；另一方面，中国也是全球白银的终极"秘窖"。

这种重要性其实源自全球经济的分工配合，中国裹挟其中，更多是出于被动。正因如此，直到 19 世纪为止，中国保持的长期顺差意味着海外白银源源不断地流入，然而当世界白银流向出现变化的时候，中国的朝贡体系也就难以维系了。

① 详见《想象异域——读李朝朝鲜汉文燕行文献札记》(葛兆光，2014)。
② 详见《中国、东亚与全球经济》(滨下武志，2009)。
③ 详见《白银资本》(弗兰克，2008)。

从朝贡到条约

中国朝贡体系的运行原本自有其逻辑，但是当这套逻辑遇到全球化或者说西方的逻辑，如同行星撞地球的场景就使得一切变得戏剧化了。从明清的朝贡系统可见，西方没有单列进入"诸番国及四夷"之中，这一方面是因为中国还没有形成西方的逻辑序列，另一方面在于中国很难区分或有兴趣去查证西方人和这些番国四夷的差别。

在前面所提到的朝贡制度之中，也零星谈到了西方诸国，对荷兰规定八年一贡，必须取道虎门，葡萄牙、意大利和英国的使节也取道虎门，对其没有规定定期，对于人员以及船只都有严格规定，"每一个使团人员可以乘船三艘，人数都不得超过一百；前往北京的限定二十二人，其余留在广州"。

明武宗正德十一年（1516 年），葡萄牙人拉斐尔·佩雷斯特雷洛（Rafael Perestrello）从马六甲乘坐当地土著船只来到中国，这也被认为是数百年来西方与中国外交较早的事件之一。葡萄牙人与中国交往或许是最为成功的，他们栖居在澳门，使之成为各国的贸易基地，19 世纪当地侨民的数量（除了教士和军人）就超过4 000 人。

除了葡萄牙人，西班牙人和荷兰人都与中国有接触。西班牙人因在马六甲对中国商人的屠杀而被记入史册。荷兰人则希望可以与中国贸易，即使是以有些屈辱的朝贡模式，1655 年就曾有使节前往北京，而且姿态颇为谦卑，"这两位使节事事都顺从中国人的要求。他们带来贵重的礼物，并且听凭这些礼物被人称为贡物，自己也竟这样称呼它；他们也拜领了优厚的恩赐；他们俯伏在皇帝前面；他们在皇帝的圣讳、诏书和宝座之前恭行了三跪九叩首的礼节；他们情愿以一个亚洲藩属向宗主国来朝贡的使臣地位自居"。即使如此，荷兰人也并没有取得和日本一样的贸易特权，他们获得的恩典不过是被准许每八年遣使一次，每次随带商船四艘而已。

在中国的经营，荷兰人似乎竞争不过葡萄牙人，特别是其在台湾被驱逐后，更显得落后。在马戛尔尼无功而返之后，1795年荷兰再派遣使节铁俊甫（Isaac Titsingh）与文谱兰（A. E. van Braam）前往北京，"他们怕蹈马戛尔尼勋爵的覆辙，决心避免他所犯的错误；他曾拒绝磕头行礼。他们甚至还想对以前各次荷兰使节所行的方法再加改进，无论中国人要求怎样去承认其宗主权，也都准备照办"。

因此，荷兰人像"罪犯"一样被解送，在京城被当成"乞丐"一样看待，随后又像押送"骗子"一样被送回广州，并且随时随地都要准备行三跪九叩首的大礼，但这次外交也毫无结果。英国以及荷兰的外交努力，无论态度如何，其实不同程度上都使得西方认为外交这条路不通。荷兰人是善于变通的"海上马车夫"，但是这种做法以及其获得的好处并不足以让英国动心，最终贸易紧张局面难以避免。

应对外界不断提出的通商要求，天朝曾经在广州设立对外贸易特许商，即十三行。最早有几处城市可以通商，后来都限于广州一处。朝廷原本并不看重海关收入，海关税收官方定得很低，这反而导致广州海关极其腐败，巨大的自由裁量权让每次索贿都没定规，西方商人对此极其痛恨，其间遭遇可谓时间与金钱的双重损失，"朝廷所定的海关税则原来很轻，平均不过百分之四，清政府并不看重那笔海关收入，但是官吏所加的陋规极其繁重，大概连正税要收货价百分之二十。中国法令规定税则应该公开；事实上，官吏绝守秘密，以便随意上下其手。外人每次纳税都经过一种讲价式的交涉，因此很不耐烦"。①

县官不如现管。当时通商状况并无透明管理与明确规则，一种说法是中国关税不确定，时常要付出高于正常关税 10 倍的价格。根据时人记载，一只船到来先靠拢澳门，然后再获得各类许可，随后停泊时间往往是三个月，其间要不断与各类官吏打交道，"要源源不绝把小惠送给通事和买办、卖杂货的小船商和其他小角色以及低级官吏们，从日费、月费直到各种规费，以求便利它的业务和快速离去"。

马戛尔尼出访的原因之一就是广州海关腐败，不排除其有"告御状"的期待。中英双方的规格也与众不同，不是以往葡萄牙

---

① 详见《中国近代史》(蒋廷黻，2001)。

或荷兰使节可比拟的，"唯一能做出的解释就是由于马戛尔尼勋爵本人以一位钦差大臣的身份所表现出的那种庄严的风范，和他竭力避免以一个区区商务代表的身份出现"。[①]马戛尔尼对乾隆皇帝本人的评价不错——"威严而和蔼""很好的老绅士"，甚至他的日记中对中国也有很多不错的记忆，但是最终他的日记对西方世界产生的影响如此巨大，以至中国作为理想国的形象开始随之瓦解，这也是西方对中国的认识从理想的赞美到现实的轻视的开始。

尽管马戛尔尼得到的待遇不错，其商业的请求却没有得到回应。马戛尔尼的目的之一就是贸易，尤其是修正广州海关对于正常贸易的各种阻碍以及加大通商口岸，最终结果却还是广州方面的大获全胜。这一诉求在现代社会可谓正常，如果凡事都是生意，没有什么不可以谈判，无非条件而已，大国外交更应如此，但是天朝并无意于看起来对双方都可能有利的"生意"。

原因何在？除了中国经济的自给自足，还有政治原因，即天朝秩序与世界序列的冲突。正如蒋廷黻所言，天朝不承认别国的平等，"西洋人到中国来的，我们总把他们当作琉球人、高丽人看待。他们不来，我们不勉强他们。他们如来，必尊中国为上国而以藩属自居。这个体统问题，仪式问题就成为邦交的大阻碍，'天朝'是绝不肯通融的，中国那时不感觉有联络外邦的必要，并且外夷岂不是蛮貊之邦，不知礼义廉耻，与他们往来有什么好处呢？他们贪利而来，天朝施恩给他们，许他们做买卖，藉以羁縻

---

① 详见《中华帝国对外关系史》（马士，2006）。

与抚绥而已。假若他们不安分守己，天朝就要'剿夷'。那时中国
不知道有外交，只知道'剿夷与抚夷'。政治家分派别，不过是因
为有些主张剿，有些主张抚"。

从中大致可见，虽然与中国经商有利可图，但是中国方面
"隐蔽的，但是可恨的勒索"对于外商最大的刺激在于，没有一个
自由市场使得他们处于全然被掠夺的状况，这一感受与其母国完
全不同。以往荷兰、葡萄牙等国都忍受中国定规，多少有点"屈
辱换贸易"的意思，但是英国人则试图做出实质性改变。

此时此刻，随着英国的日渐强大以及其欧洲战事完结，英国
需要厘清远东市场来完善国内商业，而英国人在广州的外国人中
已经占据领袖地位，而且中国海外贸易份额属于东印度公司，"英
国此时的工业革命已经起始，昔日的手工业都慢慢地变为机械制
造。海外市场在英国的国计民生上一天比一天紧要，中国对通商
的限制，英国认为最不利于英国的商业发展。同时英国在印度已
战胜了法国，印度半岛落入了英国的掌握。以后再往东亚发展也
就更容易了，因为有了印度作为发展的根据地"。

这种情况之下，英国希望再次与清朝商榷。于是再次派出使
节来华，也就是 1816 年阿美士德勋爵（William Pitt Amherst）的
出使，原因仍旧在于地方当局对于通商的阻碍，"消除一向受到的
种种冤抑，免除将来这种或其他类似性质的情况继续发生，并将
东印度公司的贸易建立在一种安稳、健全和公平的基础之上，避
免地方当局任意侵害，并受到中国皇帝及钦定章程的保护"。

当时的皇帝已经是嘉庆皇帝，阿美士德勋爵尽管悬挂着标明

"贡使"字样的旗帜，叩头礼仪仍旧是问题，最终阿美士德勋爵无功而返。这次外交堪称完败，甚至待遇不如马戛尔尼，双方观感尤其是英国大为不同。

如此格局之下，英国和清朝的选择已经不多。传教士卫三畏是最早来华的美国传教士，算是最早一批的中国通，他认为当时英国只有三条路可走：一条是以武力强迫中国根据合理的条件管理贸易，一条是绝对服从中国所可能制定的一切规章，另一条就是根本放弃贸易。[①]而即使是像蒋廷黻一样的中国人也不得不承认，英国有了这两次的失败，已经知道和平交涉的路走不通。

如何看待这一系列的斡旋仍旧是情感与主义的纠结问题，甚至导致后续一系列灾难。马士认为，双方都有问题，"以20世纪的标准来评断，从学理上来看，英国都是属于错误方面的；同时，就中国人对于处理问题所采取的一贯作风来看，也确实不是任何国家所能容忍的，尤其因为在事实上这些国家并不是帝国的藩属，而它们也不情愿像荷兰人一样，希望用藩属的态度换取贸易上的特权"。

换言之，作为世界霸主的英国所代表的贸易逻辑和以天朝自居的朝贡逻辑，在鸦片战争开始之前数十年已经暗示了冲突的迹象。"中西的关系是特别的。在鸦片战争以前，我们不肯给外国平等待遇；在以后，他们不肯给我们平等待遇。"

随着西方的冲击，朝贡体制逐渐向条约体制过渡。汉学家费

---

① 参见《中国总论》（卫三畏，2005）。

正清对比了朝贡体制与中外条约，认为朝贡体制体现了"华夏中心主义"，甚至将朝贡体制与西方条约中的不平等联系起来，"西方列强强加于中华帝国的不平等条约，如果要了解其单方面的和不平等的性质，我们就必须回顾一下中国首先强加于西方来客的古老朝贡制度。这个古老的中国制度，也同取代的条约体系一样，是不平等的"。[①] 这不无道理，但是对于中国人而言，自然滋味苦涩，尤其不平等条约构成民族救亡的一大动力，即使后来这种条约事实上也带来管理、法律等制度的改进。

民族之上仍有人类，而站在中立者角度，以一种不平等换另一种不平等，是否符合正义？无论如何，历史没有假设。随着条约体制代替了朝贡体制，而且是以武力的方式推行，条约不仅改变了中国与外界的关系，也改变了中国社会自身的运作，甚至是一个被迫现代化的开始。

---

① 参见《美国与中国》(费正清，1999)。

入超、热钱、世界失衡

　　全球化其实是历史抑制不住的冲动，只是有时候洪流滔滔，有时候暗流滋滋，而在贸易与战争背后，仍旧是白银的流动之声。

　　即使在传统叙述中闭关锁国的明清时期，也仍旧与全球贸易密切联系。当时亚洲贸易圈虽然独立，但是并不封闭，通过很多渠道与世界相连。历史上中国就曾通过马尼拉、中国澳门、日本等通道获得白银，西方也通过这些通道进入亚洲贸易网，在其中，亚洲尤其是中国流出茶和生丝，而白银则不断流入中国。滨下武志认为这导致白银投机性地涌入中国，比如美国的白银一直在不断地流入中国市场，用今天的话说，这就是一种"热钱"。

　　热钱带来了诸多行业的兴旺发达，诞生了不少千万富商，即使和政府官员关系密切的盐商、行商也受益不少，例如十三行领袖伍秉鉴，据说他们的财产在1834年就达到了2 600万银元。当时很多人羡慕中国白银入超的状态，俄国人如是描述中国与印度的状况，"这两个国家与葡萄牙人、法国人、英国人成交巨额贸易。外国人购买他们的各种制成品和多种原料，但是中国人和印度人不买欧洲的任何产品，除了钟表、五金和几种武器"。

　　早在18世纪，斯密就已经注意到广州和伦敦的白银比价不同，暗示贸易导致银价的变化，"在同一时间和同一地方，一切物品的真实价格与名义价格都成正比例……在中国广州地方，半盎司白银所可支配的劳动量或生活必需品和便利品量，比伦敦一盎司白银所可支配的也许还要大。所以，对于各该地的某一商品的所有者来说，在广州以半盎司白银出售，比在伦敦只一盎司白银出售，实际上也许更有价值，更为重要。不过，如果伦敦商人能在广州以半盎司白银购买的某一商品，后来能在伦敦以一盎司白银的价格出卖，他这趟买卖，就获得了百分之百的利益，好像伦敦和广州的银价完全相同一样。至于广州半盎司白银，比伦敦一盎司白银，能够支配更多劳动或更多生活必需品和便利品，对这个商人来说，是不重要的。在伦敦，一盎司白银使他能够支配的劳动量和生活必需品与便利品量，总是两倍于半盎司白银，而这正是他所希求的"。

和明朝一样，白银流入清朝如同双刃剑，带来了帝国的繁荣，但是也埋下了不安定的因子。而中国经济进一步白银化，其实也意味着货币的命脉并不在于官方甚至民间，而是被动与世界连接起来。一方面，日后白银的流出或者减少会影响帝国命脉；另一方面，乾隆时代繁荣的基础事实上是"附属性"财富而不是"基本"财富，因而不稳定。① 而白银流入的减少也意味着物价上扬。米价是最具有代表性的物价，乾隆十三年，湖南巡抚杨锡绂就表示，"臣生长乡村，世勤耕作，见康熙年间稻谷登场时，每石不过

---

① 详见《剑桥中国史》(崔瑞德、费正清，1992)。

二三钱，雍正年间则需四五钱，今则必需五六钱"。[①]这意味着从康熙到乾隆，粮价上涨了一倍。

帝国物价的变化，甚至外宾也感受到了。英国特使马戛尔尼的副使斯当东根据传教士账目，断言中国有些必需品的价格已经同英国差不多了，"在一个世纪中从欧洲流入中国的白银，已经造成了一切消费品的价格的上涨，并且已经改变了某些政府官吏的固定薪俸与各该地的日常生活费用之间的比例关系。最初的传教士在他们的账簿中曾说明当时中国生活极端便宜，但是许多生活必需品的价格现在都不比伦敦低"。

白银重要，但有了白银并不等于拥有一切。大清帝国自持入超，只见白银，却不见全球化贸易的风已经吹到了跟前。依托在规模上几乎等于当时欧洲市场的广袤内地市场，中国明清经济处于自给自足状态，而饱受争议的朝贡制度并非百无一用。朝贡制度在经济上的本质是对于贸易的垄断，而明代的倭寇不少是走私贩子。帝国对于贸易的考虑更多出于政治而非经济度量，朝贡制度甚至被视为对外军事能力不足的一种补充制度——这一理念其实在今天的国际贸易中仍旧存在，正如一位东亚政治家所言，国际贸易从来不仅仅是贸易，这是一个关于"谁是你的朋友，谁是你的盟友"的选择。

其实，贸易从来不仅仅关于统治与政治，也关于交流与自由。以大时代的眼光来看，中国错过 18 世纪与 19 世纪，表面上得到

---

① 参见《清实录》(中华书局，2008)。

白银，其实损失巨大，损失的不仅仅是物品交易的贸易，更是通过贸易带来的信息交流以及制度冲击，最终只能在下半场被动地加入全球化的浩大搅拌。

大英帝国的崛起与大清王朝的没落几乎同时发生，如果说英国海军为英国的全球贸易奠定了军事基础，那么中国的故事走向另一个方向。戏剧性的是，军事败北之后不久，中国的贸易优势也开始瓦解，不仅鸦片大量涌入中国，茶叶以及丝绸等商品也开始在国际市场中失去垄断地位，"19世纪50年代后，日本茶和印度茶开始出现于国际市场，到了20世纪初，日本已经取代中国而基本垄断美国的绿茶市场，而19世纪面向英国出口的印度红茶已经凌驾于中国茶之上，茶叶不再是受到地理条件限制的特产品"。

在考察亚洲和西欧茶叶与白银贸易的历史过程之后，滨下武志的结论是，鸦片战争处于这两者关系的延长线上，源自鸦片贸易合法化和扩大茶叶采购市场的企图。

1840 年：鸦片战争还是白银战争？

从朝贡到条约的改变，并不是一朝一夕的变化，而历史的戏剧性变化总需要一个扣动扳机的推动力，这一因素在中国看来是鸦片，在西方看来或许是贸易，而其中的连接在于白银。鸦片日后总是被加上不少道德批判，甚至被看作针对"东亚病夫"的阴谋，其实背后更多是对于利益的追求。

作为话题，鸦片曾经令人十分迷惑。鸦片在人类历史中记录久远，鸦片一词可以追溯到古希腊。鸦片很早就引入中国，明代已有不少记录，甚至有学者认为最迟于唐代，鸦片和罂粟已经传入中国。[1] 鸦片刚开始是作为药品出现，甚至有一种说法指出1870 年鸦片供应比 1970 年香烟的供应普遍。鸦片也是文人的灵感来源，英国散文家德·昆西就如此吟咏："温馨的、令一切为之倾倒的鸦片""从黑暗中心，想象世界的深处绽放的神圣花朵"。伴随着过度使用，尤其是中国从福建、台湾兴起了吸食这一方式之后，鸦片成瘾开始剧增。之后不久，鸦片在 19 世纪的西方成为罪恶的象征，而中国作为一个沉睡的东方帝国，从意象到现实，深陷

---

[1] 参见《清代鸦片政策史研究》(井上裕正，2011)。

其中。

历史的惊奇转折也往往蕴含于偶然细节。鸦片在清代的流行甚至为患，与吸食方法的改变大有关系。英国人将鸦片溶于水饮用（每年消耗 10 吨—20 吨），这种食用方式的镇静作用颇为轻微，被认为不足为虑，对比之下，中国人的方式是吸食鸦片，这种方式据说最早来自爪哇，经过台湾（或福建）传入大陆，成瘾更为剧烈。二者差别多大呢？历史学家说就好比咀嚼古柯叶和将其在烟斗中点燃吸食的差异那样，"英国毒贩故意忽视其中的差别，可道光皇帝并没有，于是 1839 年鸦片战争爆发了"。①

鸦片战争不仅是中国历史转型的一个重要事件，更是不少国人强国情感的来源。然而，历史并非由单一事件决定，对于鸦片战争或中英战争，我们的认知未必足够，不同的立场往往导致不同的论断，尤其是这无法不带情感审视的历史事件。

鸦片的魅惑和它自身的效应一样令人迷惑不解，对于中国是这样，对于世界同样如此。鸦片是药品还是毒品？鸦片成瘾源自东方还是西方？鸦片吸食是道德问题还是经济问题？这场战争是鸦片战争还是白银战争？……一个问题的解决往往导致另一个问题的产生。鸦片是战争的引线，更是中国近代历史上的道德焦虑与民族隐患的双重隐喻：外来的鸦片带走了中国的白银，而中国留下了"东亚病夫"的世界印象，甚至吸食鸦片上瘾也成为中国输出的恶习。鸦片进而成为身份的象征，从晚清到民国，很多军

---

① 详见《西方将主宰多久》（莫里斯，2014）。

事政权都与鸦片有着重要的关系。在鸦片名下，中国成为带有道德瑕疵的被迫害者。

在这一点上，李鸿章的看法不无洞察力。他于1881年致信英国禁烟协会，如是表示："中国从道德的立场看待这个问题，而英国是从财政的角度来看。"这一看法或许并非其个人见地，一位曾国藩的幕僚也认为，"英夷志在贸易，原无窥窃之意，故朝廷以大度容之，迨后求进城，即严拒之矣"。

鸦片战争起源于贸易，中国与英国之间的关系因为茶与鸦片而连接在一起，中间的渠道是白银——人人都难以拒绝贵金属的诱惑，不仅中国人不喜欢白银流出，西方人也不喜欢。早在中国人抱怨"漏银"之前，西欧对白银的流出就持批评态度，鸦片作为一种走私贸易应运而生与此相关。

在维多利亚女王时代，英国人嗜好茶叶，从上层到中下层都是如此，到了18世纪中叶英国人有了喝茶吃面包的习惯，而且偏好也从绿茶变为红茶。茶叶的利润有多大？1785年减税法将茶叶税下降到12.5%，此前曾经是119%，高额税收和巨大利润导致了大量走私。关税的下降刺激中国茶叶的出口，其贸易量占据东印度公司对华贸易的80%—90%，该公司在18世纪90年代的茶叶贸易额高达2 300万英镑。虽然茶叶利润令人咋舌，但是东印度公司计划推销给中国的毛织品却没法进入中国，所以东印度公司对华出口额只为进口额的1/3，巨大的差额之下是白银源源不断流入中国，"为了维持贸易，东印度公司感到筹措资金颇为困难。当商人们意识到，不管中国政府需要什么，中国人民总会需要些别的东西时，他们感到欣喜若狂，那就是……鸦片"。

正因如此，鸦片战争其实也是一场白银战争，甚至鸦片战争也被称为通商战争，可见经济因素在这场战争中的意义。最初贸易对于中国来说有利可图，世界需要中国的丝、茶等物，中国人却无意购买洋货，茶叶贸易呈现"几何级数"上扬，从 1684 年的 5 箱到 1720 年的 40 万英镑，1800 年贸易额高达 2 300 万英镑。英国则是中国茶叶的主要买家，据说茶叶有 1/7 进入英国，而茶叶进口税占到英国税收的 1/10。

贸易背后则是货币的流转，白银随着贸易的开展开始浸淫中国。据统计，流入中国的白银从 18 世纪 60 年代的每年 300 万两增至 18 世纪 80 年代的每年 1 600 万两。贸易战自古有之，现在看起来唇枪舌剑很激烈，过去更加赤裸暴力。英国的反击来了，鸦片开始流入中国。随着孟加拉鸦片有组织地进入中国，中国和英国的贸易往来链条从此演变为中国、印度、英国之间的三角贸易。除了东印度公司之外，英国及印度商人获得东印度公司许可之后也开始在亚洲进行贸易，他们作为"港脚贸易商"（country merchant）在鸦片贸易甚至对华贸易中扮演更重要的角色，这也为日后的纷争埋下伏笔。1800 年进口到中国的鸦片是 4 500 多箱，1838 年则达到 40 000 箱，而中国从 1800 年开始禁止鸦片的进口——按照学者考证，所谓一箱鸦片，其长 1 米，宽、高各为 0.5 米，内有棒球大小的鸦片球 40 个，大概是 100 个瘾君子一年的消费量。禁令之下，鸦片仍旧流行，贸易平衡也开始变化，19 世纪 20 年代，每年有 200 万两白银流出中国，到了 30 年代，这个数字上升到了 900 万两。[①]

早在雍正七年（1729 年），中国就曾发布第一道禁吸鸦片的上谕，《兴贩鸦片及开设烟馆之条例》中表示，"兴贩鸦片烟照收买违禁物例，枷号一个月，发边卫充军。若私开鸦片烟馆，引诱良家子弟者，照邪教惑众律拟监候，为从杖一百，流三千里。船户，地保，邻右人等俱杖一百，徒二年。如兵役人等藉端需索，计赃照枉法律治罪。失察之讯口地方文武各官，及不行监察之海关监督，均交部严加议处"。但早期禁烟并没有日后那么严肃，更多将鸦片看作广东、福建等地方性问题甚至是风俗性问题，各类条文也没有严格执行，甚至颁布禁令之后一段时间内，鸦片还是在海关的课税条目之上。嘉庆年间多次颁布上谕禁止鸦片进口，在两广总督吉庆上奏重申禁烟时，嘉庆的评价更关心在对外贸易之中钟表、玻璃等物品使得"中国之银因此虚耗者不少"，要求留心体察，"不使内地银两被夷人巧赚"。[②]转机从道光年间开始，禁烟开始成为轰轰烈烈的口号与行动。蒋廷黻评价道光对于禁烟的决心，因为道光时代的鸦片输入增长最快，"道光元年（1821 年）输入尚只五千箱，道光十五年（1835 年），就加到了三万箱，价值约一千八百万元"。

鸦片流入和白银流出，引发各种危机感的讨论，不过当时流行的主张是"一面加重关税，一面提倡种植，拿国货来抵外货"，

---

① 详见《剑桥插图中国史》(伊佩霞，2002)。
② 参见《清代外交史料（嘉庆道光朝）》(故宫博物院，1968)。

在日后看来不失为一个正常的贸易对策，但是所有领袖都希望更快的解决方案，道光皇帝的求快解决之法日后看来未必不是历史的悲剧。

当时的官员其实私下也知道禁烟不易，但为了迎合道光皇帝多在表面主张严禁。这一逻辑在中国历史上并非第一次出现，正如中国历史上主战派无论是否正确，总是在当时获得民间支持、死后获得历史青睐一样。正因如此，当主张禁烟的林则徐出场之际，道光皇帝非常满意，委任从来没有办过"夷务"的林则徐为钦差大臣。

与此同时，英国方面也有了变化。道光十一年（1831 年），皇四子爱新觉罗·奕詝生于北京圆明园，他也就是日后的咸丰皇帝；同年，东印度公司垄断权废止，英国人奉谕指派一个大班（所谓大班，最早来自粤语，是处理商务的经理的统称）。以往中国海关通过与大班交涉而管理英国商人，而东印度公司垄断权废止后，不仅港脚贸易商在中英贸易中更为独立且掌握话语权，而且英国指派的大班角色有了变化，即不仅仅是一般意义上的商人，而是具有政府授权的官员，"总监督所奉的指示是一方面要尽一切努力去遵守中国的各项规章和尊重中国的一切成见，同时又不许求助于英王的武装力量；另一方面，却要他采取步骤把他自己由一纯商务监督——中国人心目中的大班身份——变成一个代表英王的使节身份，这又势必要破坏中国的一切规章和触犯中国的一切成见"①。

---

① 详见《中华帝国对外关系史》(马士，2006)。

　　情势变化并没有为清政府所觉察，对于中国来说，商务总督只是又一个大班或者蛮夷的头目（所谓"夷目"）。矛盾之下，冲突开始，尤其是强硬的双方交涉头目各自登台，这边是林则徐，那边是查理·义律。

　　1839 年年初，广州宣布禁吸鸦片，3 月 10 日钦差大臣林则徐到达，他次日命令外国人交出鸦片，随后禁止外国人离开广州。3 月 27 日，当时的商务总督义律命令英商搬出所有鸦片，英国臣民离开广州，禁止英商贸易。

　　抛开双方针锋相对的说辞，日后一个美国历史学家描述这段历史是一场稀奇古怪的战争。当义律一方面怂恿英国毒贩向林则徐交出 1 700 吨鸦片，另一方面则保证英国政府会赔偿其损失，于是故事结尾最初似乎看起来很完满："林则徐收缴了鸦片，义律保全了面子，也维持了茶叶贸易，而毒贩们则为毒品得到了最高的补偿（加上利息和运费）。每个人都是赢家。"[①] 然而，故事并没有就此结束，赢家并不包括英国首相墨尔本，他需要弥补毒贩们的损失——就为了 200 万英镑，在游说以及压力之下，堂堂首相竟然"别无选择"，先付清这笔钱，再派出远征军前往中国，追缴损失。

　　接下来的历史演进或许大家都已经熟悉，但细节未必清晰。从马士的大事记载来看具体发生了什么？

　　"1839 年 7 月 7 日，林维喜在香港斗殴中被打死。8 月 25 日，英国人被驱出澳门。8 月 31 日，林钦差号召村民武装起来。9 月

---

① 详见《西方将主宰多久》（莫里斯，2014）。

220

12 日，西班牙双桅船'米巴音奴'号在澳门被焚。11 月 3 日，穿鼻洋的海军行动。战争开始。11 月 26 日，宣布永远禁止英商贸易。"

"1841 年 1 月 7 日，穿鼻洋海战并占领大角头。遂即停战。1 月 20 日，义律与琦善签立协定。割让香港。1 月 30 日，中国政府不承认该协定。2 月 23 日，重启敌对行动。2 月 25 日，布告对于获取英国人的首级悬出赏格。2 月 26 日，经过战斗占领虎门。3 月 20 日，停止敌对行动，重新开放贸易。4 月 30 日，英国政府宣布取消 1 月 20 日的协定。5 月 21 日，广州战事重起。5 月 27 日，协定签字。赎取广州城。6 月 7 日，香港宣布为一自由口岸。6 月 14 日，香港初次出卖土地。8 月 10 日，唯一的全权公使璞鼎查爵士到来。8 月 26 日，攻取厦门并予占领。10 月 1 日，攻取定海并予占领。10 月 10—13 日，攻取镇海和宁波并予占领。"

"1842 年 2 月 16 日，宣布香港为一自由口岸。定海也宣布为自由口岸。2 月 27 日，英国政府机关移往香港。5 月 18 日，攻取乍浦；满洲驻防军队损失严重。6 月 16 日，攻占吴淞炮台。6 月 19 日，占领上海。7 月 20 日，攻占镇江，满洲驻防军队被歼灭。8 月 9 日，全权公使到达南京。8 月 29 日，签订《南京条约》。"

"1843 年 6 月 26 日，交换条约批准书。宣布割让香港。7 月 22 日，公布'中英五口通商章程'。10 月 8 日，签订《虎门条约》。11 月 17 日，上海开放对外通商。"①

---

① 详见《中华帝国对外关系史》(马士，2006)。

禁烟最为激进的林则徐和道光皇帝，都是历史的输家，最后两人都郁郁而终。虽然两人在生前身后都获得不少国内认同，但不可否认，两人受限于认知，良好的意愿并不意味着站在历史前列。从英国角度来看，除了鸦片的利润，同时也保持了贸易通畅，二者都与白银有关。蒋廷黻认为，就世界大势而言，战争是不能避免的，无论被我们称为鸦片战争还是被英国人称为通商战争，两方面都有理由，"关于鸦片问题，我方力图禁绝，英方则希望维持原状：我攻彼守。关于通商问题，英方力图获得更大的机会和自由，我方则硬要维持原状：彼攻我守"。

回看马戛尔尼早年的和平外交努力，不禁令人感叹，清朝拒绝谈判或许是战争不可避免的开始。更为接近事实的看法或许正如蒋廷黻所言，"英国在华的目的全在通商，做买卖者不分中外古今，均盼时局的安定。英政府的行动就是我们所谓的'将就了事，敷衍过去'"。鸦片战争的开始，今天看来是必然，当时却有偶然之处，其实也与英国人贸易不利、执意追回被焚毁的鸦片相关，这是两种文化的冲突，也是两种观念的碰撞，或许从两边切入，才能更全面地了解。

现实，尤其是战争，可以驱散一切浪漫幻想。欧洲近代化过程中，曾经对于中国有一种乌托邦式的幻想，比如法国作家伏尔泰曾经赞美中国是世界上开化最早的国家，但是随着交流的增多，这种狂热也逐渐散去，中国基本是以负面形象出现。亚当·斯密留意到中国与马可·波罗时代相比的社会停滞与民众生活困苦，"欧洲技工总是漫无所事地在自己工场内等候顾客，中国技工却是随身携带器具，为搜寻或者说为乞求工作而不断在街市东奔西走。中国下层人民的贫困程度，远远超过欧洲最贫乏国民的贫困程度。据说，在广州附近，有数千百户人家，陆上没有居处，栖息于河面的小渔船中。因为食料缺乏，这些人往往争取欧来船舶投弃船外的最污秽废物"。

对比文人哲士的想象，英国使节马戛尔尼的报告事后被认为更具洞察力。他认为中国人根本没有准备与欧洲列强打仗，"因为它到处充斥着贫穷，文人对于物质进步兴趣索然，士兵还在使用弓箭"。马戛尔尼对中国的负面评价对于西方社会影响甚深，他的论语"我们对他们敬而远之"、清朝是"又老又疯的一流战士"、其领导者"注定要在海岸上被撕成碎片"等①，在历史轮回之中也一语成谶。

鸦片战争是中国人心中的民族伤痕，日后英国人对此一直淡化处理，双方的了解当时就充满了无知与误读。正如大清皇帝在打了两年多战争，花费无数人命、白银之后，才想起来问前线大臣，英国到底在什么地方？②直到今天，我们对于鸦片战争知道得还是太少，和所有的战争一样，鸦片战争充满不同角度的叙事以及扭曲和遗忘，但不可避免的是，中国因此被强行拽入一个陌生而急剧变化的全球化时代。

① 详见《大汗之国：西方眼中的中国》（史景迁，2013）。
② 详见《鸦片战争》（蓝诗玲，2015）。

复盘：帝国银荒因何而起？

近代史对于中国人是一场梦魇，鸦片战争成为中国人心中第一道伤痕，民族主义的情绪是这些伤痕的后遗症，而牵动这出戏剧的无形主线之一还是白银。"银贵钱贱"可谓晚清社会一个关键词，在嘉庆道光年间更是见诸不少历史记载。

古人对于贵金属堪称过分重视，在今天看来，仍旧是一个值得探究的问题，其中不乏经济之外的心理动机，但就古典经济观点而言，贵金属的流向逆转的确很容易造就通货紧缩之苦。即使在今天，贸易战常常也是围绕汇率而展开；在硬通货时代，贵金属的流向更是引发诸多讨论。鸿胪寺正卿黄爵滋在道光十八年（1838年）的著名奏报可谓典型心态，他强调"以外洋之腐秽，潜耗内地银两"，"窃见近年银价递增，每银一两，易制钱一千六百有零，非耗银于内地，实漏银于外洋也。盖自鸦片流入中国，我仁宗睿皇帝知其必有害也，特设明禁，然当时臣工亦不料其流毒至于此极！"

当时历史关于银贵、漏银的记载颇多："寻奏、淮南淮北情形悬殊。未便轻为试行。至银钱兼收。就近拨解南河。运钱水脚。较之解银。所费奚啻十倍。且恐行之日久。应纳之课。尽行交钱。""惟是银贵病民。所关匪细。必应力求通变。前降谕旨甚明。乃各该督抚之已……。于银贵钱贱。殊未足以资补救。其尤甚者。河工人员。但知用银甚便。总以搭钱为难。即谓岁修工程。及豫购秸料土方等项。责令以钱搭放。"①

退后一步复盘，或许有更大全景。历史的真相如何？或许只能通过逐步的"去魅"而逼近。这场战争是东方和西方两个帝国的相遇，不仅关乎鸦片，更关乎白银。

大清初年白银与钱的比价核定为 1 000，在嘉庆之前一直很稳定，有时候局部出现"银贱钱贵"，不少人见有利可图，私下铸钱。随着白银的流出，"银贵钱贱"成为问题。白银的短缺，从银与钱的比价可以得知，清代官方规定一两白银换 1 000 文，但是这一比价在鸦片战争前一路上扬，最高达到一千五六百文。《南京条约》之后，清政府赔偿合计接近 2 800 万元，主要是焚烧鸦片、战争损失以及商人债务，"因大清钦差大宪等于道光十九年二月间经将大英国领事官及民人等强留粤省，吓以死罪，索出鸦片以为赎命，今大皇帝准以洋银六百万银元偿补原价"，"向例额设行商等内有累欠英商甚多无措清还者，今酌定洋银三百万银元，作为商欠之数，准明由中国官为偿还"，"因大清钦命大臣等向大英官民人等不公强办，致须拨发军士讨求伸理，今酌定水陆军费洋银一千二百万银元"。

这笔赔偿，对于当时的帝国财政是一个重大打击。封建王朝

---

① 参见《清实录》（中华书局，2008）。

的征税能力一向薄弱，收入和支出相抵之后结余并不多，以 1843 年为例，岁入为 4 226 万两，岁出在 4 190 万两，结余 35 万两。上述赔偿款中，广东行商等民间出资 1 510 万元，超过一半，余下才是官库所出（按照当时的价格，1 墨洋约等于白银 0.73 两）。[①]

已经出现银荒的清朝遭受了更严厉的紧缩危机。银钱比价再次上扬，甚至最后每两白银 2 000 文成为流行比价，"今银价每两二千，较昔平时钱价益倍之，较贵时几及三倍""银价之昂未有甚于今日者，京中纹银每两易制钱乃二千文，外省则每两易制钱二千二三百文不等""南方银一两皆以二千为准，北方闻更甚于此"。这一趋势在此后几年更为剧烈，学者彭泽益根据当时资料测算，银与制钱的兑换额分别为：1847 年 2 167.44 文，1848 年 2 299.34 文，1849 年 2 354.98 文，1850 年 2 230.32 文。

钱银比价的变化导致在官方比价之下赋税收入缩水，此外，以生产实物为主的农民在交换之中受到打击，民不聊生的结果自然是以死相争，这对于陷入危机之中的政权来说结果可谓致命。按照林则徐的记载，当时一个中等人家的日均消费大概是一钱白银，而白银价格的上升对于一般人的生活构成困扰。

归根到底，帝国银荒缘何而起？一直以来，国内主流说法是白银外流，尤其是因为鸦片战争引发的白银外流。根据彭泽益的考据，仅仅 1843—1846 年，中国逆差为 3 900 万—4 700 万银元。

[①] 参见《中国金融通史（第 4 卷）》（洪葭管，2008）、《中国近代经济史（1840—1894）》（严中平，1989）等。

对比之下，19 世纪最初 30 年内，马士估算流入广州的白银总数为9 000 万到 1 亿镑，年均折合 308 万银元。

除此说法之外，其实也存在另一面解释。鸦片战争前后，美洲白银减产对于大清帝国也有重大影响，甚至可能超过鸦片战争。[①] 林满红认为拉丁美洲白银的骤减几乎颠覆了清王朝，之后的白银回流帮助了清朝"中兴"，但是也使得清朝对于外部白银的依赖加大，相比独立产银的亚洲邻邦更为脆弱。

中国白银产能长期不足，因此海外白银至关重要，魏源曾道出中国依赖海外白银的状况，"银之出于开采者十之三四。而来自番舶者十之六七。中国银矿已经开采者十之三四。其未开采者十之六七。天地之气。一息一消。一汐一潮。银来番舶数千年。今复为番舶收之而去。则中国宝气之秘在山川者数千年。亦必今日而当开。中国争用西洋之银钱。昂于内地之银值"。

最开始日本是中国用银的主要来源，18 世纪晚期之后，拉丁美洲白银则成为主流。这意味着这个庞大而虚弱的帝国无形之中将"最重要的七寸"暴露在喧嚣的全球化混乱之中。台湾学者林满红进一步认为，中国白银减少存在两个原因。首先是全球性白银产量减少，其转折点发生在 1775 年，随着日本的白银基本自用，中国开始完全依赖于美洲白银。受到拿破仑战争与拉丁美洲独立战争的影响，拉丁美洲白银对外供应量在 19 世纪最初 30 年内下降了一半，直到 1850 年才恢复到 1800 年的水准。其次，在

---

① 详见《银线》（林满红，2011）。

世界性的白银短缺中，中国商品出口遭遇调整，19世纪前期世界市场对中国丝、茶需求减少，茶贸易仅维持以往水平，而英国鸦片输入中国加大，导致出现白银外流现象，持续了40年之久，中国经济也因此大受打击。如果没有这两种情况，中国就不会发生白银短缺的问题。

如果知道白银外流的原因不仅仅是鸦片，那么我们是否能更进一步去探讨，白银外流是否真的导致清代的陨灭，如同大明帝国的逻辑一样？

白银化的晚清经济，一旦遭遇白银收紧，经济就难以避免遭遇波动之苦。在租税统一以银作为缴纳的情况之下，银荒导致民间尤其下层的压力颇大，从税赋压力到生活都苦不堪言，这又进而导致官方定额的银钱比价之下，国库收益受损，最终结果就是"国无加赋之名，民有加赋之实"，"每库平纹银一钱，易制钱二百文。每包需钱五百三十余文、至五百六十文不等。前经部议减价。每包卖银二钱九分有奇。今楚岸盐价。虽尚不及此数。而民间犹苦价昂。……寻覆奏、教场田亩。连年租籽歉收。兼银价昂贵。未能全数完租。委系实在情形。第银钱一律折减。恐于旗营支放不敷。若照旧徵收。佃力又有未逮。"

不可否认，晚清时期社会的诸多变化都离不开银钱比价的变化，鸦片战争和太平天国之乱很大程度就是白银危机。有学者粗略估计，1814—1856年，中国白银的外流量达到中国白银总供给量的18%。如果没有这一次白银外流，或许也就没有中国被迫加入的现代化之路。无论是因为鸦片输入还是白银产量减少，19世纪初帝国进入了一场"银贵钱贱"的局面，这一局面不仅导致货币制度危机，更导致统治危机，不少历史学家认为中国其实是被它和墨西哥紧密牵连的银线绊倒的。

无论原因如何，后人应该思考更多。鸦片战争不仅改变了中国的命运，也改变了日本的命运，尤其对比日本的情况，其实也令人唏嘘。1840年之前的300年，中国未必那么封闭，毕竟还有利玛窦、徐光启之类存在的空间；而当年日本幕府还曾颁布"践踏基督绘像令"，即使中国商船也无法幸免，目的在于查明基督徒、杜绝传教士，来往中谈到基督甚至教堂的图书也被视为禁书。这种背景下，对比中日应对挑战的区别，或许正是源于中国的巨大体量存在各种空间，同时也导致自身难以在冲击面前全速掉头？当白银与鸦片的冲突开始之际，中国借白银与贸易的纽带，不得不与世界发生全面冲撞，日本则因为白银相对自给自足而逃过1840年的一劫？这一侥幸是否又让日本日后步入扩张通道，在军国主义的道路上不再回头？

历史没有如果，但是我们仍旧在往昔记录中寻找可能的线索。从鸦片战争开始，再到随后的甲午战争，这是国人民族苦难叙事的开始，而随后的救亡路线压倒启蒙路线，也因此埋下历史伏线，所谓落后就要挨打也成为经典总结。不过，在追究历史原因之际，迄今尚且有很多未能解答之谜。鸦片战争以鸦片流入爆发，以赔偿白银结束。白银让中国与世界被动直面，白银在其中有一席之地，是原因之一也是结果之一，然而白银并非全部的历史。

如此之下，不得不再谈"两炮论"描述"近代"与"现代"

两个历史开端："一曰，1840 年英国发动鸦片战争，依仗坚船利炮，把封闭的中国打得门户洞穿，迫使清朝签订丧权辱国的《南京条约》，从此中国沦为西方列强的半殖民地。二曰，1917 年'俄国十月革命一声炮响，给我们送来了马克思列宁主义'，从此中国人醒悟了，决心'走俄国人的路'。前一炮将中国由'古代'打入'近代'，被迫纳入西方资本主义世界体系，而后一炮却把中国由'近代'引向'现代'，跟着苏俄进入列宁、斯大林建构的社会主义的新世界。"历史学家朱维铮自诩对"两炮论"由笃信到怀疑，不再认同由此界定的中国近代史开端，可惜这样的惯常叙述在国内还是比比皆是。①

道光一朝，似乎在英国冲击之下，骤然由盛转衰，而随后短暂的"中兴"并没有避免甲午战争失败的命运，历史果真如此戏剧化么？

复盘晚清格局，从经济总量来看，当时的中国并不落后。根据经济史权威安格斯·麦迪森的数据，道光皇帝继位当年（1820年），中国的总产出仍占世界总份额的 32.9%，可谓世界第一大经济体，而当时西欧十二国（英、法、德、意、奥、比、荷、瑞士、瑞典、挪威、丹麦、芬兰）仅仅为 20.9%，英国仅仅为 5.2%，日本仅仅是 3.0%。② 就军事而言，无论鸦片战争还是甲午战争，当时外界还是认为中国拥有庞大军力，这点学界已经有很多叙述，

---

① 详见《重读近代史》（朱维铮，2010）。
② 详见《世界经济千年史》（麦迪森，2003）。

在此不再累述。

问题在于，中国的趋势向下，而西欧正处于上升趋势。到了1860年，中国下降到17.2%，日本也仅仅是2.3%，而西欧十二国则上升到30.7%，英国上升到9.1%。西欧已经是工业革命的年代，中国仍旧延续低水平平衡。最大的区别在于人均收入。中国人口在18—19世纪一路增加，速度不让经济总量的速度，人均收入停步不前，而西欧人均收入却在大幅提升中，正如经济学家道格拉斯·诺斯所言，"说到经济增长，我们提出人均收入的长期增长。真正的经济增长意味着社会总收入必然比人口增长得更快。另一方面，停滞状态则导致人均收入的非持续的增长，虽然平均收入在时间相当长的周期中可能有升有降。如果社会中的个人没有受到刺激去从事能引起经济增长的那些活动，便会导致停滞状态。就算社会中的个人可能忽略这类实际刺激而进行选择，就算全社会有一些人满意他们现有的地位，然而，偶然经验主义提出大多数人仍宁愿选择较多的物品而不选择较少的物品，并依这一原则行事。经济增长只需要一部分人对它怀有渴求"。[1]

近些年加州学派关于东西大分流的研究引起很多讨论，但是我们恐怕不得不直面一个现实，那就是中国的制度惯性成就了中国，也拖垮了中国，中国在近代的败象只是落后的必然结果。正因如此，中国的落后并不是从鸦片战争才开始，其落后可谓一贯，不仅可以追溯到明，甚至更远。

---

[1] 详见《西方世界的兴起》（诺思、托马斯，2009）。

中国在近代的落后肇始于明，甚至宋之后已经展露败迹。根据经济学者刘海影在其著作《中国巨债》中的描述，宋朝创造了古代中国经济的最高业绩，宋朝的经济生活取得了极大进步："人均收入方面，从宋初的385美元上升至北宋末年的464美元，进而继续上升至南宋中后期的585美元，经济规模远超欧洲，雄踞世界之首。这一收入水平中国直到20世纪80年代才重新达到。"①

无论明清的落后还是宋的辉煌，制度是关键一环。明代君权的进一步集中扼杀了很多可能，洪武体制禁锢社会经济活力200年之久，恰好是在这200年间，西方突飞猛进，中华帝国瞠乎其后。本质上，帝国的危机最终来自制度危机，白银只是引线。在紊乱的货币制度以及外部风险之下，中国官方白银流入流出、进退失据，而对于国内货币政策无力掌控以及缺乏中央银行之类的机构调控，也暴露了大清帝国的脆弱性。具体而言，货币制度依附于社会制度，对比宋代交子繁荣以及明清白银窘迫，中国与世界的轨道交叉而过，由领风气之先到追赶而不得，这种落后有其惯性，随后又进一步导致清末币制改革困境乃至民国通胀。

如果没有18世纪中后期白银的充沛供给，中国也许不会在银本位的道路上越走越远，而世界已经走上了金本位的道路，包括中国的邻邦日本也是如此。进入金本位，与世界更好地连接，这似乎成为文明欧化的一个必然法门，而中国与此擦肩而过。

---

① 参见《中国巨债》（刘海影，2014）。

外国银洋在中国

所谓外国银洋，大家也常常说"外洋"，当时中国称其为"洋钱""洋钿"，而广东等地一般称为"蕃银"，文人们也有"番饼""番佛一尊"等说法，足见礼遇。

外洋在中国的流行，其实从明代就已经开始，主要途径有澳门以及菲律宾等。钱穆曾说，明代开始用银元，到清末有较多数量的墨西哥银元以及大清银元，银币才有了标准重量，也就是七钱二分。货币学家千家驹曾经将清朝用银分为三阶段：首先是入关到乾隆年间的100多年，普遍使用银锭；其次是嘉庆以后的八九十年为第二阶段，外国银元成为中国的流通货币；最后是清末的宣统年间，自铸银元，银元与银两并用，这种"两元并用"的局面一直维持到1933年"废两改元"。

最初的中外贸易，基本都是外来者购买瓷器、丝绸、茶叶等中国物品，中国国人几乎不买外国商品，而主要交易就以外商提供白银完成，白银主要就是银元，即外洋。伴随着贸易繁荣，流入中国的外洋也日渐增多。到了乾隆年间，除了贸易因素之外，中国的高利率也开始吸引外洋，据说当时广东年息一分八到两分，且是复利，如此水平自然导致不少银钱流入，比如1799年和珅被抄家之时，家中已经有洋钱五万八千元。

外国银洋最开始因为成色稳定而被当作银块使用，后来则凭个数流行。1910年户部调查显示，当时中国流通的外国银洋有1.1亿枚，其中1/3是鹰洋。鹰洋于1823年由墨西哥铸造，因成色较好甚至比起最早使用的西班牙本洋有后来居上之势。《银元时代生活史》一文中说①，"墨西哥的银元（俗称墨银）流入中国，这是用机器铸造的，分量更准确。外国人到中国来购买物品，都使用这种银元"。

鹰洋不仅流行于城市，也流行于乡村。美国旅行家盖洛曾经记录他在宜昌的一次经历。为了制作一面美国国旗，他购买了三尺红布、三尺白布、一块蓝布和一卷棉线，布花了532文铜钱，棉线则为100文，"我递给店主一块鹰洋，按宜昌的市价，值现钱820文。出于玩笑，我顺手拿起他已经串好的1 000钱，取了200文。他笑了笑，点头表示认可。这样，我购买这些东西，似乎只用了620文铜钱。在中国要弄清钱的真正价值实属不易"。②

正因如此，外洋在当时的流行其实更多是一种经济动机，即在混乱币制中作为一种更为标准化的白银货币，而不具备政治意义。外洋也没有法币意义，当时钱庄或票号往往会在上面做各种印记，导致其面目全非，美国传教士何天爵曾记载："一位很有名气的美国女士在广东游历时，希望凭信用卡在当地的钱庄取500

---

① 《银元时代生活史》是上海老中医陈存仁的民国记忆，陈存仁出生于晚清末年，不少往事是亲身经历，实在有趣，凡涉及金钱处，都有明细列举。

② 参见《外国人亲历的晚清金融》（刘平，2010）。

元的墨西哥鹰洋，以作购物之用。钱庄老板按照要求，从一个麻袋中倒出顾客所需银元的数目，让对方核实一下。摆在面前的墨西哥银元无异于一堆废铜烂铁：其中没有一块能够称得上完整，其价值也只能按照实际重量计算。"[1]

外洋的流行，彭信威认为体现了两个世界货币文化的发展差异：一个是希腊体系，在中世纪一度低落，文艺复兴之后一路走高；一个则是中国体系，中国五铢钱也有其先进之处，后来流行的贰角大小、银币尺寸也与之接近，也与马克与先令尺寸接近。他认为货币文化从宋之后反而后退，由便于携带的银块退化到不实用的元宝也是一例，元宝形态其实并不实用，而汉代已经有更为合理的银饼样式，《三国志·魏志》即有"赐银千饼，绢千匹"的说法，而南北朝时就将银铸造成铤形（即长方形的板），"故后代称白银一铤为一笏，当时也有将金银铸成饼形的，亦有铸成铤形的"。

从专业上说，中国的造币方法一直是"范铸"方法，即模铸法，往往先以泥制模。这属于原始的手工业方法，产量受限，而且费用不低，这一方法被认为2 000多年以来没有进步。我曾经去上海博物馆的钱币馆参观，中国历代的铸钱确实在外观上改进不大。相反的是，源于希腊钱币文化的欧洲在文艺复兴之后随着市场需要的变化，在18世纪就利用机器铸钱，这一方法后来才传到中国。

---

① 参见《外国人亲历的晚清金融》（刘平，2010）。

正因如此，外洋流行可谓引导中国货币文化的"一次大革命"，带动中国自制银元的萌生，比如"龙洋""袁大头"等。尽管如此，直到民国，外洋始终流通。根据货币专家的考证，早期中国自制银元与外洋成色接近，大概都在27克左右，纯度约在9成。[1]民间对于银元的喜爱，到底还是因为其分量十足、制作精美，陈存仁的记载亦印证鹰洋在清朝时普遍流行，甚至与"龙洋""袁大头"等在同一时期等价使用，"银元每一个，是用白银七钱三分铸成，库秤是七钱二分，银质最标准的是墨西哥铸成的，上面有一只'鹰'，所以又称为'鹰洋'"。陈存仁还解析了俗语"财不露白"，"白"字旧时指银元宝或白银，后来即指白银制成的银元。

根据陈存仁记载，银元早期在上海叫作银饼，他曾亲眼见过。这些银饼多是咸丰六年（1856年）在上海经营"沙船"生意的富商私家所铸造的。这算是国产银元，比起"龙洋"之类官方授权的银元更早。规定每一饼有白银五钱，手工打成，目的是每月发工资时，免得称量碎银引起争执。当时这些银饼中最流行的是上海富商王永盛所造，有货币史学家说其是银模制作，后来由于仿铸很盛且成色低劣，最后就停铸了。后人所见的多是仿照品，不知陈存仁所见是否为真品。

从银饼的昙花一现，也可看出外洋胜出的根本原因。货币是一种公平竞争的市场交换媒介，外洋胜出到底还是前面所谈清代币制混乱带来的结果。混乱低劣的货币制作情况之下，外洋以其

---

[1] 参见《中国货币史话》（张惠信，1994）。

制作精美以及标准化而大受欢迎，其种类有数十种之多——值得一提的是，即使在银饼铸造的咸丰六年，上海本地市场还是流行西班牙银元，也就是所谓的本洋。

外洋的流行，除了带来便利，也促进中国向白银化又进一步，这也引发了不少争议。官方曾经有意禁止洋钱流通，道光九年（1829年）上谕，"朕闻外夷洋钱，有大髻、小髻、蓬头、蝙蝠、双柱、马剑诸名，在内地行使，不以买货，专以买银；暗中消耗，每一文抵换内地纹银，计折耗二三分。自闽、广、江西、浙江、江苏渐至黄河以南各省，洋钱盛行。凡完纳钱粮及商贾交易，无一不用洋钱。番舶以贩货为名，专带洋钱至各省海口，收买纹银，致内地银两日少，洋钱日多。近年银价日昂，未必不由于此"。然而外洋的便利性使其一直流行，实际上，大清帝国官方本身也不得不依赖外洋，在税收以及对外赔款中，外洋经常出现。

讽刺的是，民间数百年间积累的外洋，直到银本位结束之时也仍旧存在，这些外洋在金圆券风潮中不少进入政府囊中。一位外国记者如此记录金圆券时期的政策，"它以逮捕和抄家相要挟，迫使人民把自己的金银、墨西哥鹰洋和所有外币全都交给中央银行"。[1]

---

[1] 参见《中国震撼世界》（杰克·贝尔登，1980）。

用白银丧失货币主权？

无论此前白银还是后来的外洋，对于中国来说，原因在于中国银的产量总是跟不上使用需求，"中国之货币问题是有铜而无金银，至清代用银元为本位，始无问题"。①

从明代白银到随后的外洋，其流行时间之久堪称中国货币史上的一个奇观。对于这一状况，一直有人认为这是货币主权外移，甚至认为这与明清国运不振不无关系。19世纪传教士、汉学家卫三畏的一则观察常常被引用，作为中国人缺乏货币主权的注脚，"在如此商业化的中国社会中，她的人民竟然缺乏自己国家所铸造的贵金属硬币……这甚至在亚洲国家中也是唯一的例外"。

何为货币主权？网上词条解释为"国家货币主权是国家对本国货币行使的最高权力，是不容许外国干涉的排他性权力"。这一概念听来振振有词，今天仍旧被不少人士用来讨论人民币问题，那么套用在明清是否合适呢？没有主权货币而谈货币主权，是否有些过于为前人担心？有人列举晚清权臣张之洞的言论作为货币主权注脚，"钱币为国家大政，一国有一国之权，即一国有一国之

---

① 参见《中国经济史》(钱穆，2013)。

钱，从不准彼国之钱"。

事实上，张之洞对于外洋的抵制有因，关于其对外洋乃至后来币制改革的态度，与其说他是民族主义者，不如说是务实主义者。他也正因看到银元有利可图才开创中国银元的先河：1889 年清政府批准由广东银元局试铸银币，中国最早的机制银元就此诞生，这正是源自张之洞倡议铸造的广东"龙洋"。

外洋刺激了中国机制银元的诞生，二者并行不悖，也为民众在动荡年代提供更多选择。我反复强调货币是竞争的游戏，其实当时也有人这么认为。1890 年宁波巡抚在工艺学院主办了一次文章大赛。文章主题是："东南省份皆有洋钱流通，国人以为有害贸易。吾国应自铸金银货币否？自铸钱币能否流通无碍？此举于吾国利大于弊，抑或弊大于利？"巡抚亲自阅卷，将桂冠授予广东的一位杨姓举人。这篇获奖文章如此阐述，"洋钱流入，实难阻挡；百姓之用，亦难禁止。洋钱虽竭吾国财货，百姓好之，奈何。予以为，惟一法可止吾国白银外流，此乃自铸银币也"[①]，这似乎也代表当事人的共识。不过立德夫人对此不以为然："现在每个省的总督似乎只顾着自己铸币，压根儿不管别的省；建立一个统一铸币的中央政府的观念从来就与中国人无缘。"

问题在于，外洋即使带动中国自制银元，但是中国自制银元始终未能驱逐外洋，品质也不见得好过外洋。张五常虽不是钱币学家，但从常识中可知其中门道，"中国昔日的货币主要是以银

① 参见《外国人亲历的晚清金融》(刘平，2010)。

作为本位，算是本位制。怎么样赚钱呢？铸造及发行银币的利润不高：其币值只是银本身的市值加铸造费用。不会高于这成本价，因为有无数的外来的银币进口，市场接受"。

对于因为白银而丧失货币主权的批判，当代思潮之一是追溯到明代，认为明代不应该用银。有学者如是批判重商主义："明代对于商人、特别是东南沿海地区的出口商人之重视，乃是由于国家希望通过引进白银来解决财政问题，它鼓励了商业的发展和对外贸易，但是，这却是以国家丧失货币主权，从而丧失社会整合能力为代价的。"① 这种对于外洋乃至白银的批判，甚至上升到国家兴衰的高度。

中国台湾地区的一些学者认为中国没有货币主权概念，虽然一度发展出纸币与广受各国偏好的铜钱，到了明代用白银，却又没有制作印有国家图腾或元首像的银元，最终货币供给遂完全为国外所控制，"就现代的角度看，与部分总体政策不稳定且物价膨胀剧烈的国家，放弃自己的国币而改采美元化或欧元化政策有些相似，但问题是中国是个大国，采行这样的政策等于是去钉住不稳定的国家地区，造成自身的动荡"。②

从货币主权到货币政策依附性评价，多数以今天的眼光看待过去的历史。货币主权、货币政策附属性等属于货币制度，这本来就是一国社会经济的映射，了解这种"混乱"，事实上也就是了

---

① 参见《五百年来谁著史》（韩毓海，2010）。
② 参见《重返国际货币的尊荣》（叶国俊，2012）。

解当时中国的复杂。按照彭信威先生在《中国货币史》中的说法，如果用现代的眼光来看，中国古代的货币没有制度可言，但放宽尺度来说，"历史上的各种措施，无论怎么样混乱与不合理，都可以说是一种制度"。

姑且不论历史事实的认定不同（比如明代对于海上贸易的态度以及消极财政政策的原因），所谓依附性的货币政策在古今含义大为不同。货币主权真的如此重要？白银或者银元，是否涉及货币主权外移甚至更大隐患？理性地看，货币是竞争的游戏，各国之间难免彼此影响，独立的货币政策在现实世界很难存在，所谓独立，更多意味着中央银行对于政府机构的独立。纸币时代印钞几乎没有成本，而贵金属时代，金银本来就是作为一种商品，其流行是贸易的结果。贵金属的流入流出最终会有均衡点（如休谟的价格—铸币流动机制），"一切东西的价格取决于商品与货币之间的比例，任何一方的重大变化都能引起同样的结果——价格的起伏。看来这是不言自明的原理。商品增加，价钱就便宜；货币增加，商品就涨价，反之，商品减少或货币减少也都具有相反的倾向"。不可否认，经济发展本来就是一个经济货币化的过程，白银的出现无疑促进了中国明清经济的活力，以致引发一系列经济后果，表面上看白银是引子，根源还是在于落后的政治体制。

另一个概念，所谓货币政策的依附性，在贵金属时代本质上是白银产量赶不上经济需求的结果。如前所述，货币主权在贵金属本位时代不是很严重的问题，毕竟不少主权货币甚至民族国家的概念，其实源自后来的理论建构。首先，白银或黄金纵然在不同国家的比价不同，但是其本身也是商品，不能凭空生出，白银多寡或许涉及财富的分配，但其本质是一个贸易问题。当然，中国经济因为银钱比价造成的动荡也是不得不承受的代价，但别国也遭遇同样的困难。其次，主权意义上的国家货币也是近代历史的产物，不是通过争夺可以获得的，这是我们在谈论货币主权时必须铭记的一点。最后，即使在纸币时代，如果是小国选择放弃货币政策选择权而选择他国（比如美国）货币，其影响并非那么容易判断优劣。其代价也许是在面对危机的时候失去主动权，但是也杜绝了该国滥用主权信用的弊端，毕竟美国中央银行的信用好于大多数国家的中央银行。因此，货币主权的意义，更多是伴随着民族国家以及信用货币兴起之后才具有现实意义——即使主权货币这一今天看来众所周知的清晰概念，也是在 20 世纪才开始为世界各国所普遍接受。

放在历史场景之中，所谓中国货币主权的淡薄或缺失，一方面是贵金属时代的通病，另一方面也是中国货币制度落后的特征。中国往昔如此紊乱的货币体系，看起来是今天货币非国家化者们乐见的自由竞争天堂，对于商业却不啻为一个烦琐转换的地狱，甚至到了民国也未见改善，一位国民政府的长期外国顾问阿瑟·恩·扬格如此评价中国的币制，"任何一个重要国家里所仅见的最坏制度"。[1]扬格于 20 世纪 20 年代随财政设计委员会来华，此后担任国民政府财政顾问直到 1947 年。

---

① 参见《1927—1937 年中国财政经济情况》（扬格，1981）。

　　正因如此，外洋流行的背后，实则是本土银两的竞争力不够。外洋为民众提供更好的选择，有何不妥呢？对比欧洲历史上的铸币权的分散化，其造就了货币竞争以及金融创新，也限制了国内君主以不足值铸币收割民间财富的能力。动辄以国家金融安全作为口实阻碍民众福利，倒是从古到今都不例外，这点更值得反思。

　　白银与外洋流行的根本原因，除了主权货币意识淡薄或者政府金融上的无心无力，也有中国铸钱技术落后的因素（铸币成本高企本来就是私人铸币能够存在的主要理由）。在主权货币乃至主权国家意识都缺位的情况之下，谈论主权货币未免奢侈，将中国明清发展的停滞以及落后归结于此更是妄想。白银是一根关键线索，白银也导致明清社会诸多变化，但根本原因在于这个僵化的体制对于变化世界的迟钝应对。主权货币并非没有尝试，从明清案例可以看出，缺乏信用的中央政府发行的信用货币，只能葬送帝国。

甲午战争：中日金本位的迥异命运

鸦片战争无疑是中国的一道伤痕，但是对于中国的最大打击则是来自甲午战争。甲午战争之后，中日两国命运的不同走向戏剧化终点。其结果之一是，金本位在日本落地生根，而中国与之擦肩而过。

这场战争至今各有表述，其中很多历史细节耐人寻味。有论者指出，这对于中国是一场局部战争，对于日本是一场蓄谋已久的全局战争，是举国体制的日本对抗各行其是的中国，其结果也使得中国遭遇有史以来的巨大重创，尤其是这样的打击来自邻邦。西方如此评价甲午战争最后的力量对比，"中日战争从头至尾是一场十足的灾难。中国最有效的讨价还价筹码不是它所剩下的陆海军力量，而是一个日本狂热分子对李鸿章的伤害而使日本人感到的内疚"。①

《马关条约》规定中国赔偿白银高达 2 亿两，当时清政府的财政收入不过 7 000 多万两。对于日本而言，其财政收入不过 8 000 万日元，日本前外务卿井上馨不无惊喜地表示，"在这笔赔款以

---

① 参见《剑桥中国史》(崔瑞德、费正清，1992)。

前，日本财政部门根本料想不到会有好几亿的日元。全部收入只有 8 000 万日元。所以，一想到现在有 3.5 亿日元滚滚而来，无论政府或私人都顿觉无比地富裕"。[①] 甲午赔款给予了日本极大的经营空间，其国家预算规模一下子变为战前两倍，高达 15 250 万日元，而地方政府支出占 GNP（国民生产总值）的比例也扩大了两倍。这是一笔巨大的财富，极大滋养了崛起中的日本，其重要作用之一就是充当实行金本位的准备金，同时帮助以三井为代表的财阀集团崛起，为日本的资本主义铺平道路。

甲午战争之前，日本政府已经意识到金融对于后发国家的重要性，多次研究讨论币制。明治初年维新政府财政状况不佳，官方货币"太政官札"遭遇多次贬值，建立金本位制的企图宣告失败。金本位的主要问题之一就是准备金不足，而随着中国"赔偿"日本白银 2 亿两（后增加 3 000 万两"赎辽费"），这笔费用折合下来为 3.648 6 亿日元，使得日本最终在 1897 年得以确立金本位。

为什么日本走向了金本位而中国没有？首先，正是因为中国倚重白银，部分阻碍了中国转向金本位。比起国人热衷于单方面讨论货币主权，其实更应该讨论货币制度以及国家制度对比。亚洲国家有货币主权并成功转向金本位者，主要指日本，但日本的货币主权，不仅体现在白银自产，也体现在货币铸造。

日本的情况和中国有一些不同。根据《日本经济史：1600—2000》一书中的记录，日本在幕府时代是三货制度，即黄金、白

---

① 参见《帝国主义侵华史》（丁名楠、余绳武，1992）。

银、铜钱通用。日本的地理差异也导致了黄金一直具有一定的地位，惯例是西日本银山多，因此在江户时代关西人通用银子，而东日本金山多，关东人通用金子。白银在日本最早作为称量货币广泛使用，但是在幕府时代陆续发行定额银币。现在人人所知的东京银座是繁华商业区，其实银座得名最早源自江户时代，这里一度是银币铸造厂所在地，对应的地名还有金座。当时日本甚至以金币的单位"朱"作为货币单位来发行银币（日本金币是用两、分、朱来计算，一两大概15克，一两等于4分，一分等于4朱），这种定额货币因其便利性逐渐取代了原来的称量货币，金银币一体化也导致都用相同的两、分、朱计算。在幕府倒台不久的明治二年（1869年），日本金银称量银币所占份额仅为2.7%。日后日本转向金本位，这一初始状况避免类似中国白银换算问题，可以顺利过渡到元钱厘的体系。对比之下，西方早在公元前数世纪已经使用铸币，日本铸币比之晚了2 000年，而中国直到晚清接近覆灭才开始发行铸币，比日本又再晚了数百年。

其次，日本金本位的重要转机，都是在19世纪晚期才完成，其中不得不提一位杰出人物的力排众议与大力改革，这就是萨摩藩武士出身的首相松方正义，他从1881年起主导日本财政超过20年。在19世纪末，国际银价大跌，间接带动日本出口繁茂与企业兴起，但是松方正义观察到印度作为英国殖民地在1893年实行金本位，开始不顾分歧强行将货币体制引向基于金本位的现代货币制度。随之，日本进行系列改革，一是在1882年通过制定《日本银行条例》，规定中央银行是唯一有权发行纸币的机构，二是利用甲午战争的赔款在 1897 年实行金本位制。金本位当时是世界潮流与标准体系，日本实行金本位一方面可以抑制当时日本民间的投资热潮，另一方面使得日元获得国际认可，也使得国际资本在日本投资更为便捷。更重要的是，金本位不仅使得日本可以实现甲午战后经营，更可以使得日本加入以英国为主导的国际金融体系，成为二者联合起来进行日俄战争的前提。

最后，从政治角度审视中日货币，又有不一样的景致。众所周知，完善的货币金融制度对于后发国家的工业起飞意义重大，但对比货币制度差异，其实中国与日本的时间差也就是 20 年：1870 年日本铸造"龙洋"，1887 年广东也开始铸"龙洋"。1871 年日元诞生，日本试图建立金本位，未成功。1882 年日本银行成立，同年中国开始机器制钱。1897 年中国通商银行成立，1905 年大清户部银行成立。

20 年的时间在历史中不过转眼一瞬，但在剧变时代则至关重要，落后 20 年已经足以错失金本位的时间窗口，这也意味着错失历史机遇。金本位乃至信用货币在全球成为主流，其实也就是 19 世纪晚期的事情。对于这股历史潮流，中国也曾想加入，但国内争议以及利益分配纠缠之下，始终是一步慢，步步慢。晚清在系统性落后的情况之下，货币或者金融改革难以单边突进，也无法倒转历史车轮。

甲午战争是帝国梦魇的深化，触发随后一系列政治破败，正如清末恽毓鼎所评价的那样，"甲午之丧师，戊戌之变政，己亥之建储，庚子之义和团，名虽四事，实一贯相生，必知此而后可论十年之朝局"。在经济上，变动中的中国继续依赖白银，国际市场的白银变化对中国的影响更加剧烈而直接。白银变化剧烈引发经济政治的诸多痉挛，直到 20 世纪 30 年代才重新梳理清晰。

反过来看，日本赶上了当时的时代快车，为日本随后的产业革命以及经济腾飞奠定了货币基础。中国赔款的大部分费用作为日本军费，让日本军部力量更不可抑制，举国膨胀在追赶与超越的狂奔之中，为日后军国主义道路埋下伏笔。20 世纪 50 年代日本首相石桥湛山曾经如是写道，"我们对发动甲午战争时没有一个人主张反对战争至今都感到遗憾。同样，在日俄战争前夕，也没有就反对战争展开充分的议论，这太让人遗憾了"。石桥湛山被认为是"小日本主义"的代表人物，但是在"大日本主义"狂热席卷一切的时候，自由主义思潮总是有些格格不入。

江户时代中日的不同传统

就货币与国运而言，在 17 世纪暂别之后，中日命运在 19 世纪再度交叉。从中国明清铜钱受东亚欢迎到中国拥抱白银，再到日本自制银元甚至日本银元倒流中国，起点与终点何以有如此大的差距？答案或许应该回到江户时代，追溯中日不同传统。

中国和日本仅仅相隔 110 海里 ①，这个距离足以让彼此隔离，也让彼此学习。两国文化有巨大差异，民国人士如是描述，"中国和日本，地面的差异，人口的差异，都在十倍以上，而文化的差异，却是差了几千年"。② 日本往往是世界眼中的东方，却又是亚洲眼中的异者，他们自身亦惑于其中。从地理上，日本位于欧亚大陆东侧，太平洋之西，全境在亚洲之内；日本环境封闭而又开放，除了 1853 年佩里将军率领的美国海军舰队打开了其闭关锁国的大门之外，日本历来抵御了不少外来侵犯，包括蒙古的铁骑以及后来的英国和俄国。正因如此，在历史上日本往往能够一面接受外来文化，一面闭门独立消化。

---

① 1 海里 =1.852 千米。——编者注
② 参见《日本人与日本论》(蒋百里、戴季陶，2012)。

　　江户时代日本通往外界的主要门户是长崎，当时日本与中国以及荷兰的贸易是主流。与荷兰的贸易因后来的西化引起很多关注，事实上与中国的贸易也有独到之处，甚至影响更为普遍，只是日益现代化的日本与中国拉开距离，昔日的中日贸易有意无意地被忽略了。日本人常说长崎的异国情调实际是中国情调，而江户时代诸多习俗深受中国影响。不仅如此，明治初期的日本对于欧美著作的学习，也得益于汉学在知识阶层中的深度普及，"如果没有汉学普及的基础，就不可能有欧美文化的传入"。①

　　历史是一张吹弹欲破的纸，误读与遮蔽无处不在。事实上，不仅当时中日贸易十分普遍，而且中国对于日本的现代化也有相当影响，尽管这种影响更多是以自身败北作为无意识的"榜样"效果。

　　当时的日本对中国密切关注，对于中国在鸦片战争中的遭遇，日本一直抱有深刻的危机意识，这对日本现代化有"无意识的贡献"。鸦片战争前夕的 1838 年，德川幕府"御三家"之一水户藩藩主德川齐昭曾经做过一个不无惊悚的预言："日本将是西方攻击的第一个目标；中国太大，琉球群岛和朝鲜又太小，都吸引不了炮舰的注意。"

　　在历史上，日本对于中国的借鉴，从唐到清，从正到负，皆是并存，正如有种说法，"巧引中国无色线，织出日本斑斓锦"。中国 1840 年鸦片战争的失败震撼了幕府，当 1853 年美国马

---

① 参见《江户时代日中秘话》（大庭脩，1997 ）。

修·佩里司令的 4 艘威力强大的炮舰（"黑船事件"）出现之时，幕府屈服了，开放了下田与箱馆的门户。随后，不平等条约引发的不满导致幕府政治的破产与明治维新的到来。

鸦片战争发生在中国而不是日本，让日本获得了一段时间，甚至也使得幕府对于海外来客的态度在"黑船事件"之前已经有了转变。中国则没有这样的时间窗口，1840 年鸦片战争爆发，不仅成为中国历史上的标志性事件，也改变了亚洲的历史。当时日本幕府还是从荷兰船长的情报中得到鸦片战争的消息。德川齐昭的预言落空不仅没有打消日本的危机感，反而引发更多讨论，被视为即将而来的"警告"。

我们知道的很多中文现代词汇来自日语，比如"权威""权益""主义""革命"等，不过中日间现代交流并非单向。其中值得一提的是魏源的《海国图志》。中国历史书籍引述其"师夷之长技以制夷"之外似乎就渺无声息，但是在日本这本书却引发诸多讨论，比如日本江户末期思想家佐久间象山一方面将魏源称为"异地的同志"，另一方面则通过中国遭遇警示力量的东西转移，立意日本要步入"世界第一等之强国"，"方今世界，仅以和汉学识，业已无能为力，如不总括五大洲，宏大经济，则难以应付"，这与日后福泽谕吉于 1885 年发表的著作《脱亚论》不无关系。

根据日本学者大庭脩的研究，《海国图志》首次传入日本是在 1851 年，首批仅三本，由于涉及西洋内容初期还被视为禁书。船上的书籍底账可以一窥当时的变化，首批被记载"此项内有御禁制文句"，后来需求则越来越大，"到了江户则身价百倍，成为急需的御用之书"。随后两年之内,《海国图志》被翻印了超过 20 个版本。

大庭脩认为,上述观念的转换反映了"决策者与下位者对时局认识的差异"。值得注意的是,魏源所著的另一本书《圣武记》在 1844 年传入日本,亦颇受好评。增田涉在遗著《西学东渐和中国事情》中表示,《圣武记》对日本人的精神"产生了很大影响"。另外,一本描述鸦片战争期间乍浦人对抗英军的书(《乍浦集咏》)原在中国已经失传,在日本却产生抄刻本。由此也可多少看出在第一次鸦片战争之前,日本对于中国的关注,除了源于自身利益,也带有同情色彩。但是这种情感并不能持久,随后中国人沉迷鸦片,日本的意识逐渐转向为看不起,甚至开始期待从中分得一杯羹。

深陷白银问题的同时,中国亦遭遇鸦片战争以及太平天国运动,日本则开始了明治维新,并全力追赶,其结果就是中日相对实力的变化,最终以甲午战争作为高潮。对比《海国图志》在中日命运的迥异,梁启超曾经如此评价,"其术在今日之中国,不过束阁覆瓿之价值。然日本之佐久间象山、吉田松阴、西乡隆盛辈,皆为此书所刺激,间接以演尊攘维新之活剧"。

魏源常常被视为"开眼看世界"的第一人,这其实有些夸大,但是把魏源仅仅看作一介书生甚至幕僚又过于小瞧他了,从诸如《圣武记·军储篇》可以看出他对于货币的理解高于同侪。从魏源身上不仅可以看到中国知识分子在变革时代的努力挣扎,而且他的思潮流转更可以作为中日变迁的一面镜子。

　　如果说 16 世纪末中日之间的战争尚且被解读为边缘文明对于中心文明的不满，到了 19 世纪末，日本和中国之间已经是有了文明的高下之别。光绪十一年（1885 年），即明治十八年，启蒙家福泽谕吉这样描述当时的情况："文明就像麻疹的流行一样。眼下东京的麻疹最初是从西部的长崎地方向东传播，并随着春暖的气候逐渐蔓延开来。此时即便是痛恨该流行病的危害，想要防御它的话，又有可行的手段吗？我确信没有这样的手段。纯粹有害的流行病，其势力的激烈程度尚且如此，更不要说利害相伴或利益往往更多的文明了。当前不但不应阻止文明，反而应尽力帮助文明的蔓延，让国民尽快沐浴文明的风气，这才是智者之所为。"最终，明治时期的日本精英定下"产业振兴、引入宪政、抵御外敌"三大目标，最终都得以达成，其中典型如棉纺织业的成功更是奠定了日本的工业基础。

　　江户时代的日本，本身是其封建统治的最后一个时代，过去往往被解读为闭关锁国，但当时的日本并非铁幕一块，在封闭中也在谋求发展各类贸易。江户时代对日本社会的影响，如同中世纪在欧洲的地位一样，往往毁誉参半，是争议的焦点，不过比较新的评价不把"锁国"的江户时代看作黑暗而无发展的时期，恰恰相反，是在政权稳定下充满活力的发展年代。[1] 整个江户的粮食产量（"实际石数"）增加了 2.4 倍，民众不仅人均衣物增加，而且

---

[1] 友人蔡孟翰长期关注政治思想史。他指出，西方学术界从 20 世纪 50 年代末以来逐渐修正对江户时代的看法，日本政治思想史学者丸山真男也认为，江户时代是日本现代社会的内发期，只是有些挫折。

质地改善，以往百姓衣服以麻布为主，逐渐过渡到 17 世纪末以棉布为主，再到丝织品并得以推广。可以说，江户时代农业生产的提高、贸易的增长、印刷业的发展，都为即将到来的工业化社会埋下伏笔。① 试想一下，如果没有江户时代的过渡，何来明治维新呢？

更进一步，比起西方外来冲击带来的日本开港，一些解释也认为日本在开港之前就处于"被打破的锁国年代"。比如日本历史学家服部之总就主张幕府末期日本已经处在"严密工场手工业阶段"，甚至认为这是对解释幕府末期内政外交"唯一的、统一而合理的把握方法"，这一方面是无法扬弃的封建社会的存在，另一方面也可以成为克服类似中国半殖民地危机的"契机"。②

17 世纪到 19 世纪的日本，在与大一统中国比较之后，其实也应该放在世界之中比较。事实上，19 世纪日本宪法更多模仿普鲁士，加上日后的历史，因此在国际比较视野中，中国往往将日本与德国作比较，但对日本自身而言，作为亚洲最早工业化的国家，其或多或少自诩为亚洲的英国。

的确，对比日本幕府时代的政治结构，其实与欧洲存在某种共性，历史学家塞缪尔·E. 芬纳认为，日本在某种程度上最为接近欧洲。③ 表面上，江户幕府占有全国 1/4 的土地，近百个藩国的领袖都服从于幕府，但是各个藩国在政治以及经济上都有很大

---

① 详见《从江户到平成》（大野健一，2006）。
② 参见《中国、东亚与全球经济》（滨下武志，2009）。
③ 参见《统治史》（芬纳，2014）。

的自由度，比如对马藩（日本地方封建政权）在17世纪为了重建对朝鲜的贸易，甚至不惜伪造国书对丰臣秀吉出兵朝鲜表示歉意。就货币而言，为了解决货币不足，各藩也陆续发布藩券，最早记录是1661年的福井藩，不同地区的货币发行引发货币竞争和创造信用，甚至为日后的货币信贷化改革提供了先行条件。

当时日本社会分为士农工商这四个阶级，其中士说的是武士，农民在当时没有移居的权利，被视为与土地联系在一起的财产，但是由于农业在封建国家的重要性，所以位列第二。当时的农业生产大多是小家族式的，在缴纳足够的年贡之下农民也享有部分自治权。天皇作为名义统治者，将军或关白作为全国实际统治者，各个大名小名是其封臣，实际上也成为自家土地的领主。

如此看来，日本政治机构的确与欧洲封建领主制非常类似，当然，在表面相似之下，仍有本质不同，那就是日本统治中的非契约性。值得注意的是，幕府衰落时期的反叛情况只是少数，多数情况下，在日式封建关系中，只有垂直的关系而没有平行的关系，地方领主在中央统治者面前并没有权利可言，更不可能出现类似西欧可以解决国王与领主争端的领主法庭之类的事物，任何越级行为都要付出极大成本。因此，这种日式统治之中，有类似"警察国家"的法制，却没有机会孕育法治；忠诚往往维系于个人，整个体系其实非常脆弱。这导致德川幕府统治时期制度设计处处充满不信任，结果自然并不会诞生真正的领先文明，当然这也为日本明治维新打下某种变革基础，这些旧有因素很可能也使得日本在现代化过程中付出代价。

中日贸易曾经很繁荣，其模式多是中国货物换取日本白银。从明代开始日本白银就不断流入中国，在丰臣秀吉 1592 年出兵朝鲜之前，两国贸易已经出现中断，而幕府在 17 世纪末之后因为担心贵金属外流，也逐渐进行贸易限制。到了清初，清政府因抵御郑成功而在 17 世纪推行"迁海令"，强迫东南沿海市镇和乡村撤空，其目标在于"消灭郑氏赖以建立一个从长崎绵延至东南亚、经济上繁荣且至少对清朝来说军事上危险的海上帝国的非法贸易"。当时，郑氏家族从与日本的贸易中获得大量白银，其中不少流入大陆。这一政策的结果是迫使台湾最终屈服，但却是以牺牲贸易为代价。

与中日国运类似，丝与白银的故事在鸦片战争后又步入不同篇章，进退之间潮流已改。中国丝、茶等物一度在日本乃至世界市场大受欢迎，但是这些物品多数并不具有独一无二性与核心竞争力，在日本学习和赶超之下，优势局面很容易发生逆转。以最为典型的生丝为例，日本一方面可以在本土找到中国的替代品，另一方面也通过别的贸易途径获得替代品，比如从荷兰人、郑氏家族那里获取。通过在贸易中学习，日本生丝开始在国际市场取代中国丝的地位。1880 年中国丝出口量是日本的 5 倍，而到了 1935 年日本丝出口量则是中国的 6 倍。[1]根据林满红的解释，二者分野在鸦片战争之后，尤其是 1850—1880 年更加明显。在当时白银回流的景气之下，中国人因安于既有技术而不思进取，日本

---

[1] 参见《中国近代经济史统计资料选辑》(严中平，2012)。

为了挤进市场则拼命提升技术，对比之下最后的结果则是日本丝要比中国丝"高档"。①

甲午战争似乎是中日国运的重大分岔，但是命运其实在更早前已经写就。或许正是江户时代的暗流涌动，造成了中日命运在"17 世纪危机"中暌违相遇，随后却在 19 世纪走上了不同的道路。如果"17 世纪危机"更多是自然朝代变化的常态危机，19 世纪发生的危机则是现代性的决定时刻。中日在 19 世纪的分野不仅仅在于货币体系的不同，更在于现代化步伐的差异。伴随着日本近代化的开始，中日难免一战，甲午战争甚至被福泽谕吉称为"文明对野蛮"的战争。

中国和日本的对比始终耐人寻味，当曾经的天朝上国变为邻国眼中的野蛮邻邦之际，变化也不可避免地开始。现代化的进程就是彼此刺激反哺，中国也迎来另一个"自强"的时代。

---

① 参见《银线》（林满红，2011）以及林满红接受台湾"中研院"明清研究推动委员会的相关访谈。

从磅亏到币制改革

在纸币时代，我们时刻警惕通胀，而在商品货币时代，货币紧缩则是常态。无纸币的朝代往往遭遇钱荒，比如曾有记载，"比年公私上下，并苦乏钱，百货不通，人情窘迫，谓之钱荒"。[①]

对于中国而言，白银如此重要，可谓经济的血脉。一方面，白银长期依赖海外进口；另一方面，国内货币其实更多在民间而不是中央，可谓没有货币政策。外来供给起伏，导致晚清之际诸多变化。正因如此，银钱比价是理解晚清社会变化的重要脉络，战乱、"中兴"甚至清末改革都与白银关系莫大。

回看道光咸丰年间，中国社会因为银钱比价剧烈变化而遭遇不稳定之苦，无论钱荒还是银荒都在冲击帝国政治的稳定性，可谓荒也苦，盈亦有难。当时有人记载，"出口之例禁者如铜钱、米谷、豆石之等，约内所载，悉宽其禁，以致昔日银荒，今日钱荒，两受其敝"。[②]

因此，晚清也萌生过币制改革的想法，其思路是如何发端的

---

① 参见《宋史·食货志》(脱脱等，1985)。
② 参见《中西纪事·洋药上税》(夏燮，1988)。

呢？晚清币制改革，有内因也有外因，但都离不开对外交涉。从外因来看，在于国外商业政治势力出于自身方便与利益，期待中国有统一的币值。譬如，1902 年 9 月缔结的《中英续议通商行船条约》(《马凯条约》) 中就特别提到国币，还涉及整顿税制、统一度量以及商标保护等具有进步色彩的内容。长期担任清朝海关总税务司以及中方顾问的罗伯特·赫德曾评价《马凯条约》是一个好的条约，"如果列强全部接受、中国充分执行该约，其结果将会是改良"。①

内因之一确实是使用不便，譬如历次赔款之中，磅亏（所谓磅亏，其实就是汇率损失）成为惯例，而国外银元的存在，也影响了中国的铸币税。最极端的例子是，1842 年签署《南京条约》之后，清政府向英国赔款 2 100 万银元，因为国内银元、银两成色问题，最终使用西班牙银元来支付，折算下来大概是 1 470 万两白银。

伴随着当时金贵银贱的趋势，在主要大国是金本位的基础之下，英镑成为实际的国际结算货币，伴随着金贵银贱的确立，以银结算的中国往往面临英镑汇率上涨所造成的损失。梁启超对于磅亏深恶痛绝，觉得因为没有使用金本位，"吾国以用银国与用金国相交际，当吾受取债权款项时则银价涨，当吾交付债务款时则银价落，其间所谓磅亏者，腹吾膏血至于无艺"。②

---

① 参见《赫德传》(卢汉超，1986)。
② 参见《饮冰室合集》(梁启超，1989)。

磅亏，不仅揭示金银在 19 世纪的不同命运，事实上也折射了中国与世界的金融差距。17 世纪和 18 世纪时新大陆的银子涌入欧洲，虽然当时欧洲各国宣称是金银复本位，但实际上金子受欢迎得多。到了 19 世纪中叶，基本趋势是银价走低而金价走高，中国事实上成为世界上主要的黄金出口国及白银进口国，与时代潮流完全背道而驰。1889—1929 年，这 40 年内，金出超 27 年，而银出超 14 年，入超 25 年，金净出超 96 760 217 两，而银洋入超 627 177 427 两。①

银子在欧洲的命运，脱离不开"劣币驱逐良币"的格雷欣法则。当时普遍存在的自由铸币状况也是一个重要因素。在金银固定兑换比率之下，当市场比价与法定比价不同时，市场比价比法定比价高的货币（良币）将逐渐减少，而市场比价比法定比价低的货币（劣币）将逐渐增加。譬如银的市场价格比实际价值高，那么意味着银被高估，同时也表示金被低估，那么人们就会融化金币，同时将银币花出去，最终的结果就是市场的金币越来越少，反之亦然。②

大清帝国之外的世界，并不会因大清的停滞而裹足不前。伴随着工业革命的进展，金融也随之演进。随着新世界银矿的发现，金银复本位弊端日渐显明，白银越发贬值，两种金属的不同比价往往导致重新铸造，从而进一步引发价格失衡。对欧洲各国而言，

---

① 参见《白银与近代中国经济（1890—1935）》（戴建兵，2005）。
② 关于金银复本位，可参见本书第一章与拙著《货币王者》。

银子往往是麻烦的开始，币值不稳定引发的经济波动也让它们吃过不少苦头。在这些国家，银的比重逐渐降低，逐渐走上"非货币化"道路。

1717年，英镑按黄金固定价值，差不多100年后英国在1816年颁布了《铸币条例》发行金币，规定银币仍旧是辅币。随着19世纪欧洲全面迈入工业革命，大多数国家开始步入金本位制度。

金本位并不意味着黄金交割。当时的国际交易中，黄金虽然被作为价值核心，但最流行的并不是冷冰冰的黄金，而是汇率稳定的英镑。第一次世界大战之前，黄金已成为通用标准，以致人们回忆一战前数十年的和平时代之时总有黄金时代的幻觉。当时国际货币制度基本是以黄金作为国际储备资产，而英镑作为清算手段的体系。英镑成为各国货币与黄金之间的连接，其使用更为频繁，这与当时英国经济地位以及英镑币值坚挺有关，也离不开英格兰银行的良好运作与伦敦作为国际金融中心的卓越运转，因此这一体系被称为英镑汇兑本位制。

稳定的金本位成就了英国，而动荡的银本位则使得中国饱受煎熬。无论中国如同传统观点认为的那样是在工业革命之后落后西欧，还是如同加州学派的学者彭慕兰认为的那样，从19世纪东西方的大分流才变得显而易见，"原先很阔的"中国在20世纪初的落后毋庸置疑，而且是从金融到经济的全面落后，磅亏只是一个和世界货币格局脱轨的小注脚。

币制改革大热潮

如前所述，到了清代，政府开支几乎主要用银，即使兵饷中银也占了8成，而且奖励民间用银，不过民间小数目交易还是以铜钱为主。另一方面，银在国内日渐重要，却使清末形势变得很被动。从同治年间开始，各国大多实行金本位，金贵银贱的趋势出现，对于中国这样的贸易国家来说，货币不断贬值而对内入超逐年增加，黄金外流，连连磅亏，币制混乱。雪上加霜的是，财政混乱引发了一连串危机，尤其是1900年八国联军入侵之后赔款要折算成金币，稳定汇率成为当务之急，因此，晚清在其最后几年面临大局变化之时也被迫做出币制改革的努力。

按照此前叙述，不难看出晚清政府并没有货币政策、货币主权等意识，民间币制也是一团乱麻，按照民国经济学家赵兰坪的说法，"吾国历来，仅有货币，而无币制"。

不破不立，和众多"中兴"努力一样，制度改革也是晚清精英的谈话重点，币制改革亦很热闹，成为一时风气，并分为不同派别。那个年代最聪明的头脑对此热心不已，梁启超之类的才俊也纷纷参与讨论，梁启超甚至多次呼吁"币制一事为财政命脉所关""币制颁定之迟速系国家之存亡"。他在日本的时候就非常关注币制改革，甚至将改革上升到救亡的高度，这也为其日后在北洋政府担任财经要职埋下伏笔，"自吾居东时，好扼腕论天下事，辄以为中国救亡图强之第一义，莫先于整理货币、流通金融，谓财政枢机于兹焉丽，国民生计命脉于兹焉托也"。梁启超在近代的影响不可小觑，在很多重大讨论中他都出现，其对于举国关注的经济金融问题也不甘人后，后来曾担任民国天津币制局总裁乃至财经高管，看来造币厂西方有牛顿，东方有梁启超，也算是双璧。

于是，"圜法"成为热门词。所谓"圜"，也就是货币，《汉书·食货志》中说，"太公为周立九府圜法，黄金方寸而重一斤；钱圜函方，轻重以铢；布帛广二尺二寸为幅，长四丈为匹"。围绕币制的建立与改革，对应着世界的变化与冲击，中国开始思考应该以何种货币制度与世界对接。

关于币制改革的主张，可以分为几类，首先，多数人赞同金本位，这符合世界趋势，也可缓解白银危机。据彭信威考证，从咸丰年间开始就有人提议金本位。其中重要的代表是顺天府尹胡燏棻，1895年的变法自强案中就有开铸金银铜钱、设立户部银行发行钞票等建议。晚清士绅刘世珩1903年在《圜法刍议》中也主张金币本位，银铜为辅币，并且设立国家银行发钞。

驻俄公使胡维德曾上疏表达这派人的基本想法："中国若光绪二十九年自有国币，则与各国事同一例，汇兑无虑外耗。国中金银铜三品，铜币若干当银币之一，银币若干当金币之一，比例既定，推之大小而悉准，行之远近而无殊，用之官民，无折扣，诸政划一，易于勾稽，蠹吏奸商莫由抑勒，则民生国计内治尤裨。

▲ 宋孝宗赵昚（1127 年 11 月 27 日—1194 年 6 月 28 日）

图片来源：维基，https://commons.wikimedia.org/w/index.php?curid=2435034。

◀ 《晚笑堂竹庄画传》中的王安石画像

王安石自称"愿为五陵轻薄儿，生在贞观开元时。斗鸡走犬过一生，天地安危两不知"，却成为历史上毁誉参半的人物。

图片来源：维基，https://commons.wikimedia.org/w/index.php?curid=1169212。

▲ 美第奇家族的洛伦佐·德·美第奇

洛伦佐是文艺复兴时期佛罗伦萨的实际统治者，达·芬奇、米开朗琪罗等艺术家的保护者。

图片来源：维基，https://commons.wikimedia.org/w/index.php?curid=454357。

▶《金瓶梅》插画

▼ 宋代商船（丝画）

　　此图为北宋画家郭忠恕所作。宋代造船业十分发达。

图片来源：维基，https://commons.wikimedia.org/w/index.php?curid=4432907。

▲ 十三行

　　十三行为清政府特许经营对外贸易的商行。虽然
名为十三行，行数却并不固定。十三行对官府负有承
保和纳税、传达政令及管理外洋人员等义务，也享有
对外贸易特权。

◀ 西汉五铢

　　五铢币是一种中国古铜币，重五铢，上有"五铢"二字，故名。初铸于西汉汉武帝元狩五年（公元前 118 年），东汉、蜀汉、魏、晋、南齐、梁、陈、北魏和隋都有铸造，重量形制大小不一。唐朝武德四年（621 年）废止，但五铢仍然在民间流通。五铢跨度大，是中国历史上数量最多、流通时间最久的钱币。

图片来源：维基，https://commons.wikimedia.org/w/index.php?curid=1059877。

▶ 日本庆长丁银

　　丁银是自室町时代至明治维新之间所使用的一种银币，形似海参，其重量不固定，大约为 161.64 克。因为没有刻铸面额，所以实际使用时需先称重以决定其价值。配合丁银使用的辅币称为豆板银。

图片来源：维基，https://ja.wikipedia.org/wiki%E3%83%95%E3%82%A1%E3%82%A4%E3%83%AB:Keicho-chogin2.jpg。

▼ 墨西哥鹰洋

　　1821 年墨西哥独立后开始自行铸造银元，1854 年以后大量流入中国，硬币肖像为老鹰，故中国称之为鹰洋，与西班牙本洋相对。

图片来源：维基，https://commons.wikimedia.org/w/index.php?curid=22875513。

▲ 元至元通行宝钞二贯（左为钞版）（上海博物馆藏）

▼ 明嘉靖五十两银锭（中国财税博物馆藏）

银锭主要出现在唐、宋、金时期，常见形状有圆首束腰、平首束腰和弧首束腰。

图片来源：《熠熠千年：中国货币史中的白银》（上海博物馆编，2019）。

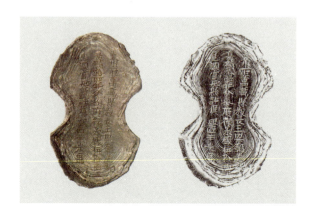

▲ 东印度公司的鸦片库存

　　1600 年 12 月 31 日英格兰女王伊丽莎白一世授予该公司在印度的皇家特许状，之后，东印度公司从一个商业贸易企业变成印度的实际主宰者，拥有协助统治和军事职能，直至 1858 年被解除行政权力。

图片来源：维基，https://commons.wikimedia.org/wiki/File:%E8%8B%B1%E5%9C%8B%E5%9C%A8%E5%8D%B0%E5%BA%A6%E7%9 A%84%E9%B4%89%E7%89%87%E5%84%B2%E5%AD%98%E5%BA%AB.PNG。

▲ 清代，鸦片吸食者

图片来源：Wellcome Images 网站。

如此，内外微信，华洋贸易只须计物价涨落之常，不必计银价涨落之害，则盈绘易知，贸易必盛，置本厚集，何事不宜……其为利固未可一二计也。"

其次则是主张金汇兑本位制，意图在于用银价来确立金价，由海关总税务司赫德、荷兰经济学家卫斯林等人主张。根据金国宝所著《中国币制问题》中的记载，赫德的方案要求新币标准参考库平，银价与金价永远固定，"凡新币八两，常等英金一磅"，此外铸币权也要求统一，不但要求"中央政府自行设一造币总厂"，而且模仿英国模式，人民可以在场内自由铸造，对于各省之造币厂则主张"一律停闭"，"宿几成色重量，可以划一"，"其实是一种金汇与银币的复本位制"，这都是力图先确立金币的重量及金银法定比价，以后再逐步过渡到金汇兑本位制。

值得一提的是，和赫德的方案类似，美国国际汇兑委员会委员精琦从 1903 年起陆续在《中国新圜法条议》《中国新圜法觉书》《中国新圜法说帖》中提出了其方案，基本要点在于以相当于一两白银的黄金为单位货币，"人民得自由请求铸造这种金币"，同时铸造银币，金银币间比价维持为 1∶32，由清政府在伦敦等地开立信用户出售金汇票以维持比价。最引起争议的是，他甚至建议"应派一洋员为司泉官"，也就是应该由外国人担任司泉官。①

此外，错错杂杂的讨论下，还有林林总总的方案，比如主张实行金银复本位制或各种变体，或者银本位以及金汇兑本位制并

---

① 参见《精琦的币制改革方案与晚清币制问题》(丘凡真，2005)。

行。曾经出使英国的大臣汪大燮曾提出用金币的几种办法，比如提高银元价值再规定金银比价，或者发行金币并吸收市面白银，人们要求兑现时以白银支付。这些方案的目标，大多数都将最终目标定为金本位，或者被称为虚金本位制的金汇兑制度。

白银为何再次胜出

　　1905 年，白银再次胜出，清政府决定暂时以银两为标准硬币。

　　黄金是当时的世界主流，主要国家纷纷改行金本位，1897 年日本确定金本位制，美国也在 1900 年实行金本位制。为何在清朝币制改革中，最终却是银本位胜出呢？从日后来看，1904 年春天的"精琦方案"不仅是近代币制史首个系统性方案，或许也是中国距离金本位最近的一次大讨论。

　　"精琦方案"的反对者中，最为厉害的当属刘世衍及张之洞。和多数理念之争一样，人们犯错的原因一方面是无知，另一方面则涉及利益。彭信威日后评价，朝野对于货币完全外行又不加以研究，各种方案的反对理由往往都不太成立，甚至方案提交者中除了外国专家之外都是外行，可是外国专家正是因为"外"的身份，遭遇了当时严厉的反驳，而且磅亏的压力也随着时间的流逝而有所减轻。

　　正如当时外国人的观察，清朝财政和货币极端混乱，看似统一之下，事实上各级地方政府拥有很多的权力自由。迷信中国是大一统集权国家的人，往往会忽略各个地方政府的能量以及作用，财权与事权的不对等必然使得地方自谋财路。

对于改革而言，为了壮大中央财政，集中财权不可避免，统一货币也成为题中之意，尤其在受到甲午战争的冲击，银价剧烈下跌之后必须用黄金偿付，不堪磅亏重负的清政府内有币制改革动力，外国出于自身利益也积极加入，正如《剑桥中国晚清史》一书中所言，币制改革没有外国合作就难以进行，"清政府与还在实行银本位制的墨西哥政府一起要求美国在友好的条件下合作，以便在采用金本位制国家和银本位制国家的货币之间建立稳定的关系"。如此一来，"精琦方案"背后少不了国家角力，各方基于自身利益做出不同的反应，德国和法国同意，英国和俄国反对。

张之洞是反对"精琦方案"的主力，也是当时的清朝实权人物，事实上他主宰了晚清币制的改革。他认为外国用金本位是因为物价贵，人民生活费用高，故以用金为便，而"中国则不然。民贫，物贱，工役获利微，庶民食用贱，故日用率以钱计。……今计中国全国，仍是银铜并用，而用铜之地十倍于用银之地。大率中国之国用者皆以银计，民用仍多以钱计，是中国虽外人名之为用银之国，实则尚是用铜之国，非若外国物贵财多，利于用金之比也，论目前中国情形，若欲行用金币，不但少金可铸，即有金可铸，亦非所宜"。

纵观张之洞的反对理由，着重于两个方面：首先晓之以理，觉得中国不适合金本位，因为中国用铜钱，金消费不多，银价下跌有利于出口，1：32 的比价也不合理；其次动之以情，用了民族主义的旗帜，国外方案免不了国外干政，"或外人饵我以重利，实图揽我利权、绝我利源者，拟请敕下外务部、财政"。

此外，当时金汇兑制度大部分是殖民地采用，"精琦方案"又主张外国人管理货币改革，最终也就冷淡收场。精琦的币制改革方案虽然最终流产，却可以一窥晚清甚至近代中国的币制改革困境，从经济学上说就是，改革如何激励兼容，尤其需要考虑既得利益集团。为什么张之洞如此反对金本位，他列出的理由其实并不能成立，主要是其中涉及利益关联。

前面已经说过，19世纪外国银洋加速流入，因其机制银币精美、成色稳定而备受欢迎，从西班牙本洋到墨西哥鹰洋都曾各领一时风骚。

对比之下，1885年福建尝试用机器试铸制钱，而国内机制银币的大量铸造正是源于张之洞——这种机制银币叫"龙洋"，因为钱币上有蟠龙纹。光绪十三年（1887年），时任两广总督的张之洞鉴于外国钱币流行，于1889年在广东银元局首次试铸银币。

由此可见，既得利益在张之洞这样的革新官僚面前仍旧排行第一。梁启超一直对币制改革高度关注，他评价各方方案"所争者，改革之权在我与在人耳"，这可谓一语中的。对于张之洞的见地，梁启超批判其是不专业的门外汉之语，"又顷见《上海时报》载有鄂督张氏驳斥精琦案一折。其论权限问题，吾固表同情，若其论原案之缺点，则未达生计学学理，一派门外汉语"。

这里不得不说两人的交往细节。梁启超和张之洞一直有来往，早年梁启超拜见，张之洞"撤下诸客延见"，算得上对梁启超青眼有加。梁启超则评价张之洞"今世之大贤也"，甚至有意执弟子礼："今海内大吏，求其通西学，深见本源者，则莫吾师若，求其博综中学，精研体要，尤莫吾师若。"不过两人的道路到底渐行渐远，尤其张之洞在戊戌变法中的首鼠两端更为人批判。梁启超在批判之余，还特别强调不是为了揭短，"非为揭文襄之短①，但借其言以反示真理而已"，"盖文襄之言，实代表国中大多数人之意见，至今犹然。而此等谬想不除，则良法恐无实行之日。吾非好辩，不得已也"。

政治利益博弈之下，银本位方案最终胜出，而关于以"元"还是"两"为单位的争论也随之开始。张之洞和袁世凯等各省督抚主张用银两，而支持银元的主要是户部以及中外商人。历史常常不以"应该如何"作为标准，形势多数时候偏向实权人物，这一次张之洞又胜利了：1905 年，清政府决定暂时以银两为标准硬币，并且在天津开设造币总厂，以一两银币为主币，同时也成立了户部银行。

风水轮流转，四年后，伴随着支持银两派的重要人物的离场，比如张之洞在 1909 年去世，局面又变得有利于银元派。宣统二年（1910 年），清政府颁布《币制则例》，谕令表示"暂就银为本位"。这被认为是中国颁布最早的银本位制条例，铸币权收于中央，规定国币单位定名为"元"，且以一元为主币，重库平七钱二分，成色千分之九百，计纯银六钱四分八厘。

然而，在 1910 年，康有为出版了《金主币救国议》一书，发出了这样的感慨："夫以五千年文明之古国，四万万之众民，而所以致亡之理由，不过是银落金涨之故，岂不大可骇笑哉！"而《币

---

① 文襄，张之洞谥号。

制则例》颁布的次年，清朝外交官张荫棠也表态坚持彻底的金本位，"盖外顾列邦商战之局，则万不宜迟，而内察国民生计之途，则又不能速。斟酌两者之间，惟有目前即宣布币制以趋向于金单本位为鹄，改铸法币，策励国民准备一切，二三年后，相察时机，实行金单本位，事易易耳"。[1]

清朝时期，白银的问题始终没有得到完满解决，一次次讨论最终化为历史的扼腕叹息。中国之所以在币制问题上深陷泥淖，不得解脱，主要原因从上述过程中可见一斑，即使金本位是更符合历史方向的政策，却始终没有有能力的政治权威推动，利益集团也无法撼动。

币制改革作为一根救命稻草，贯穿了清政府的晚期，但是直到这个王朝在1911年正式覆灭，统一货币的期待仍旧没有实现。因此，有人评价这场改革"仅仅是在旧体系上增加了新的银元"，不仅加剧了货币混乱，而且混乱贯穿整个清朝直至结束，甚至导致"元"和"两"的争论延续了四分之一世纪。

最终，晚清的币制改革并没有改变清朝与中国的道路，这或许一开始就是注定的命运，毕竟制度演变超过金融能力的范畴。然而这场改革毕竟迈出了现代化的一步，货币改革、货币主权等现代概念通过举国讨论已无形植根。社会局面所引发的金融改革往往需要一两代人的努力才能体现，从英国到中国，其路径虽不同，但逻辑一致。

---

[1] 参见《中国货币理论史》(叶世昌等，2003)。

第五章

民国：告别白银，迎接通胀

我还记得那时我怀中还有三四十元的中交票，可是忽而变了一个穷人，几乎要绝食，很有些恐慌。俄国革命以后的藏着纸卢布的富翁的心情，恐怕也就这样的罢；至多，不过更深更大罢了。我只得探听，钞票可能折价换到现银呢？说是没有行市。幸而终于，暗暗地有了行市了：六折几。我非常高兴，赶紧去卖了一半。后来又涨到七折了，我更非常高兴，全去换了现银，沉甸甸地坠在怀中，似乎这就是我的性命的斤两。倘在平时，钱铺子如果少给我一个铜元，我是决不答应的。但我当一包现银塞在怀中，沉甸甸地觉得安心，喜欢的时候，却突然起了另一思想，就是：我们极容易变成奴隶，而且变了之后，还万分喜欢。

——《灯下漫笔》，鲁迅（1881—1936）

他深切地体会到财富怎样禁锢和保存青春与神秘，体会到一套套衣装怎样使人保持清新，体会到黛西像白银一样皎皎发光，安然高踞于穷苦人激烈的生存斗争之上。

——《了不起的盖茨比》，菲茨杰拉德（Fitzgerald，1896—1940）

没有国家，无以成银行；没有银行，无以成国家。

——《人为制造的脆弱性》，查尔斯·凯罗米里斯、
史蒂芬·哈伯

洋银行来到中国

清帝逊位之后，北洋时代开始。北洋政府在币制改革中所做的最大一件事，是 1913 年公布《国币条例》，正式规定重量七钱二分、成色 89% 的银元为货币单位，也就是所谓的"袁大头"。虽然袁氏当国有很多争论，但就货币史而言，袁大头几乎是中国近代最成功的自制货币了。按照民国时人陈存仁的回忆[①]，"银元每一个，是用白银七钱三分铸成，库秤是七钱二分"，而其中银质最标准的是墨西哥鹰洋。

回首北洋初期的币制改革。1912 年 2 月，袁世凯继孙中山后成为中华民国临时大总统，此后 15 年北洋系轮流执政，被称为北洋时期。虽然北洋时期不过 15 年，也被批评为军阀混战，但事实上北洋算得上一个相对宽松的年代，不仅开放报禁，而且经济也相对市场化，这个时期，中国经济有所进展，现代金融也算是起步了。

[①] 详见《银元时代生活史》(陈存仁)，该书生动翔实，绘声绘色，更难得的是日常开支历历在录，用钱用银几何，一直是经济史爱好者必读。陈存仁的角度，是从市井生活角度解读银元时代生活，其记录飞扬生动之余，不可确信之处也颇多，典型如章太炎与蒋介石的杭州经历。

清朝财政制度大致沿袭明朝制度，皇室经费和国家财政分开，公款在京存国库，各省存藩库。随着外来冲击的加大，本来没有银行的中国开始有了举债需求，一开始不得不仰仗外资银行，随后也促使了中国银行业的蹒跚起步。1897 年，中国通商银行成立，标志第一家商办银行成立，结束了外国银行和钱庄主宰的金融时代，其主创人盛宣怀的口号就是"非急设中国银行，无以通华商之气脉，杜洋商之挟持。议者谓国家银行，当全发帑本，简畀大官，通行钞票，由部造发，如英法等国财赋皆出入于银行，是户部之外府也"。

到清朝灭亡，华资银行合计成立 20 家，多数没有维持下去，而北洋 15 年间，新设银行有 313 家，资本总额 2 亿多元。[1]中国银行业在北洋兴起，最为出众的是中国银行和交通银行。光绪三十一年（1905 年），户部银行在北京西交民巷 27 号院成立，是中国最早的国家银行，后改为大清银行，其目标在于"以为财币流转总汇之所"。大清银行继而在 1912 年改组，得以设立中国银行。交通银行则是由清政府邮传部于 1907 年创办的一家官商合办银行。这两家银行均享有经营公债特权，也负担国家财政管理。

金融机构话语权强，侧面也反映了政府财政薄弱。关税盐税大头充当对外还款基金，加上军费开支庞大，北洋政府举债颇多，对外依赖外资银行，对内主要依赖中国银行和交通银行。

但是因为战乱以及政府一再背弃信用，如下面谈及的"京钞

---

[1] 参见《中国金融通史（第 3 卷）》（杜恂诚，2002）。

"风潮"，北洋时期破产的银行也很多，促使不少国有银行在北洋后期决心转向商业。1912—1923年，新设立银行161家，不过倒闭的银行也有115家。银行中比较著名的有"南三行"（上海商业储蓄银行、浙江实业银行、浙江兴业银行）与"北四行"（金城银行、盐业银行、中南银行、大陆银行）。

当时的情况是，外资银行、华资银行、钱庄三足鼎立，互为补充。外资银行在国际汇兑方面有绝对优势。外资银行从清朝末年就进入中国，第一家在中国境内开设的外资银行是丽如银行（Oriental Banking Corporation），后来更多被称作东方汇理银行，这家银行其实规模不大。外资银行在中国的活动能量往往与母国在中国的影响力不可分割，首推英资银行，其中尤其以汇丰银行最有特点。1865年，汇丰银行在中国香港成立，即使在今天，汇丰银行在香港地区仍旧被称为"洋行"[1]，而在内地更多被视为一家英国银行。其实汇丰银行不仅过去和香港地区渊源深厚，其成长乃至发展也拜香港地区机遇之赐。汇丰银行的英文名"HSBC"代表"Hongkong and Shanghai Banking Corporation Limited"，这不仅标示着汇丰银行与中国的渊源，更标示着昔时上海的显赫。当时上海不仅是最大城市，也是通商口岸，对长三角以及华北的辐射能量巨大。1865年上海人口有65万，而当时的香港人口只有11.5万。汇丰银行在1865年3月3日正式在香港创立后一个月，就在上海的分行开始营业，其老地址就是今天的外滩标志性建筑，即

---

[1] 详见《狮子银行》（凯纳斯顿、罗伯茨，2015）。

今日的浦发银行大厦。

上海当时正在逐渐成为远东的金融中心，第一家外资银行丽如银行也是首先在上海设立分行，而汇丰银行对于上海的重视自然不在话下。民国上海的金融地位如今几乎被遗忘，但事实上当时不仅外资银行，而且内资银行（从中央银行到中国银行、交通银行等重要中资金融机构）也都选择将总部设在上海。民国历史如果少了"江浙银行家"这一群体将失色不少。

中国近代化历史与鸦片战争紧密联系，而海关、邮局、银行等现代机构也随着近代化大潮而诞生。《南京条约》签订之后的23年，正是1865年，当年美国总统签署宪法修订案给予黑奴自由，而同年汇丰银行在中国香港成立，七年之后，汇丰银行已经被认为是当时中国最重要的"上市公司"。汇丰银行成立次年，香港已经有11家外资银行，而上海有10家。

清末的借款和《辛丑条约》中4.5亿两赔款是以关税和部分盐税、厘金作为抵押。《辛丑条约》中规定赔款的一切事宜，均在上海办理，最初负责收存的共有汇丰银行、东方汇理银行等9家外国银行，随后汇丰银行、德华银行、华俄道胜银行为关税的保管人，第一次世界大战后都归汇丰银行。当中国还是以钱庄为主之时，外资银行已经看上了中国的机遇，汇丰银行在清政府赔款事宜中与政府保持了良好合作，甚至直到1929年还是海关收入的报关银行。

汇丰银行在中国上海的网点，即使在1949年之后也一直存在，并勉力经营，它是中国1949年之后为数不多的几家外资银行，有所谓"老四家"之称。当 2007 年随着 WTO（世界贸易组织）对银行业的 5 年宽限期到期，中国放开外资银行法人注册限制之后，汇丰银行成为首批获得批准的 4 家外资银行之一，注册地同样选择上海。

钱庄在 20 世纪的兴衰

昔日钱庄在 20 世纪初所能起到的作用不是今天能够想象的。《剑桥中国晚清史》中指出，除了近代外国银行在为国际贸易提供资金方面起了重要的作用外，1911 年以前的中国银行体系几乎完全不能超出山西票号式的汇兑银行和地方性钱庄的范围。

个中原因，仍旧在于中国财政的弊端。由于中央财政的薄弱传统与无为政治，外部面临外债连连，内部面临各种军事开支，传统的中央税收又基本被固定额度，"中央政府能够控制的全国潜在的财政资源部分，基本上无伸缩余地。它没有机会从发展的对外贸易中增加收入，因为关税率未经条约列强的一致同意，不得变动，而且它控制盐税和各种次要税收的能力也有限"。

这种新旧交替之中，钱庄一度兴旺发达。首要原因自然在于中国币制混乱，各种度量衡之间的转换，没有钱庄没法想象。当时在各种货币兑换中存在市场空间，钱庄控制"洋厘"（银元折合成规元的比例）、"银拆"（钱庄互相拆借银两的利息）等传统业务，这也是钱庄存在的主要原因。最初钱庄和外资银行划分天下，随着新式华资银行的介入，三者转向三足鼎立。直到 20 世纪 30 年代"废两改元"，银行才逐渐得以取代钱庄，这是后话。

从钱庄的本身业务定位来看,钱庄偏向商业,与当时工商业有很多联系,而这一阶段中国经济有所发展,钱庄与银行、外资银行也有合作,比如代理存款、领取钞票,而银行也接受庄票,甚至一开始大钱庄的地位高于新式银行。

大致而言,钱庄兴旺是因为资金兴旺,尤其是城市经济的兴旺。钱庄可谓几起几落,在晚清末年,钱庄曾经大批倒闭,主要是受 1883 年投机风潮的影响,随后则重新恢复,1908 年重新达到 115 家,而在 1910 年的"橡胶股票风潮"再度冲击之下又逐渐减少,随后经济稳定,钱庄再度复兴。

到了 20 年代,钱庄一度到达复兴顶峰。根据王业键的研究,1925 年钱庄和华资银行的总资产(包括资本、准备金、存款和纸币发行额)分别为 2.02 亿元和 2.07 亿元,几乎旗鼓相当。就利润而言,可以看到 20 世纪的前 25 年,钱庄表现不错,甚至在 1912 年利润率达到 59%,到了 1926 年,钱庄不仅在数量上回升为 80 多家,资本总额和平均资本额都比历史增长近 4 倍,利润率仍保持在 25%。

随着国民政府在南京稳定,20 世纪 30 年代可谓钱庄衰落的开始,到 1936 年只剩 48 家。个中原因,一方面在于"废两改元"以及法币制度改变了钱庄的业务基础,另一方面这与国民政府扶持新式银行也不无关系,政府融资越来越依赖于新式银行而不是钱庄。以 1927—1935 年为例,钱庄总共承担政府借款 2 697.5 万元,而银行借款数额竟达 10 亿元以上。钱庄在中日战争末期曾经一度回光返照,上海孤岛状态与投机茂盛导致钱庄畸

形繁荣，最高时达到 200 多家，随着中日战争结束，钱庄又归于
沉寂。

对比钱庄在 20 世纪前 25 年的兴旺，这里就不得不补充一下
票号的故事。钱庄业务很多，票号则集中于汇兑。明末之后，山
西票号崛起是金融史一大焦点，具体时间被认为是 19 世纪初的
道光年间。晚清这一模式仍旧存在，《老残游记》中闲闲一笔写汇
兑，可见其便利之处，"老残到了次日，想起一千两银子放在寓
中，总不放心。即到院前大街上找了一家汇票庄，叫个日昇昌字
号，汇了八百两寄回江南涂州老家里去，自己却留了一百多两银
子"。票庄就是票号，也叫汇兑庄，日昇昌更是当时规模令人注目
的一家，曾有口号"一纸汇票，汇通天下"。山西商人曾经富甲天
下，原因之一就是票号，主要有三类：总号在祁县的称为祁县帮、
在平遥的称为平遥帮、在太谷的称为太谷帮。民国孔家就是在太
谷。据《清稗类钞》记载，大的票号规模在六七百万两银子，小
的也有五六十万两银子。

表 5.1　上海的钱庄资料（1858—1936）

	1858 年	1903 年	1912 年	1926 年	1936 年
钱庄数	70（最高数）	82	28	87	48
资本总额（千元）	1 145	4 592	1 488	18 757	1 800
平均每家钱庄资本额（千元）	16（最低额）	56	53	216	375
利润总额（千元）	—	2 149	884	4 530（1925 年）	63

（续表）

	1858 年	1903 年	1912 年	1926 年	1936 年
平均每家钱庄利润额（千元）	—	26	32	54 （1925 年）	13
平均利润率（利润/资本额 *100%）	—	46%	59%	27% （1925 年）	3.5%

资料来源：《中国近代经济史论著选译》（张仲礼，1987）。

由于清末货币变化、银钱比价波动以及投机交易等因素，票号几经周折，挤兑不时爆发，经营往往也因此大受影响，再加上官办银行以及外资银行的崛起进入，让票号原本有的官方存款业务大为缩水，最终"关闭十有二三"，而其发行之票"大半无从追讨"。[1]这种危机情绪又进一步导致民众的恐慌情绪，"民恐钱票化为废纸，必争就钱庄取钱，旬日之间，远近麇至，钱庄大者犹可抱注，其小者猝不能应"。[2]

动荡的北洋政府时期，上海已经成为全球性金融中心，不仅金融机构多，金融功能亦增多。学者杜恂诚认为中国近代经历过自由市场型和垄断型两种金融制度模式，二者的基本功能特征很不相同。他认为1927年以前，中国的金融制度属于自由市场型，虽然推进速度慢，但其市场定位精细，首创性强；对比之下垄断型金融制度的推进速度快、力度大，但其变革仅具形式意义。在自由市场制度下，金融与经济的关系是平行的；而在垄断制度下，

---

[1]《中国近代货币史资料第一辑：清政府统治时期（1840～1911）》。
[2]《钞利条论·第五》（许楣）。

经济依赖金融，金融则操诸政府之手，金融市场不再具有自发的创造性。

　　从北洋到国民政府这一时期，正是一个从自由到垄断不断加深的过程。从政府角度来看，垄断有利于集中力量，应对战争；就金融角度而言，统一也可以降低交易成本。但是垄断的问题就在于无法解决政府"闲不住手"的问题，因此从自由到垄断，表面是结束混乱，其实也埋下了货币滥发、通胀等弊端。

"京钞风潮"中的中国银行

如同英国曾经走过的道路，钞是中国迈向现代货币体系脱不开的一步。不过这一步却迈得十分艰难。"京钞风潮"是其中的第一个考验。

所谓钞，主要是银行发行的兑换券，京钞则主要是在北京流通的钞票，尤其是指袁世凯时期"停兑令"之后的钞票。当时的钞票和世界多数纸币的起源一样，其实就是银行兑换券，意味着银行收了客户银元而发给客户钞票，而如果客户拿出钞票到银行兑换，银行需要换回银元给客户，如此大众才愿意持有钞票，而银行才有信用。北宋纸币试验之后，历史经历千年嬗变，纸币终于再次回到中国，但这一次，运行机制与竞争环境都已经大为不同，结局与对比也让人思考。

北洋政府危机爆发于袁世凯称帝之前，而作为此后一直无法集中权力的弱势政府，军阀割据导致"各省每以自顾不暇，将向归中央收入之款项，任意截留，自为风气"，对内对外都力不从心。这也意味着财政收入微薄，"几乎无一用款不仰给于借贷"。①

---

① 《为挽救财政困难呈大总统文》（周自齐）。

北洋政府的政令无法传递，也局限了其势力范围，政府财政一直处于破产边缘。当时关税和盐税由外国控制，关税主要用于偿还内债外债，而盐税被地方截流，北京财政状况被称为"中古式的"。1925 年预算是 3.1 亿元，次年顾维钧担任财政总长之时曾表示每月收入只有 100 万元，而且一般是借款。[①] 财政匮乏导致中央权威继续弱化，进而财政更加困难，可谓恶性循环。

如此态势之下，身为国家银行的中国银行与交通银行，也因此被政客盘算。民国初年，两家银行的信用还算良好，不仅有发钞权，发行的钞票也受到欢迎。当时鲁迅如此记载，"有一时，就是民国二三年时候，北京的几个国家银行的钞票，信用日见其好了，真所谓蒸蒸日上。听说连一向执迷于现银的乡下人，也知道这既便当，又可靠，很乐意收受，行使了。至于稍明事理的人，则不必是'特殊知识阶级'，也早不将沉重累坠的银元装在怀中，来自讨无谓的苦吃。想来，除了多少对于银子有特别嗜好和爱情的人物之外，所有的怕大都是钞票了罢，而且多是本国的"。[②]

如果认为白银因为不便就此逐步退出历史舞台，那么看官未必太低估政府的险恶了。这种银行发行的钞票并非国家货币，其生命力维系于机构信用。中国银行和交通银行无论从定位还是实际功能来说，都堪称当时的国家银行。中国银行前身是大清银行，有代理国库、募集和偿还公债、发行钞票、铸造和发行国币等权

---

① 《1927—1937 年中国财政经济情况》(扬格，1981)。
② 参见《灯下漫笔》(鲁迅，1925)。

利，而交通银行在光绪三十三年（1907 年）由清政府邮传部奏设成立，当时即有纸币发行权，还有经理轮、路、电、邮收支、经付公债等权力。这也导致其承担不少为北洋政府垫资的任务，埋下了日后的隐忧。

最开始北洋政府寄希望于公债，并在 1914 年成立了"内国公债局"，两年三次募集公债。然而随着市场对于袁世凯证券的信心低迷，筹款数额越来越少，于是财政只能依赖银行垫资。根据统计，1916 年中国银行向北京政府贷款 5 200 余万元，交通银行垫款达 3 800 余万元。如此巨大的垫资并不是无本之木，只能靠滥发钞票填补，准备金不足的情况之下，市场难免偏好现金，白银铜元重新获得青睐，如此恶性循环之下，包括中国银行和交通银行在内的京钞价值越发缩水，银行也面临挤兑风险。

1916 年可谓波折之年，政治趋向乱局，先是袁世凯被迫取消帝制，段祺瑞出任内阁总理，西南各省相继宣布独立，脆弱的北洋政府面临更大窘境。在没有监督以及严格财政纪律之下，政府的账最终往往都是银行承担。情势逼迫之下，中国银行和交通银行陷入滥发纸币深渊，好不容易树立起来的信用面临考验。袁世凯的谋士梁士诒长期控制交通银行，面对无计可施的财政漏洞，他和段祺瑞的心腹徐树铮密谋发行不兑换纸币。天下没有不透风的墙，消息走漏反而导致市场挤兑爆发，从京津开始蔓延，一切愈演愈烈。

他们策划的拒绝兑付原本也是没有办法的办法，因为发得太多钞票已经无法兑付，"内外债方面，业已经无法可想；如因军政各费，继续增发钞票，必将引起提存挤兑风潮，银行可能即将倒闭，局面将不可控制"。① 根据北洋政府财政总长李思浩估算，当时中国银行和交通银行发行钞票 7 000 余万元，其中交行发行额为 3 682 万元，库存现金只有 2 000 万元，除了放出商贷约 2 000 万元外，贷给政府约有 4 000 万。这个发行数量与后来的法币金圆券自然不可比较。当时的钞票并不是法币，白银还是作为主要货币与准备金在使用，而处于金属货币之下，通胀其实很难走高，这也是北洋政府密谋发行不兑换纸币的原因。可惜在当时的格局之下，超发额度加上各种流言，足以让市场中人心不稳。

账面怎么都无法做平，无可奈何之下，北洋政府未等新财政总长孙宝琦上任，就在 1916 年 5 月以国务院的名义下令：中国银行、交通银行两行停止钞票兑现和存款付现。"停兑令"中如此表示，"查各国当金融紧迫之时，国家银行纸币有暂行停止兑现及禁止提取银行现款之法，以资维持，俾现款可以保存，各业咸资周转，法良利溥，亟宜仿照办理，应由财政、交通两部转饬中国、交通两银行，自奉令之日起，所有该两行已发行之纸币及应付款项，暂时一律不准兑现付现，一俟大局定后，即行颁布院令，定期兑付，所存之准备现款应责成该两行一律封存"。

"停兑令"一出，其实就是摆明了政府要赖账，银行已经无计可施，市场因此一片混乱，纸币的价格越发走低。鲁迅对此念念不忘，详细记录了前后经过，"就是袁世凯想做皇帝的那一年，

---

① 《上海文史资料存稿汇编》(2001)。

蔡松坡先生溜出北京，到云南去起义。这边所受的影响之一，是中国银行和交通银行的停止兑现。虽然停止兑现，政府勒令商民照旧行用的威力却还有的；商民也自有商民的老本领，不说不要，却道找不出零钱。假如拿几十几百的钞票去买东西，我不知道怎样，但倘使只要买一支笔，一盒烟卷呢，难道就付给一元钞票么？不但不甘心，也没有这许多票。那么，换铜元，少换几个罢，又都说没有铜元。那么，到亲戚朋友那里借现钱去罢，怎么会有？于是降格以求，不讲爱国了，要外国银行的钞票。但外国银行的钞票这时就等于现银，他如果借给你这钞票，也就借给你真的银元了"。

这一事件显然严重影响了刚刚树立的中国银行业的信用，从鲁迅的记录可见，外资银行的独立性其实保证了其钞票的可靠。数日后京津两地中国银行和交通银行完全停止兑付，日渐加剧贬值预期，导致大家纷纷抛售纸币，抢购商品，于是市场混乱，人心惶惶。

这些钞票挤兑风潮从北方开始，当时称为京钞，所以也叫"京钞风潮"。鲁迅最后只好打折出售自己手里的钞票，"我还记得那时我怀中还有三四十元的中交票，可是忽而变了一个穷人，几乎要绝食，很有些恐慌。俄国革命以后的藏着纸卢布的富翁的心情，恐怕也就这样的罢；至多，不过更深更大罢了。我只得探听，钞票可能折价换到现银呢？说是没有行市。幸而终于，暗暗地有了行市了：六折几。我非常高兴，赶紧去卖了一半。后来又涨到七折了，我更非常高兴，全去换了现银，沉甸甸地坠在怀中，似乎这就是我的性命的斤两。倘在平时，钱铺子如果少给我一个铜元，我是决不答应的"。

这种近乎抢劫的行为令百姓惶恐，更令金融市场动荡不宁。1916年5月，就在当时的金融中心上海，中国银行上海分行也毫不例外地接到了"停兑令"。

然而，上海当时有一个日后即将崛起的银行巨星：张公权。[1]他曾经留学东京，从25岁开始加入中国银行，其人生与中国金融史乃至大历史都紧密联系在一起。从袁世凯、孙中山到蒋介石等人，他们在现代中国诸多历史举措中有意无意促成了张公权人生的重大转机。

时间重新回到1916年。张公权和上海分行总经理宋汉章接到命令之后，看到流言变为现实，第一反应是"惊恐万分"，深感这无异于陪葬中国银行信用。对于整个金融业而言，如果执行此令，中国的银行从此信用扫地，永无恢复之望，再也难以摆脱外资银行"桎梏"。两人合计之下，决定维护银行独立，核算现金与资产的情况，并做出一个惊人的决定，那就是拒不执行，期待借此获得民众谅解与支持，"而寄其希望于不受政府非法支配之银行，足以维护中国金融之生命"。合计之下，两人复电北洋政府"为对持票人负责，无论处在任何困难的环境中，愿尽一切力量，将库中现金兑至最后一元，始行停兑"。

拒不执行，并非代表没有成本与一味顽抗。张公权与宋汉章

---

[1] 张嘉璈，字公权，1889年出生于江苏嘉定。

首先的担忧在于，因为抗命他们会被北京政府解除职务，而一旦被解除职务可能就会面临无人顶上的困境，于是他们借助了租界法律，让商股股东起诉张宋二人，这也意味着他们在起诉期间无法擅离职守，也无法被解职。

张公权回忆，这是为了抗挤兑成功，借助股东力量抵制袁氏政府，在当时大商人张謇帮助下，成立新的股东联合会主持业务，张公权被推举为会长，叶揆初为副会长，钱新之为秘书长，在报刊刊登公告表示上海分行营业照旧，并且对外宣布，"环顾全国分行之最重要者，莫如上海一埠，上海为全国金融枢纽，且为中外观瞻所系，故以为保全中国银行，必先自上海分行始；且证之辛亥大清银行全体瓦解，幸沪上有股东会之设立，竭全力以维持沪行，沪行因赖以保全"。

保住管理架构之后，上海分行还必须从经济上证明自己的实力可以应对即将而来的挤兑浪潮。挤兑是所有银行家的噩梦，更可怕的是这噩梦常常变为现实，即使像英格兰银行这样的老牌中央银行也难以避免。张公权对此挤兑持续观察几天，多年后回忆起挤兑狂潮仍旧心有余悸。

5月12日早晨8点，张公权从家里去银行，在离银行还有三条马路时，即见人已挤满；他勉强挤到行门口，发现挤兑的人数不止2000人，"争先恐后，撞门攀窗，几乎不顾生死"。这些升斗小民人数虽然多，但是索取数目并不大，张公权注意到他们手中所持的不过一元或5元的钞票数张，或二三百元的存单一张。

5月13日继续挤兑，人数与12日差不多。为了安定人心，本来星期六半天办公，上海分行特意延长办公时间，结果挤兑人数一下子减少了 400 人；此后周日本来休息，也照常营业半日，结果挤兑人数不到百人。张公权此刻才算舒了一口气，记下"风潮似已平息"，但是他也没有十足把握。在目睹 13 日挤兑情况之下，上海分行现金也开始减少，究竟能否支撑下去其实未必完全有把握，需联系外资银行给予帮助。

在几天的挤兑之下，上海分行虽全力应对但也几乎面临困境，毕竟挤兑就是一个信心比较的过程，在市场践踏之中，谁也不知道挤兑什么时候过去，甚至危机开始退散的时刻是压力最大的时刻，"沪行库存有 200 多万元现银准备，挤兑数日共兑出 160 余万元，同时商存款项被提取数亦达百万元"。① 于是，外资银行的帮助就显得分外重要。5 月 15 日，宋汉章经理往访汇丰银行和正金银行两家外资银行寻求帮助，诸多外资银行赞成协助上海分行"至必要限度"，由各外资银行共同承担对上海分行的 200 万元透支借款。

当时外资银行信用良好，所以钞票得到更多认可，库存现洋颇多，所以上海分行不得不借助其帮助，而外资银行也需要市场稳定。当时势力最大的汇丰银行隐性承担了维护市场稳定的责任，汇丰银行贷款额度占据 1/5，为 40 万元。此外，当天还决定由华俄道胜银行"出早仓"（资金一般是下午出库，早仓表示提前提出）以帮助上海分行。其实上海分行并没有动用这笔钱，但是市面得

---

① 《中国银行上海分行史一九一二——一九四九》（1991）。

知这一消息之后，挤兑风潮旋即散去。

当然，据参与者回忆，虽然宋汉章在外资银行中颇有声望，但是交谈之中并非单凭信用，提供了上海分行行址及苏州河沿岸之堆栈、地产道契等为担保。对比之下，虽然也有呼吁帮助交通银行的声音，但是因为交通银行声誉一向不如中国银行，所以外资银行对两家中资银行的态度也是两样。

到了 5 月 19 日，风潮总算彻底平息，张公权如此记录战果，"上海中国银行之钞票信用，从此日益昭著。南京、汉口两分行鉴于上海分行措施之适当，并获当地官厅之合作，对于发行之钞票，及所收存款，照常兑付现金。影响所及，浙江、安徽、江西三省，对于中国银行在当地发行之钞票，十足使用"。

从经济上来看，上海分行已经胜利，此刻可谓"家有千金，行止不惊"，在银行加班加员应对挤兑的努力之下，挤兑风潮散去。不过，经济只是一方面，此刻又传来各方面的声援。5 月 16 日各国驻京公使团向领事馆复电，赞同协助上海分行，但张公权当时表示挤兑风波已经平息，上海分行无须外援。

尽管此刻经济上已经不需要外援，外援的政治含义却十分清晰，对于日后的追责赢得了空间。而且，上海分行的应对也感染了不少人，原本持中立暧昧态度的机构个人也明确支持上海分行，例如上海总商会即在《申报》表示，"查中国银行准备现金甚为充足，不特发行之钞票照常兑现，即将来存款到期亦一律照付。该沪行内容之可靠、诚信而有证，惟钞票为辅助现金，全赖市面流通，斯金融不致窒塞。该沪行既备足现金、兑付以保信用，而各业商号自应一律照收"。如此趋势之下，等到袁世凯在1916年6月6日去世之后，根据李思浩回忆，执政的段祺瑞对于上海分行停兑的态度改变为"非常和缓"，承认停兑是勉强应急策略，而上海分行在租界之内，"与外国商人关系较深，停兑不易办到"。

袁世凯去世之后，大局已定，停兑风潮也意味着上海分行的完全胜利。至于"停兑令"的始作俑者梁士诒，在袁世凯去世之后被继任总统黎元洪下令通缉，继而逃亡海外，日后在一切风平浪静之后咸鱼翻身，再度卷土重来，重新入主交通银行，借助西园借款盘活交通银行——这就是闹哄哄的民国政治。

这次京钞挤兑事件之后，1921年又重演过一次。中国银行与交通银行从1916年到1923年整理京钞，在战乱中历经几个阶段才算基本完成。中国银行也在这一过程中成为名副其实的第一银行。1926年，中国银行吸纳的存款总额达到32 848万元，发行钞票13 742万元，分别占25家重要华商银行存款总额和发行总额的35.1%和60%。

这一次胜利虽然是在张公权等人运筹帷幄之下展开，但是其中的成功也依赖于当时的政治经济大背景。

首先，不得不承认北洋政府是一个弱势政府，这反而意味着它不会挤兑得非常霸道，北洋政府时期其实也是一个相对温和的时期。正因如此，"停兑令"的执行并不是十分严格，南方对北洋政府的做法也表示异议，"北京政府宣布此举，系欲使中交纸币跌价，造成独立各省经济上的恐慌，北京则可席卷现金，以发军饷"。如此氛围也给予张公权等人抗命的空间。这其实是权力分散之下"东南自保"在金融领域的体现，即使秋后算账，在各界的抗争斡旋之中，最终也不了了之。

其次，这看起来是张公权的胜利，其实更是江浙财阀乃至工商界的胜利，也是市场力量的胜利。张公权最为倚重的其实是股东和工商界人士的力量。他依托于张謇、浙江兴业银行常务董事蒋抑卮、浙江实业银行总经理李铭、上海商业储蓄银行总经理陈光甫等人，借助股东力量公告天下，"环顾全国分行之最重要者，莫如上海一埠，上海为全国金融枢纽，且为中外观瞻所系，故以为保住中国银行必先自上海分行始。中国银行沪行决定由股东会竭力维持，将来各业企业如有损失，均由股东联合会负责向政府交涉"。①

换言之，此役的胜利依赖于中国银行商股身份的强大。这也是北洋时期的一大特点，因为北洋政府财力积弱，所以官股也少，稀释之下银行内商股的比重增大，而且话语权不少，参股人员也不再类似晚清更多是官商身份，而是以商业为主。对中国银行而言，1915年大部分为官股，但是之后商股比重开始增加，1917年从17.01%升为59.29%，1921年为72.64%，1923年猛增到97.47%。根据曾担任中国银行总裁的冯耿光的回忆，中国银行几位首脑虽然性格不同，但都想把中国银行办好，也认识到要维持它的相对独立性就要尽量扩大商股权益、削弱官股力量，以免受到政局变动的影响，"北洋政府财政部因为需款应用，经常将该部

---

① 《中国银行股东联合会成立记》，《民国日报》（1916）。

持有的中国银行股票抵借款项，我们就怂恿他们陆续让售给商业银行，到北伐前夕，官股为数极少，只剩 5 万元了"。

最后，中国银行上海分行人员的地位也不可不提。当时中国银行和交通银行总行都在北京，但是两行在上海都设有分行，而且地位重要，其重要性不仅在于上海金融市场的中心地位，更在于中国银行和交通银行半数准备金都属于两家的上海分行。根据张公权回忆，"当时中国银行、交通银行发行之兑换券计七千余万元，现金准备约两千三百余万元。内中：中国银行存有现银三百五十万两，银币四百八十八万；交通银行存有现银六百万两，银币五百四十万元。此项现金准备之半数，属于上海中国、交通两分行"。

对比之下，交通银行的历史本身与中国银行不同。北洋政府对于交通银行成为国家银行颇有助力，而袁世凯的亲信梁士诒在交通银行地位不凡，从交通银行帮办到最终担任交通银行总理。交通银行初创之时虽然获得轮、路、邮、电四项存款往来，但是在历年垫资与经营不善之下甚至亏损 280 万两以上，"行务停滞，几有不能支持之势"。梁士诒谋求袁世凯支持，扩大交通银行权力，为交通银行谋取到国家银行权力之后，交通银行一直在他控制之下，交通银行的经营状况却不如中国银行。当时上海《新闻报》刊登了一则"北京特别通讯"，据说：中（国银行）、交（通银行）两总行在停止兑现、付现的院令发表前，曾致电向各地分行征询意见，交通银行分行均无意见，而中国银行各分行都不赞同，甚至有言"交通银行自杀，系属自取，中国银行陪杀，于心难安。宁可刑戮及身，不忍苟且从命"。

从全国来看，因为地域风格有异，各地对"停兑令"的执行力度和步伐也不一样。多数地区遵照实行，中国银行上海分行的坚决抵制也有其特殊性。中国银行上海分行地位特殊，辛亥革命爆发后银行停业清理，然而大清银行中除了官方股份，也有商股。在商业股东出面斡旋之下，南京临时政府同意中国银行于1912年在上海（原大清银行的旧址）开业，次年才设总行于北京，固定股本总额为银元6 000万元，官商各半，由此可见中国银行上海分行的地位在中国银行内外都不低。至于交通银行上海分行，其主管是交通系官员，到任时间不长，更是与商人及银行业务不熟，外资银行对于他们的态度也不同，所以不得不对"停兑令"遵照执行。而经过这一次，交通银行上海分行的结局与中国银行上海分行更是不同，时隔一年之后才重新营业，其总行也差点遭遇撤销。

经过这一次风波，张公权一战成名，可谓在金融界扬名立万，而且在政界与新闻界也获得不少拥护，后来梁启超邀请他担任中国银行副总裁，花费数年整顿京津地区的京钞问题，这为他日后作为江浙财阀代表支持蒋介石奠定了基础。

对抗挤兑成功不仅仅是张公权一人的功劳。据了解内情者评价，张公权交际活络，与江浙银行家、政界以及新闻界多有联系，从政经历使得他对外处理事务得力。对内而言，宋汉章在行内有实权，对外资银行有信用，而当时上海分行襄理胡氏在钱庄有地位，正是他疏通中国银行到上海钱庄市场交易，使得钱庄给予中国银行的地位是同业而不是普通客户。由于三人在不同方面"各有所长，相得益彰"，促成了中国银行在这次风潮中屹立不倒。

至于宋汉章，虽然一直以来被谈到的频率低于张公权，其实他对于中国银行的贡献也很大，其服务时间更久，资历更高。他经历了清朝、北洋、国民政府等不同时代的中国银行。张公权说起宋汉章，评价是"静默寡言，但是朝夕相处得益亦多，美德有自奉简朴、操作勤劳、办事认真、爱惜公物、公私分明"。宋汉章日后担任中国银行总经理，1946年任四联总处理事。在孔祥熙辞职的情况下，年近80岁的宋汉章还在1948年4月任中国银行董事长，目的也是为了保持中国银行独立。1949年他辞职去巴西，1968年在香港去世，享年96岁。宋汉章的一生，除了这次对抗北洋政府，还曾经对军阀陈其美、蒋介石的借款要求强硬回应，有人甚至将他称为中国银行的精神领袖。至于胡氏，曾有上海钱庄经历，张公权说他对于钱庄历史业务尤其熟悉，与之谈论市面情况增加知识不少。

在"抗兑令"中，中国银行股东联合会在致电国务院、财政部和中国银行总行的电报中提到，"中央院令，停止中、交两行兑现付存，无异宣告政府破产，银行倒闭，直接间接宰割天下同胞，丧尽国家元气，自此之后，财政信用一劫不复。沪上中国银行由股东决议，通知经理照旧兑钞付存，不能遵照院令办理，千万合力主持，饬中行遵办，为国家维持一分元气，为人民留一线生机，幸甚"。日后发展也多少印证这些银行家的当年期待，虽然政局变动，中国银行仍旧得到长足发展，中国银行存款总数1917年年底

为 1.4 亿元，1928 年年底为 3.8 亿元；钞票发行额 1917 年年底为
7 000 万元，1928 年年底为 1.7 亿元。1928 年年底，全国银行发行
总数为 2.9 亿元，中国银行发行总数约占一半；全国各银行活期、
定期存款总数为 9.8 亿元，中国银行存款总数约占 4 成。中国银
行的地位不仅在全国卓越，在上海等地甚至高于官方的中央银行，
"1934 年年底，全行存款总数达 5 亿余元，各项放款为 4 亿余元，
均较中央银行多一倍许，发行总数为 2 亿余元，较中央银行多两
倍半"。①

　　"京钞风潮"与"抗兑令"背后，不仅折射出中国银行业与银
行家转瞬即逝的黄金时代，也暗示了一个教训：政府无信用情况
下，民众往往更偏好白银之类的金属货币，金属货币的存在其实
天然对于纸币的通胀是一个束缚，若非如此，不受控制地发行纸
币必然引起通胀，引发金融动荡。可惜这一教训并不被后来的国
民政府所接受，在白银退出历史舞台之后，纸币的效应被放大再
放大，民国政府在通胀的道路上一路狂奔，直至灭亡。

---

① 参见中国银行历史、回忆录等资料。

天时地利的"废两改元"

兵马未动，粮草先行，在军事战争之外的货币战争其实也一直存在，毕竟金融是国家经济的血脉。在民国动荡风潮中，白银也扮演了重要角色。

中国传统货币单位是"两"。单单就称量实银的秤来说，也各有不同，在北洋政府时期据说有上百种之多。各种虚银更是形形色色，所谓纹银是一个"假想标准银"，成分为935.374‰，在纹银基础之上各种折算，比如上海的九八规元，其九八就是纹银成色的98%，天津则又是行化，成色是992‰。①

混乱孕育机遇，清之后传统经济与现代转型结合，在碰撞中孕育出现代金融制度。近代之后，中国名义上实行银本位制度，其实一直是"大数用银，小数用钱"的银钱并用制，随着海外银元以及自制银元流通，中国形成银两银元局面，币值极度复杂。上海财经大学燕红忠教授认为，从晚清至民国的中国货币状况最为混乱，甚至是"历史上罕见的币制混乱"，可以说中国是没本

---

① 详见《中国金融通史（第3卷）》（杜恂诚，2002）、《中国货币史》（彭信威，2007）等。

位，正如 1914 年北洋政府的自白，"今日中国所大患者，无本位也"。同时这也是变化最大，改革最为彻底的时期。①

虽然袁世凯颁布《国币条例》，但条文在中国并不真管用，随后关于金本位也有过讨论，然而市面依旧是银元和银两并用，即使官方自身很多时候还是用两。袁世凯死后，更没有人有能力推行统一币制，不统一的币制造成诸多不便，但是战乱和利益使得白银仍旧以各种形式通行中国。学界对此早就期待改革，比如经济学家马寅初从 20 世纪 20 年代起就多次呼吁"恶币"必须改变，"要中国强，非中国的实业发达不可；要中国的实业发达，非改良币制不可。换言之，中国的币制不改良，中国的实业新局面不会发达；中国的实业不发达，中国可也就没有发达的希望了"。

此后北洋政府也计划趁势推出"废两改元"，但是因为中央势力薄弱，各地军阀割据，加上金融业对此也热情不大，最终不了了之。金融业的反对，主要来自钱庄和外资银行，二者都是因为利益相关。钱庄依赖银钱兑换为主要业务，因为以往借款、盐税、关税都是用银两，在银两与银元之间的转换，往往依赖银行给出的折合率，各地规格不同导致计算复杂，因此也成为门槛，外资银行和钱庄从中都有不少业务利益。银行家资耀华回忆，当时外汇牌价都是由外资的汇丰银行定价，以银两为本位作价，利用优势可以获得外汇牌价折算的利益。②

---

① 参见《中国货币金融体系（1600—1949）》(燕红忠，2012)。
② 详见《世纪足音》(资耀华，2005)。

国民政府推进币制改革获得天时地利。首先，政治具备统一的基础，中央政府权力强化。国民政府1927年成立之后，名义上的统一尚未真正完成，就开始着手币制改革。1928年7月召开的全国财政会议上提出的《整理财政大纲案》中，强调币制改革的重要性，并且进行了路线规划，"币制握财政之枢纽，与国民经济最有关系。我国币制之坏，出来已久，根本之计，宜遵总理钱币革命计划，并确定分步进行方法。目前应计及者二端，即一是推行纸币集中主义，销却旧币，改发新币，以发行新钞之权，集中国家银行；各地方由国家银行，设立分行、分号及兑换所，以实行集中主义。二是推行金汇兑本位，币制之定本位用银之说，既非世界潮流所许，而金又非我国富力所能择。其最适用于今日情形者，第一步，废两改元，确定银本位；第二步，推行金汇兑本位制度。而着手之初，当以创办信用卓著之国际汇兑银行为施行本位之饬"。

中国在抗日战争爆发前10年的历史，其实是一个现代国家从无到有的过程，其中也伴随着中央权力的加强，财政首当其冲。1929年，宋子文表示政府能够控制财政的省份只有江苏、浙江、安徽与江西这四个，而能够交出多余部分的只有江苏和浙江。随着国民政府权力稳固，对于金融统一的规划也着手进行，第一步就是控制银行。

当时信用最良好的两家银行中国银行与交通银行首当其冲，在20世纪20年代末被迫改组加入官股。中国银行被迫在股本2 500万元中强行加入官股500万股，交通银行总行则迁入上海，资本 1 200 万中加入官股 200 万。

就中国银行而言，北洋政府末期商股势力很大，官股发言权很小，而且不断出售，北伐前夕只剩 5 万元了。在张公权等人的治理下，中国银行本来是一个走向一流商业化的企业，实力在国内银行已属前列。尽管如此，随着中央政府实力增强，中国银行因为金融制度变革不得不"国进民退"：1928 年中国银行总部从北京搬到上海，中国银行的官股除原有 5 万元外，增加 495 万元，以公债拨充，合为 500 万元，计占股份总数的 1/5，由财政部加派官股董事 3 人、监事 1 人。

就中国国内情况而言，1927—1937 年也是一段难得的安定时期，事实上也孕育了经济的"小阳春"。从国民政府 1927 年 4 月 18 日定都南京到 1937 年 11 月 20 日迁都重庆，这一期间被认为是"黄金 10 年"。对于中国了解甚深且批评不少的美国将军魏德迈在 20 世纪 50 年代美国国会发言中，仍旧给予这 10 年甚高评价："1927—1937 年，是许多在华很久的英美和各国侨民所公认的'黄金 10 年'。在这 10 年之中，交通进步了，经济稳定了，学校林立，教育推广，而其他方面，也多有大幅进步的建制。"

其次，"废两改元"也得到时局的支持。20 世纪 20 年代到 30 年代，全球最重要的事件"大萧条"可谓改变了世界形貌，而其对中国货币制度的影响可谓重大而隐蔽。

第一次世界大战之后，更多国家转向金本位，白银价格走低，1929 年"大萧条"之后，各国纷纷脱离金本位，这也使得黄金以及白银价格都出现大跌。伦敦银价从 1920 年的每盎司 61.95 便士

302

跌到 1928 年的 25 便士，再到 1931 年 2 月的 2.5 便士。^① "大萧条"对于世界大部分地区是一场浩劫，对中国也有重要影响。

　　中国是当时世界唯一银本位的重要大国，其时银价大跌，中国深受影响，是正是负？其实都有。从偿还债务和汇兑的角度，此变化对中国不利，改变银本位的提议也因此开始。但从出口角度看，其实对于中国具有正面意义，比如经济学家弗里德曼认为，中国的银本位实际可以视为浮动汇率制，使得中国在"大萧条"之后的出口下降要小于进口下降，甚至在 1930 年和 1931 年实现了国际收支盈余，当时中国政府经济顾问扬格认为"大萧条"在中国是在 1932年才开始的。弗里德曼认为中国国际收支盈余意味着金银净输入，这一判断也符合中国当时的情况，以上海为代表，1932 年银元源源不断地流入上海，上海银元甚至过剩，高达 5 466 万元。^②

表 5.2　1928—1933 年 1—9 月海关册统计中国银进出口

（千海关两）

年份	输入总额	输出总额	出超
1928	111 662	5 267	+106 395
1929	121 430	15 605	+105 826
1930	102 560	35 554	+67 006
1931	75 888	30 443	+45 445
1932	62 255	69 601	−7 346
1933 年 1—9 月	64 336	85 845	−21 509

　　资料来源：《白银与近代中国经济（1890—1935）》（戴建兵，2005）。

---

① 参见《中华民国史》第八卷（中华书局，2011）。
② 参见《全国银行年鉴》（中国银行经济研究室，1934）。

到 1933 年，财政部估计流通银元已高达 14 亿元，加上用作准备金之银元有 2 亿元，共达 16 亿元之多。对比之下，流通之银锭据估计仅有 1.53 亿上海两（约 2 亿元）。1928 年，全国仅有 6 亿银元。

白银价格下跌为"废两改元"创造了大好形势。和当时多数人一样，资耀华不仅经历了使用银元的时代，也目睹了白银逐步退出历史舞台。资耀华很早就关注金银问题，感叹"而平日无人顾及之银价问题，乃一跃而为全国最时髦之问题"。资耀华在 1930 年曾主编出版相关著作，他认为金贵银贱关系国计民生，非通盘筹划根本救济不可，而欲通盘筹划，则非整个研究、注意白银在经济上之地位，也就是白银在经济上具有两种资格，一方面为商品，一方面为通货。商品者"乃商业交易之目的物"，通货者"乃有流通力之交换媒介物"，"银既兼备商品与通货二者之资格。故吾人欲研究关于银之种种问题，则非由斯二者为观察之起点不可"。①

关于银价走低，根据当时中国银行总裁张公权的回忆，"民国十七至二十年间，平均银元价格为每百银元值上海规元银两七十三两，民国二十一年降为六十九两九钱五分。银元之购买力降低，即物价上涨，市民称苦，各界盼望从速废两改元。……此刻废两改元，只有升值，而无贬值"。②不过张公权也指出，当时

---

① 参见《金贵银贱之根本的研究》(资耀华，1930)。
② 参见《张公权先生年谱初稿》(姚崧龄，2014)。

外商银行及一部分钱庄也有怀疑——一方面是引发纸币滥发，另一方面是银元供不应求。以中国银行为首的银行公开表态纸币发行可以实行公开检查，而且银元储存充足，交通银行与中央银行也是类似，如此使得"废两改元"得以顺利进行。

最后，除了天时地利，人和也起了作用。原本"废两改元"只是新式银行热衷，外资银行与旧式钱庄反对，到了20世纪30年代，态势有了变化。"大萧条"带来了经济恐慌，中国反而发展不错，进入所谓"黄金10年"，因此，中国成为令人瞩目的经济亮点，如果外资银行期待在中国获得更多发展，那么统一币制也顺理成章。正因如此，据资耀华回忆，外资银行的态度有了转变，对"废两改元"的态度由反对变为赞同。

经济的变化为金融政策变化的基础，讨论多时的"废两改元"终于提上实施日程。1928年，时任财政部部长的宋子文就强调中国极为紊乱的货币制度必须加以整理，后陆续通过关于"废两改元"的提案，1933年国民政府颁布"废两改元"训令，从此中国币制正式以银元为基础。

1933年3月8日，国民政府公布《银本位币铸造条例》规定，银本位币定名为"元"，总重26.697 1克，发行全国统一的银币，新银币一面为孙中山半身头像，另一面为帆船图案，即"孙大头"。

这一进步的意义总是被低估，比照日后法币从白银到纸币的跨越，"废两改元"好像改变不大。其实如果没有"废两改元"，法币改革也无从谈起，这是中国币制的一小步，却是中国货币历史的一大步。在时隔小亚细亚吕底亚王国铸造金银币 2 000 多年之后，中国终于告别"两"，以"元"为单位，开始了自己的铸币时代。"废两改元"意味着落后的银两制度终于退出历史舞台，这对于全国市场的统一大有裨益。随后，曾经繁荣的中国钱庄随着银两的退出而进一步衰落，后来逐步消亡了。

从《白银收购法案》中走出的法币

"大萧条"改变了世界的逻辑，但是对于中国来说，白银使得中国的步调与世界主流有所不同。最开始主要国家都是金本位，中国是银本位，这使中国享受了一段汇率贬值带来的繁荣时期。

1928—1932年，白银的国际价格下跌超过五成。随着中国取代印度成为世界最大用银国，银价持续高于世界，白银开始加剧流入中国，这导致国际收支恶化、进口物价上涨、偿付外债加大，同时也使得各类游资进入上海，租界的房价也开始一路上涨，外资与内资都在大肆买入，银行机构炒地皮忙得不亦乐乎。上海租界的房价达到一个历史高峰，高房价下各类分租相当流行，"72家房客"现象也屡屡出现。

中国当时是债务国，白银走低让政府财政备受损失，中国政府多次对此提出抗议。1933年5月，财政部部长宋子文去美国与罗斯福总统会谈，希望美国稳定银价，随后6月宋子文在伦敦国际货币经济会议呼吁稳定银价，于7月22日签署了一项国际性的白银协定，限制各国出售白银。

1933年，正值中国进行"废两改元"之际，世界也在经历变化。在"大萧条"之后，曾经引领世界风气之先的金本位却反而成为名副其实的"黄金枷锁",谁先脱离金本位,谁的经济就先复苏,而白银价格走低更是加大这一趋势。美国从1933年4月开始脱离金本位,美元开始大幅贬值。在美国脱离金本位之前,英国、日本等国于1931年脱离金本位。

美国脱离金本位之后,对于中国而言,一项影响更大的举措跟随而来,那就是美国总统富兰克林·罗斯福在1934年6月19日签署了《白银收购法案》。在该法案推出之前,白银价格连连下跌,从1928年每盎司58美分下跌到1932年年底的25美分,然而在法案推出后,白银价格在1935年一路走高,甚至上涨到每盎司超过80美分,当年4月27日哄抬到每盎司0.81美元。

虽然美国白银产业规模在1929年不足3 000人,但是其政治影响巨大,涉及西部七个州。在美国白银产业压力之下,罗斯福授权美国财政部在国内外市场收购白银,直到白银价格达到每盎司1.29美元为止,或财政部储备的白银价值达到了黄金储备的1/3。这一法案出台完全是政治因素,目的在于提高白银价格,其结果则是对美国国内白银产业进行补贴,因此,白银产量从1934年的3 300万盎司提升到1940年的7 000万盎司。

这一突如其来的政策,导致本来下跌的国际白银价格再度急剧上升,其结果则是造成了依赖白银的国家的困境,对于中国来说尤甚。白银价格的上升,一方面引发国内通货紧缩,而对于"大萧条"之后的经济体,通货紧缩是致命的,不少工厂关门,上海的汇划钱庄几个月内倒闭了1/5;另一方面随着国际银价的上涨、海外白银购买力的提高,原本流入中国的白银开始陆续流出中国，即使中国海关在 1934 年对出口白银征收 10% 的出口税也难改趋势。《白银收购法案》签署后，按一般估算将白银从上海运到伦敦可以获得 15% 的利润，这导致走私猖獗。即使不计入走私，白银进出口也相当惊人。根据《中国的对外贸易和工业发展（1840—1948）》（郑友揆等，1984）的数据，1934 年中国白银净出口量为 2.57 亿元，这一数据比历史最高出口年份高出五倍，其中绝大部分是在《白银收购法案》通过后四个月内运出，这几乎是当下资本外流的白银版本。

此刻的中国，"废两改元"刚实施不久。银价骤然大涨之下，中国再次出现了与晚清末年类似的白银外流危机。作为全国经济中心，曾经一度享受国民政府定都红利、正处于黄金时期的上海也陷入萎靡，在白银流出之下，最典型的表现就是房价由往昔只涨不跌开始一路暴跌，"往昔上海市况繁荣，地价与房租随之昂贵，其价之高，不特为全国各地冠，亦渐占世界之地位。今市况萧条，工商业者对于巨额房租之负担，夫岂能胜？影响所及，地价暴跌，市多虚宅，地产业者有同归于尽之虞"。[1]

从上海到全国，陆续出现工厂关门、钱庄倒闭以及银行挤兑事件，1935 年 3 月蒋介石在日记中记录，"财政困难，社会经济日渐衰败，可虑之至"。[2]

《白银收购法案》的经济结果并非不可预计，中国银行公会曾

---

[1] 参见 1935 年 2 月《申报》。
[2] 参见《危中之机：1935 年中国、交通银行改组》（潘晓霞，2012）。

在法案讨论之初表示反对，但是政治总是以政治的逻辑强势推进，罗斯福如是回答，"这是中国自己的事，并非我们的事。他们如果愿意，尽可制止白银外流，而我们不能只因为中国人不能保护自己就改变我们的政策"。① 历史总在重复，美国白银政策如同今天的美联储政策一样，无论外界如何抱怨，美国政策只能立足其国内需求，而对于自身政策的溢出效应所造成的海外混乱则无暇顾及。

当时有人评价，当自由经济未衰败、国际金本位未崩溃时，中国政府对银价采用放任态度无可厚非，但是随着形势变化，则应该有所作为，有人亦感叹中国对于货币疏于管理："银市之前途不操之中国，而为纽约之投机家与华盛顿之议员所挟持，四万万中国人之命运，一听美国少数人之决定，驯至全国财产暨所得逐渐缩小，人民生活程度低下，至于不堪设想之境界。大多数均以衣食无着，营养不良，濒于死亡，或流为盗匪。整个民族行将毁灭，政府尚安所辞其责乎?"②

与此同时，日本在"九一八"事变之后占领东北，势力也渗透到华北等地，策划"华北自治"。乱世中的资耀华曾经游历华北，深感日本势力之大，而他所在的上海商业储蓄银行多次想在东北设立分行，然而从 20 世纪 30 年代到抗日战争结束，一直都没有机会。

---

① 参见《美国对中国的反应》(孔华润，1997)。
② 详见《中华民国史档案资料汇编》第 5 辑第 1 编 (1994)。

在美国《白银收购法案》的影响下，资本外逃，经济恐慌，再加上通货紧缩，日本又伺机而动，中国正在遭遇一次剧烈的经济危机以及战争的威胁。在制度的惯性之下，"国进民退"再一次难以避免了。借此巩固中央权力，币制改革因而获得极大动力，而刚刚诞生的中国新式银行业，就这样告别了其黄金时代。

当时国有的中央银行虽然成立多时，但是实力明显弱于中国银行与交通银行。中国银行与交通银行历史悠久，当时市面对其信赖更甚于成立于1924年的中央银行。从资产总额看，1934年，中央银行、中国银行、交通银行三行资产总额达18.79亿元，其中中央银行为4.78亿元（占25.44%），中国银行为9.76亿元（占51.94%），交通银行为4.25亿元（占22.62%），从发行总额来看，中国银行同样占据一半以上，而中央银行不如交通银行。

张公权感叹，1935年中国银行存款总额占1/4，发行占1/3，"其为政府注目，遭中央银行嫉妒，自不待言"。蒋介石的计划是从两方面展开，一方面谋求加大官股，强行入股中国银行、交通银行等信用良好的商业银行，另一方面掌握货币发行权与人事权，甚至一手缔造中国银行神话的张公权也不得不在1935年黯然离场，由政府要员宋子文接任董事长。

1935年3月中旬，蒋介石与孔祥熙、宋子文在武汉商讨，已经决定增发公债1亿元，拨出2 000万元充作官股给中国银行，1 000万元给交通银行，并且已经决议让宋子文掌控中国银行的业务。①

_____

① 参见《宋子文政治生涯编年》（吴景平，1998）。

随后不久，蒋介石再从四川致电孔祥熙，将中国银行、交通银行改组上升到拯救经济与国家的高度，也点出了其控制金融与货币的计划，"国家社会皆频（濒）破产。致此之由，其结症乃在金融币制与发行之不能统一……今日国家险象，无论为政府与社会计，只有使三行绝对听命于中央，彻底合作，乃为国家民族唯一之生路"。①

按照蒋介石的步骤，1935 年 3 月底，财政部计划在中国银行原有资本 2 500 万元之外，再增官股 2 500 万。此举一出就遭遇中国银行董事会异议，最后双方妥协，在原有官股 500 万元的基础上新增官股改为 1 500 万元。② 如此股份官商各半，宋子文任中国银行董事长，中国银行由总经理负责制改为董事长负责制，此后宋汉章也常年担任中国银行总经理，至于服务中国银行多年的张公权则在 3 月底被迫去职。

对比之下，和 20 年前"京钞风潮"差不多，交通银行对于改组反响平淡，其官股加入 1 200 万元，占资本总额的 55%，领导层的观念依旧。在中国银行和交通银行改组之后，中央银行则简单得多，一切就按照其计划进行。1935 年 4 月，国民政府以间接救济工商业为由，发行金融公债 1 亿元充实中央银行、中国银行、交通银行资金，其中 3 000 万元充实中央银行的基金。

一切准备就绪后，币制改革也呼之欲出。1935 年夏，国民党

---

① 参见《中国银行行史资料汇编（上编）》（1991）。
② 详见《中国金融通史》（洪葭管，2008）与中国银行行史等，也可参考《政商博弈视野下的近代中国金融》（吴景平，2016）。

首脑聚会庐山。在中国服务多年的美籍财政顾问扬格强调这次会议的目的在于决定货币改革方针，其正式实施是在"极端保密"中进行。①中国金融的命运，就在1935年这样被决定。原本"废两改元"之后曾经计划金本位，但是随着"大萧条"，各国纷纷放弃金本位，中国也顺应潮流，一步到位实行纸币策略。

在《白银收购法案》出台一年半后，财政部次长徐堪在1935年拟定法币政策条文，11月3日颁布的《财政部改革币制令》解释了币制改革的原因，"我国以银为币，白银价格剧烈变动以来，遂致大受影响。国内通货紧缩之现象，至为显著。因之工商凋敝，百业不振，而又资金源源外流，国际收支大蒙不利，国民经济日就萎败，种种不良情况，纷然并起"。

除了确定法币之外，此前具有发钞权的十余家银行的权力也被回收，发行权被收入官方控制的中央银行、中国银行、交通银行三大银行，而中国银行与交通银行也因此被强行注入官股。"一、自本年十一月四日起，以中央、中国、交通三银行所发行之钞票定为法币。……四、凡银钱、行号、商店及其他公私机关或个人，持有银本位币或其他银币、生银等银类者，应自十一月四日起，交由发行准备管理委员会或其指定之银行，兑换法币。……"

危机之中，法币诞生了，内外乱局之下，金融也成为时代博弈中的一枚重要棋子。不可否认，正是经济危机甚至政治存亡给予中央政府在金融领域集权统制的可能。对外国而言，支持中

---

① 参见《1927—1937年中国财政经济情况》（扬格，1981）。

国成为当时英、美等国的共同利益，而外国政府尤其是英、美政府的支持对于法币出台意义重大。法币在英国首席财政顾问李滋·罗斯的参与之下出台，法币改革公布之后得到英国政府大力支持，严令在华企业、公司、银行一律遵守。

11 月 4 日，英国驻华公使贾德干响应中国政府颁布之命令，发布英国国王敕令，"凡个人或与其他英国人民，共同以现银偿还全部或一部之债务者，应以违法论，得处以三个月以内之监禁，或连带苦工，或处以五十镑以下之罚金或处以监禁及罚金……英商银行，因此皆有权不付出任何白银"。[①] 汇丰银行、麦加利银行等英资银行本来在外资银行中势力最大，如今则先后将库存现金及白银提交中国银行，在沪外国银行 2 600 万元的缴纳额中，英资银行缴纳其中的多数。

至于美国，由于其已经在对华贸易中占据首位，美国驻华公使随后也暗中敦促美国银行将白银转交中央银行收兑，不再使用银洋。然而，美国政府的态度也不无纠结。中国币制改革方案为英国首席财政顾问与中国财经要人孔祥熙、宋子文所达成，而白银风暴的源头在美国，美国在法币推出后难免会认为这是英国的胜利，于是在伦敦市场通过停止购买白银施加压力。

1936 年 3 月，在银行家陈光甫的斡旋下，国民政府终于与美国财政部部长小亨利·摩根索达成一致，而后者与罗斯福一直私交不错。美国政府最终认可中国货币改革与美国远东利益的一致

---

① 参见《白银问题与中国货币政策》(周伯棣，1936)。

性，中美在 1936 年 5 月达成一项白银协定，该协议要求美国政府向中国购买白银 5 000 万盎司。因此，法币同英镑和美元都有所联系，国际盟友于是有了更多利益纠缠。货币制度中的相互联系背后，其实是对利益同盟的确认。

关于法币的问题，其实也涉及货币主权与国际操控的话题，从日后不少材料可以看出，三国都希望中国货币与其货币挂钩，中国力图在美国、日本、英国之间斡旋，一方面期待寻找支持来源，另一方面希望获取独立话语权。其中的过程堪称经济话语权以及金融议价能力的博弈。美国一开始不那么愿意帮助，而中国反对任何单一外国的主导，同时也努力利用当时的形势，不得罪任何一方面。最终的结果对中国相对有利，英国和美国也各得其所。①

国民政府借助英国财政顾问，其实主要为了争取国际支持。李滋·罗斯在中国的时间并不长，主要方案其实源自当时的国民政府草案，扬格在其中也出力不少。这一说法得到银行家陈光甫与耿爱德等人的证实，陈光甫是民国银行界头面人物，与孔祥熙等人过从甚密，他和银行同行以为"庸之没办法"（孔祥熙字庸之），结果孔祥熙"一面守口如瓶，一面博采舆论"②，其听从扬格的建议在不透支情况下敲定改革方案。

对于法币，海外也有人不满，其中最为失落者自然是日本。

---

① 参见《货币与强制：国际货币权力的政治经济学》（科什纳，2013）。
② 参见《陈光甫日记》（陈光甫，2002）。

陈光甫直言日本对新币制无好感，甚至有意破坏。日本一直期待西方承认自身在中国的特殊利益，而日本在华（尤其是在东北）投资的增长也颇为迅速，1930 年达到 14.12 亿美元。法币改革刚刚宣布，日本军部表示中国币制改革是对日本的"公开挑战"，甚至以此为借口要求在华北收兑的 5 000 多万银洋不许南运。日后的抗日战争也开辟了另一个战争，即"元"的战争，法币与日元在中国的厮杀刚刚开始。等到 1937 年，孔祥熙与摩根索在华盛顿敲定第二批购银协议的前一天，卢沟桥事变发生了。

从"废两改元"到法币推出，这是一个曲折多变的新时代。作为专业人士，资耀华认为"废两改元"与法币改革存在差异，但也评价法币改革"相当成功"。"废两改元"虽然统一了货币单位，实现了独占银币铸造权，但钞票发行还是分散在私营银行，市面也流行各类辅币。随着法币发行，国民政府则完全禁止银元以及硬辅币的使用，货币发行完全被垄断，真正实现了货币的法币化。

通过金融史可以得知，铸币税的最大收益来自辅币，而纸币更是接近无成本印钞。统一纸币实际上给了了国民政府无尽的支持，既为日后的抗日战争奠定货币基础，也埋下了随后的通胀隐患。当时内忧外患，非常时刻的货币统一开启了中国金融历史新篇章，尤其随着后来日本入侵，法币的通胀为人诟病，其实也是因为其承担了军费开支的功能，功过只能任后人评说。

法币出台是一次金融洗牌的开始，统一货币也使得中国金融进入垄断统制阶段，甚至早在法币推行之前中国就开始为金融集中铺平道路。借助强行参股，国民政府基本控制了中央银行、中国银行、交通银行三家银行，这三大银行资本额超过全国银行的四成，存款占接近六成，国家银行和私营银行的实力对比已经出现了变化。更进一步，对资耀华所在的上海商业储蓄银行之类的商业银行而言，法币出台就失去了发行货币的收益。资耀华指出，当时的银行流行一种互通有无的"暗记券"发行，以往商业银行即使没有发行权，还是可以通过有发行权的银行发行暗记券——也就是暗中做了标志的钞票，因此相当多商业银行实际上可以获得发行货币的收益。法币出台之后，全体银行业获利减少，银根趋紧，经营则进入低潮。①

从此，中国有了自己的"元"——法币。法币可谓中国货币制度的一个巨大跃升，不仅是从银到纸的变化，更是从金属货币变为信用货币，本质是传统经济到信用经济的转变先声。而白银与中国的诸多纠葛，从银两到银元，从混乱两制到银钱并用，看起来似乎也终于到了落幕的一天。

---

① 详见《世纪足音》(资耀华，2005)。

通胀的尾声与启示

法币的诞生，让中国金融史与白银的数百年纠缠跌宕看似暂告一段落，中国金融也由相对自由进入逐步统制阶段。但是历史并非总是线性直行，而是充满了反复与倒退，白银并没有一步退出历史舞台，法币却如同历史中的其他中国纸币，从稳定到轻微通胀，再一步步陷入高度通胀而不可自拔，最终导致了金圆券的推出。民间白银和黄金外汇一起，再度成为被掠夺的对象，演绎了中国金融史上最为疯狂的一幕。

从银本位转向法币，本身是一把双刃剑。一方面，是商品市场的交易成本降低，结束了中国混乱而落后的货币格局；另一方面，是国民政府的权力范围在此期间扩展。币制改革使得多家银行的发行权被剥夺，其发行准备也被接收，钱庄也因运转不良而被监督管理，并进一步被控制。经济学家马寅初一方面评价法币"实开中国货币制度之新纪元"，另一方面也表示了对通胀前景的担忧，"此次新币制，既不许兑现，故其本身即非通胀，但已造成通胀之基础条件；今后政府是否以此基础条件为根据而实行通胀，则需视今后事实之表现也"。[1] 谁知道呢？历史就是这样被一次又

---

[1] 参见《中国货币问题丛论》（吴小甫，1936）。

一次预言。

　　法币结束了此前银钱并用的混乱局面，也使得中国统一的努力从疆域衍生到货币，为政府将手伸向经济提供了最方便的方式。国民政府经过10年的建设使得财政体制有所完善，但是日本入侵改变了一切。一方面，法币出台，金融走向统制，曾经的金融市场走向了国家主导的金融体制；另一方面，战争的逻辑也一如既往地残酷，华东地区的沦陷使得关税、盐税、货物税三大税收主体遭遇了巨大冲击，国民政府刚刚恢复的财政旋即无法支撑。法币起初得到英美支持，在抗日战争初期相对稳定，但随后入不敷出的国民政府不得不走向赤字财政压力下的印钞。财政赤字比例最高曾达86.9%，这使得印刷法币成为维持战争的生命线。然而印钞的速度也无法追赶财政收入的下降，随着军费开支飙升，法币开始无可避免地滑向通胀深渊。法币失败的根本原因和历史案例不无相似，仍旧是战争失败与财政危机的双重叠加，国民政府企图以货币的形式拖延时间，却最终失去了时间。

表 5.3　1937—1945 年财政收支情况

年份	预算支出（百万元）	实际支出（百万元）	财政收入（百万元）	财政赤字（百万元）	赤字／支出（%）
1937	1 001	2 091	815	1 276	61.0
1938	856	1 169	315	854	73.1
1939	1 706	2 797	740	2 057	73.5
1940	2 488	5 288	1 325	3 963	74.9
1941	4 610	10 003	1 310	8 693	86.9

（续表）

年份	预算支出 （百万元）	实际支出 （百万元）	财政收入 （百万元）	财政赤字 （百万元）	赤字／支出 （％）
1943	36 236	58 816	20 403	38 413	65.3
1944	79 501	171 689	38 503	133 186	77.6
1945	263 844	2 348 058	1 241 389	1 106 696	47.1

资料来源：《中国通胀史》（张公权，1986）。

法币改革成败如何？不同人有不同的评价。比如弗里德曼直接表示《白银收购法案》改变了中国历史，这一政策将中国推向纸币本位，导致后续恶性通胀以及颠覆变化，"即使没有美国的《白银收购法案》，抗日战争和内战也会导致通胀政策。中国迟早会脱离银本位制，而改用不兑现的纸币本位制。很可能在没有《白银收购法案》的情况下，所有的这些副作用会推迟一个相当时期。当然谁也不能预测它的最后结果。但《白银收购法案》是促成蒋介石政权覆灭的一个重要因素，却是显而易见的"。[1]

由于法币后来的恶性通胀，国内历史学家对它的评价不高。但对法币的评价，也存在另外的视角。

首先，能够让一个近乎前现代的大国从金属本位过渡到信用货币，这本身从金融改革的角度就是一次极大进步。事实上，就中国货币制度的自身逻辑而言，推行纸币只是时间问题，至少从1928年开始中国就大幅讨论是否应该放弃银本位，白银法案只是

---

[1] 参见《货币的祸害》（弗里德曼，2006）。

加快其步伐。其次，法币的通胀内外皆有，症结在于民国财政军事，而不在于货币制度。正因如此，问题要害从来不在纸币本位或者金属本位，而在于政府经济权力是否能够得到有效约束，以及战争带来的通胀程度是否超出人们的承受能力。

事实上，法币的诞生，不仅统一了中国成百上千的钱币，被认为凝聚了中国国力，也成为对伪币以及日本的对抗。在抗日战争期间，法币实际上也起到重大作用。

其次，法币改革所遵循的道路，则是前文所述的中央集权式的金融统制。在其他领域的系列手段其实一直在蒋介石心中谋划，而金融从头到尾只不过是政治军事措施的辅助之一。这表面看起来是个人风格，其实是政治规则所决定的。

北伐战争中，蒋介石得到不少上海银行界的支持，特别是所谓的江浙财阀。"江浙财阀"一词最早来自日本报纸，"革命军北伐成功，得力于江浙财阀的支持"，日本学者在20世纪二三十年代对此即有不少研究，其中首脑人物有出身江浙的银行家以及实业家，如张静江、虞洽卿、李铭、张公权、钱新之、陈光甫等人。蒋介石的军费开支从江浙银行家那里得到不少助力，但是对于总是受制于人，蒋介石心有不甘，银行家也对于当局"拿银行当国库"予取予求的做法难以接受，如此之下，两个集团之间罅隙加大。

以银行家张公权为例，他对于蒋介石北伐出力不少，从经济到外交都颇为尽力，蒋介石最开始对他十分礼遇，甚至在1927年4月亲自出席张公权母亲的葬礼，但是到了1928年9月，张公权与蒋介石之间已经有了冲突。张公权因为担心蒋介石要求他担任财政部部长而没去南京，蒋介石在大怒之下要求通缉张公权。这一冲突在黄郛、虞洽卿的调解下最终消解，但问题的症结并没有解决。为了避免中国银行成为政府筹款机器或者自己参加政府筹款，张公权一度希望新成立中央银行分担中国银行等机构的重负。但是在日后，他的设想并没有随着中央银行的成立而实现，相反，张公权在政府高压之下，最终不得不离开自己一手塑造的中国银行。

个人恩怨之外其实更多是大形势主导，在战争阴霾逼近的时刻，除了控制军事，就是控制银行。蒋介石的心思，其实在1935年致孔祥熙的一封著名密电可以得知："国家社会皆频（濒）破产。致此之由，其结症乃在金融币制与发行之不能统一，其中关键全在中交两行固执其历来吸吮国脉民膏之反时代之传统政策，而置国家社会于不顾，若不断然矫正，则革命绝望，而民命亦被中交二行所断送，此事实较军阀割据破坏革命为尤甚也。今日国家险象，无论为政府与社会计，只有使三行绝对听命于中央，彻底合作，乃为国家民族唯一之生路。务望转达林主席、汪、孙、于、居、戴诸公，坚持主张，贯彻到底，以救垂危之党国，闻中行总经理张公权君有意辞职，弟意应即劝其决心完全脱离中国银行关系，而就政府其他任命或调任其为中央银行副总裁，俾其专心致力于中央银行之发展，促成国家之统一，公私两全，是为至幸。"①

---

① 参见《中国银行行史资料汇编（上编）》（1991）。

对于蒋介石而言，战争意味着需要金钱支撑，巧取还是豪夺，只是伺机而定，在需要的时候即使利用黑帮手段也在所不惜，绑架与暗杀在当年并不少见。有人如此评价南京政府与上海资本家的态度，"硬性强迫很少使用，但随时都有可能，每当需要使用的时候，如1932年和1936年两次改订公债条例，杜月笙和张啸林都站在蒋这一边给其以支持。随着时间的推移，南京政府控制了商业和银行，掌握了银行业务，篡夺了私营工商业的领导权。篡夺私营工商业领导权一事，没有像1927年4月事变那样有过广泛的报道"。①

在过去，很多都认为江浙财阀与国民政府是一条战线，其实在20世纪20年代末，两者已经渐行渐远，等到40年代的民国末期，两者已形同陌路。1948年，蒋经国在上海"打老虎"中恐吓逮捕银行家李铭、周作民等，不过是两者正式决裂的高潮而已，这也是国民政府排除一切异己却将所有潜在同谋推向对立面的又一个案例。当中国资本遭遇专制权力，结果往往凄凉，有"中国的摩根"之称的陈光甫在日记中对于江浙财阀这一说法表示厌恶，而张公权则表示江浙财阀其实与日本财阀不可比，"实则此数人者，并非如日本之三井、安田等家族之拥有实力，号称财阀可比。仅凭借各人之地位，兼得民众之信仰而已。且全国人民因久乱思治，故诸人者不难因势利导也"。②

---

① 参见《江浙财阀与国民政府（1927—1937）》（小科布尔，1987）。
② 详见《陈光甫日记》《张公权先生年谱初稿》《江浙财阀与国民政府（1927—1937）》等。

国民政府与资本家之间关系微妙，时而是兄弟，时而是路人，时而是对手，在短暂的甜蜜合作之后，主从已定。国民党政权很难服务于任何阶级或者任何集团，这或许源自其政权保留了前现代性的基因，同时又因为时代变化而无法彻底退回专制，学者易劳逸断言国民党只给它的组成者服务，其政权很少表现出有何统治能力，几乎完全依赖于军队，也和社会脱节，"社会中的集团和个人，譬如一些资本家、地主、学生或爱国团体，偶尔也能够对一些具体政策的制定和执行施加压力。但是，并不存在常规的沟通渠道，可以对政府产生作用"。

国民党对于中国的统治本质是残缺而脱节的，这种缺乏中间基础的政治制度，往往意味着内在不断集权的中央与外在四分五裂的地方割据。各种政治团体的行动，无论江浙财阀还是学生、小商人的举动甚至反抗，对于统治者都有所影响，又都无本质影响。其实从本质上说，任何官僚体制都是为了维持统治，如果一味扩张，不给任何体制外集团和社会以生存空间，最终也会自我膨胀、自我循环、自我毁灭：领袖吞噬了政党，而政党吞噬了社会。以此而论，国民政府既没有开明到包容所有利益集团，也没有独裁到消灭一切利益集团，在自顾不暇之中，这个努力完成自身现代化的政权对于各类利益集团的态度充满了前后矛盾与彼此利用，包括对金融界也不例外。

金融是经济血脉，而经济政策往往是政治意志的衍生。国家攫取一切的过程也意味着毁灭一切，将一切经济命脉不顾一切地掌握在自己手中，必然走向不顾一切的牺牲——即使这种攫取是在民族生存内忧外患的名义之下。就金融而言，这意味着中国金融统制的开始，其成效依赖于"四行两局一库"的推进。所谓"四行"是指中央银行、中国银行、交通银行、中国农民银行，"两局"是指中央信托局、邮政储金汇业局，"一库"是指合作金库。

为了达到此目的，国民政府一方面设立中央银行，1928年11月1日，中央银行在上海正式开业，宋子文任总裁，总行设于上海；另一方面则是控制市场力量，官方随后逐渐掌握了金融大局，而且进一步借用币制改革、金融危机，蚕食民间银行以及钱庄的份额和股份。以"四行"中的中国银行以及交通银行为例，两家机构原本信誉良好而且独立性强，但国民政府通过迁址上海、改组业务、收回特权、加注官股、人事变动等方式，实际控制了两家机构。两家商业银行由此变成了国家银行，张公权等人无奈出局，从此中国银行直接听命于蒋介石、宋子文等人。

于是，以往以市场为主导的北洋时代宣告落幕。曾经被认为是蒋介石一系列政治运动中重要靠山的江浙财阀，本来是中国最有希望的银行家，如陈光甫、钱新之、张公权等，却逐渐成为政府附庸。张公权等人不仅哀叹自身命运，也看出国家经济政治前途的不测，只能无奈感叹，"天下无不散的筵席，手栽的美丽花枝，何必常放在自己室内。……所惋惜者，自民国成立后，希望以中行之力，辅助政府建立一完善之中央准备银行，一面能永保通货健全，一面能领导公私金融机关分业合作，创造一力能发展经济之金融系统，庶几内有资金充沛之金融市场，外具诱导外资之坚强信用，足以追踪经济发达后进之日德两国。此志未遂，斯为憾事"。①

金融市场变化的背后，其实是中国历史的又一次治乱循环。若政府太弱，国家难以建设，市场难以扩大；若政府过强，缺乏制度约束，最终也会扼杀市场。这种强弱并不等同于政府治理能力，而是表示权力边界的界定，强势政府在杀鸡取卵的诱惑之下即使能够出手扼杀市场，随后也难以解决其本身问题，一如始终为经济问题苦恼的国民政府在控制商业银行之后，不仅没有摆脱其财政窘境，反而滑向更暗淡的深渊。从白银变局可以一窥中国历代政经的得失，在政治与资本之间，中间力量总是弱势甚至缺失，资本要么得不到政治保护而湮灭，要么就是汲汲寻求政治保护而自我窒息。商业的失败与成功往往与政治休戚相关，金融尤其如此，然而如果中间力量得不到发展，商业则过于压抑，最终政治也会溃败。

民国财政困境放在今天也不陌生，这是纠缠中国千年的人治弊端。美籍学者福山认为秩序良好的社会需要三要素结合，即国家、法治、负责制政府结合在稳定的平衡中。可惜的是，在乱世之中，这看似简单的"政治三明治"在内部权力的分散以及外部强敌环伺之下，不仅造成了民国晚期财政赤字缠身、货币贬值的悲剧，也最终走向了政治悲剧。

回到白银的主线，中央银行应该是通胀最后的、也是最重要

---

① 详见《张公权先生年谱初稿》(姚崧龄, 2014)。

的护卫，可惜民国中央银行实在不是现代意义上的中央银行，更大程度上只是受政府之手左右的账房出纳而已，经济史学家杜恂诚称其为"天生的畸形儿"。从1928年成立开始，民国中央银行就有诸多劣势，不仅最开始的地位没有超出中国银行、中国交通银行、中国农民银行，货币调节手段也备受掣肘，独立性之说更是无从谈起。单单就总裁职务而言，也多由财政部部长兼任，宋子文兼任5年，随后孔祥熙兼任12年，此后再是俞鸿钧兼任数月，直到1946年6月，才第一次出现专职的中央银行行长贝祖贻——贝祖贻来自中国银行，是建筑大师贝聿铭的父亲。

货币具有外部性，法币早年的成功以及金圆券的失败，都表明良币能够存在，而劣币注定退出流通，甚至使得民众转向实物。金圆券使用后期，物价是天价，但是民众其实已经抛弃了金圆券，使用金、银、美元，或者退回到以物易物。

金融很重要，但是只有社会稳定、秩序井然的情况之下才显其功效。国民党政权在大陆的历史中，始终没有在组织动员上深入中国尤其是农村地区，而这些巨大空白又成为对城市的割裂与包围，最终当城市在军事和经济上失去优势，国民政府的溃败也不可避免地到来，这其实是其脆弱体系一开始就注定的命运。

以海外白银流入开始，以收缴真金实银结束，这就是中国白银数百年的循环。其间有历代王朝的兴起与陨落，也有不少人杰的努力与奔走，一切都在历史之中回响。历史的循环之中，有无数天问等待答案。答案是白银，也是人性的贪婪，更是制度的大失败。

附录一　延伸阅读

本书旨在以货币史为契机，从新角度重新审视中国经济史，乃至中国历史。正如印度裔英国作家奈保尔（V. S. Naipaul）所言，"人需要历史，历史帮助人了解自己。但是历史如同神圣，能驻于人心，只要有某些东西就足够"。[①]

这是一个跨学科的工作，我借助了不少一手文献，如《唐史》《宋史》《元史》《明史》等典籍及前人笔记，《申报》《大公报》《银行周报》《银行月报》等民国报刊，此外在思考以及研究方面，也借助了不少二手文献。

授人以鱼不如授人以渔，在此我推荐一些不同角度的研究者，既希望读者延展阅读他们的研究，进一步理解我们的过去与未来，也对他们在我写作中给予的启发致敬——无论是资料提供还是思想源流。对于现代人来说，阅读不仅是智识的提升，也是一种趣味的消费。我在大学时代和同仁办了读书杂志《读品》，今天又借助微信公众号"徐瑾经济人"的平台，做经济人读书会，定期提供阅读分享及书单推荐。凡此种种，也是期待读者在众多选择

---

① 参见《抵达之谜》（奈保尔，2016）。

328

之中，找到最优秀与最有价值的读物。读书是一件不失寂寞的事，分享图书则让读书变得更为美好。

这些研究者的著作，即使是面向学术，我觉得作为进阶阅读，也是非常有益的。追随他们的名字，会有一连串阅读之路，具体书名可以在"参考文献"部分进一步查找。

历史部分

马士、牟复礼、费正清、费尔南·布罗代尔、包弼德、滨下武志、大卫·格雷伯、宫泽知之、郭廷以、漆侠等。

经济史部分

安格斯·麦迪森、戴维·S.兰德斯、加藤繁、马寅初、全汉昇、尼尔·弗格森、李伯重、王业键等。

金融史方面

张公权、彭信威、万志英、让·里瓦尔（Jean Rivoire）、金德尔伯格、威廉·N.戈兹曼、K.哥特·罗文霍斯特、洪葭管、杜恂诚、黑田明伸、菲利克斯·马汀等。

白银领域

钱江、艾维四、赖建诚、林满红、万明、石俊志、戴建兵等。

政治领域

马克斯·韦伯、塞缪尔·E.芬纳、弗朗西斯·福山、查尔斯·蒂利等。

经济学领域

道格拉斯·诺思、米尔顿·弗里德曼、德·索托、德隆·阿西莫格鲁、詹姆斯·A.罗宾逊等。

财政史部分

周伯棣、黄仁宇、梁方仲、贾士毅、岩井茂树、汪圣铎等。

有一句谚语如是说，"养育一个孩子要举全村之力"。在写作中，同样需要无数前人同辈帮助，在此无法一一表示，但尤其感谢韦森、朱嘉明、马德斌、刘海影等师友不厌其烦地指正与帮助。诸多善意，无以言表，唯有希望在今后的写作中能够延续诸位师友的期待。

附录二 东西货币金融大事记

公元前 11 世纪：中国出现最早的钱币。此前已经有贝作为支付手段，一说公元前 14 世纪即有铸行铜贝。

公元前 7 世纪：地中海盆地出现最初的钱币，首先由小亚细亚的吕底亚人铸造。

公元前 6 世纪：希腊出现银币德拉克马（Drachm），波斯出现金币大流克（darique）。希腊出现首批私人银行。

公元前 524 年：中国周景王二十一年，铸大钱。

公元前 4 世纪：马其顿人统一了希腊与波斯货币，柏拉图、亚里士多德创建最初货币理论，希腊第一批公共银行出现。

公元前 269 年：第一座罗马铸币工场在卡皮托利山开办。

公元前 221 年：秦始皇统一中国货币，分黄金和铜钱两种，黄金为上币，以镒为单位，铜钱为下币，按枚使用，铸有"半两"字样，史称半两钱。

公元前 206 年：西汉建立，汉高祖颁令"为秦钱重难用，更令民铸钱，一黄金一斤，约法省禁"。从此半两钱减重，黄金以斤为单位，许民铸钱，后世又收回。

公元前 119 年：汉武帝发行白金和皮币。《汉书·食货志》中记载："乃以白鹿皮方尺，缘以缋，为皮币，值四十万。王侯、宗室朝觐、聘享，必以皮币荐璧，然后得行。……又造银锡白金。以为天用莫如龙，地用莫如马，人用莫如龟，故白金三品：其一曰重八两，圜之，其文龙，名'白撰'，值三千；二曰以重养小，方之，其文马，值五百；三曰复小，椭之，其文龟，值三百。令县官销半两钱，更铸三铢钱，重如其文。盗铸诸金钱罪皆死，而吏民之犯者不可胜数。……自造白金、五铢钱后五岁，而赦吏民之坐盗铸金钱死者数十万人。其不发觉相杀者，不可胜计。……郡国铸钱，民多奸铸，钱多轻，而公卿请令京师铸官赤仄，一当五，赋官用非赤仄不得行。白金稍贱，民弗宝用，县官以令禁之，无益，岁余终废不行。"

公元前118年：汉武帝元狩五年，罢半两钱，行五铢钱。其形状外圆内方，篆字铸出"五铢"二字，铢是古代一种重量单位，代表一两的二十五分之一,五铢钱为中国历史流行最久的钱币品种。

6年：西汉王莽代天子朝政，次年开始第一次货币改革，铸错刀、契刀和大泉，此后又有数次货币改革。

227年：波斯萨珊王朝铸金银币。

3世纪：罗马帝国硬币荒引起经济紧缩，物价上涨。

325年：尼撒主教会议禁止神职人员从事有息放款。

338年：东晋咸康四年，十六国时期李寿在成都称帝，改国号为汉，以汉兴为年号，铸行汉兴钱，这是中国历史上第一个年号钱。

301年：戴克里先发布"最高值法令"。

312年：君士坦丁进行货币改革——新铸金币（索利都斯奥莱土斯，重4.55克，其后成为比尚斯苏，又称贝桑）与银币（半西里克，重1.30克，其后又复名为德尼厄尔）。

6世纪：东罗马帝国查士丁尼皇帝时期开始确定利率为3.6%—12%。

621年：中国唐高祖废五铢钱，铸开元通宝。从此铸钱不再以重量为名称。

7世纪：阿拉伯人着手铸造蒂纳尔（仿贝桑金币）。

708年：日本和铜元年，元明天皇（女）在位，铸和铜开宝铜币。

755—768年：法国铸德涅银币，为欧洲中世纪铸币之始。

781年：查理大帝进行货币改革，制定银本位制，1镑相当于1斤白银；1镑等于20苏或240德尼厄尔。

789年：查理大帝把禁止有息放款扩大到在俗教士范围。

960年：宋太祖铸宋元通宝。

968年：辽铸保宁通宝。

980年：北宋太平兴国五年，白银取得纳税的资格。

995年：北宋铸至道元宝。成都商民私以交子为市，开始出现纸币。

970年：越南丁部铸太平兴宝。

996年：朝鲜铸乾元重宝铁钱和铜钱。

10世纪：诺曼底人早在军事上征服英国人之前把查理大帝的

货币制度引进英国。1 英镑下分为 20 先令或 240 便士。

1023 年：中国四川设立交子务。

1024 年：在益州发行第一界官交子，自一贯到 10 贯。

11 世纪：阿拉伯人在西班牙铸造马拉微蒂斯，一种仿蒂纳尔的备币，其后成为银币，后又成为掺银铜币，最后转为铜币。

1105 年：改交子为钱引。通行区域扩大到交广、京西、淮南、京师等地。发行额增至天圣原额的 20 倍。铸锡钱。

1107 年：四川交子务改为钱引务。

1137 年：南宋将领吴玠在河池发行银会子，这被认为是中国最早的银本位制。

1149 年：西夏铸天盛元宝。

1151 年：金人发行交钞。

1160 年：东南会子由户部发行。

1168 年：南宋改革会子的发行制度，以千万贯为限额。

1180 年：南宋钱背加铸年份。英国铸银便士。

1189 年：金取消纸币的分界制，交钞永远通行。

1227 年：蒙古统治区内何宝实在博州印置会子。

1233 年：金在蔡州发行"天兴宝会"，"天兴"是金朝最后一个年号，"天兴宝会"也是金朝最后铸造的一枚钱币，不久金国遭遇蒙古、南宋南北夹击，于 1234 年灭亡。

1236 年：蒙古大汗窝阔台发行交钞。

1240 年：蒙古统治区内刘肃在邢州发行楮币。

1251 年：北方各地纸币互不通用，元朝定银钞相权法。

1252 年：佛罗伦萨铸造了基督教西方最初的金币——弗罗林（3.6克），最初 1 弗罗林相当 1 里拉。

1260 年：南宋铸景定元宝。元朝发行中统钞，收回北方各地杂钞。

1262 年：威尼斯发行蒙蒂债券。

1263 年：南宋贾似道提倡公田法，次年发行金银铜钱关子。十七界会子作废。

1266 年：法国路易第九仿阿拉伯的迪尔亨姆铸格罗银币。

1276 年：南宋都城临安被攻占，元朝统治江南，用中统钞收兑南宋纸币。伯颜铸银元宝。

1279 年：崖山海战，陆秀夫背着宋末帝赵昺跳海而死，南宋灭亡。

1285 年：卢世荣提出整治钞法计划。铸至元通宝。威尼斯铸杜卡特金币。

1287 年：元世祖发行至元钞。

1292 年：中国设公典广惠库，资本钞 5 000 锭。

1294 年：波斯伊尔汗国仿行中国钞法。

1295 年：元朝铸元贞通宝和元宝，日本行钞。

1309 年：元武宗实行币制改革，发行至大银钞，并铸大元通宝和至大通宝。

1311 年：元仁宗收回至大银钞，废至大钱。

1350 年：元顺帝至正十年，元朝政府实行对纸币制度的最后一次变革，发行至正交钞，钞面文字为"中统元宝交钞"，铸至正通宝。

1360 年：法国铸造了法郎，金币重 3.88 克，开始时，1 金法郎相当于 1 金图尔镑。

12—14 世纪：意大利的商人和银行家兴盛。法国香槟地区交易会（定期的）名扬西欧，商界和银行界活跃，圣殿骑士团骑士参与银行界的竞争。

1361 年：朱元璋称吴王，铸大中通宝。

1368 年：洪武元年，铸洪武通宝，颁布洪武通宝钱制。

1375 年：洪武八年，发行大明宝钞。停止宝源局铸钱。

1397 年：再停宝源局铸钱。禁用金银。

1421 年：永乐十九年，明朝正式迁都北京。

1436 年：明英宗正统年间，宝钞贬值，放松用银禁令，推广金花银制度。

1465 年：中国令商税钱钞各半兼收。

1472 年：意大利锡耶那的帕斯奇银行（典当）创立。

1497 年：西班牙人初次使用新大陆输入的白银铸币——都罗，或价等 8 雷阿（25.9 克）。

1519 年：不莱梅约阿西姆斯达尔银矿的所有人铸造了一种重 35 克，名为约阿西姆斯达尔的银币，一般简称达勒。达勒与金币弗罗林等值。

1518 年：日耳曼帝国铸塔勒大银元。

1531 年：世界第一个交易所——安特卫普交易所创立。

1535 年：西班牙人初次在美洲铸造银币皮阿斯特，即价值 8

雷阿的钱币（24.4 克），这种钱币取名"美元"，因为与德国的达勒相类似。

1537 年：西班牙人初次使用新大陆进口的黄金铸造钱币，即埃斯库多（3.10 克）及双埃斯库多——又名皮斯多尔（6.20 克）。

1539 年：意大利创建皮依特银行（典当），它于 1794 年成为"双西西里银行"的组成部分。

1545 年：波托西银矿山发现，因而从 1560 年开始由美洲流往欧洲的硬币从黄金转为白银。

1557 年：葡萄牙人侵入澳门。

1570 年：明朝铸隆庆通宝。西班牙人侵入吕宋，外洋入中国。

1572 年：隆庆六年，明穆宗驾崩，10 岁的朱翊钧即位，次年改年号万历，在位 48 年，张居正担任首辅主持政务，万历九年颁布"一条鞭法"，白银开始货币化，也一度出现"万历中兴"局面，随后万历出现采矿热潮。

15—16 世纪：出现私人大银行（意大利的美第奇、斯特罗西、奇吉等家族银行，德国的富格尔家族银行，法国的雅克·科尔银行，英国的托马斯·格雷沙母银行）。文艺复兴时期公共银行的复兴。银行界集散场所形成（布鲁日、安特卫普、里恩）。典当兴盛。

1601 年：日本设置了金座、银座、钱座，制定三货制度，1606 年发行钱币庆长通宝，1608 年禁止中国永乐钱。

1609 年：荷兰创立威瑟尔银行（Amstcrdamsche Wissel Bank，又名阿姆斯特丹银行），1814 年改名为尼德兰银行，1819 年停业。

1616 年：满人铸天命钱。

1621 年：明熹宗天启元年，铸泰昌通宝和天启通宝大小钱。王象乾请铸三等大钱。

1625 年：日本开铸宽永通宝，1636 年大量铸造，逐渐取代中国钱。

1637 年：英国东印度公司初来中国。

1640 年：阿姆斯特丹银行发行可转让的存款证单。英国詹姆士一世扣留了存放在伦敦塔的金银器。

1643 年：明朝铸崇祯当十钱。蒋臣提行钞计划。

1644 年：清世祖在北京铸顺治通宝。福王在南京铸弘光通宝。李自成在西安铸永昌通宝。张献忠在成都铸大顺通宝。

1651 年：顺治八年，发行纸币"钞贯"。顺治钱增重为一钱二分五。日本铸永历通宝助郑成功。

1656 年：约翰尼·帕姆斯丘奇在斯德哥尔摩成立了斯德哥尔摩银行，1661 年发行纸币，1666 年受清理，后被瑞典国家银行（Sveriges Riksbank）取代。

1666 年：英国铸币自由和铸币税终结。

1680 年：在巴西的米纳斯吉拉斯发现金矿。

1694 年：英格兰银行在伦敦成立。

1706 年：日本实行货币减重，宽永钱开始流入中国。

1715 年：在法国，一个纪律检查法庭成立，对非法暴发的银行家、金融家课以重税。

1717 年：牛顿将黄金价格定为每金衡盎司（纯度为 0.9）3 英

镑 17 先令 10.5 便士，从此英镑始终固定在 111 克白银，相当于 7.32 克黄金。

1717—1720 年：法国实行约翰·劳金融货币制度，1717 年密西西比公司成立，1720 年挤兑，1721 年清算。

1717—1779 年：美国独立战争于 1775 年爆发，美洲英属殖民地大量发行纸币。

1720 年：广州商人组织公行，外国银元大量流入。

1724 年：巴黎交易所成立。

1727 年：苏格兰皇家银行成立。

1737 年：北京设立官钱局 10 所，以平物价。

1747 年：比利时纳热尔迈克尔银行成立。

1755 年：瑞士 Leu 银行成立，1990 年被瑞士信贷收购。

1774 年：英国停止银子作为通货。

1776 年：亚当·斯密发表《国富论》一书。

1789 年：法国大革命爆发，后发行指券（Assignats，交付券），至 1797 年等于废纸。

1791 年：美国国家银行创立。

1792 年：美国确定美元重 24.06 克白银或 1.603 8 克黄金。

1794 年：美国开始铸银元。

1800 年：法兰西银行开办，后确定法郎重 45 克白银或 2.903 3 克黄金。

1806 年：加尔各答银行创立。后来成为印度国家银行的一部分。

1808 年：巴西银行创立。

1812 年：美国纽约花旗银行创立。

1814 年：广东设立粤海关官银号。

1816 年：英国建立金本位制：英镑价值只许以黄金为定值标准，按照 1717 年确定的平价基础。法国信托局（存款与信托金库）成立。

1817 年：加拿大蒙特利尔银行成立，澳大利亚新南威尔士银行成立。

1822 年：阿根廷国家银行成立。

1823 年：墨西哥开铸鹰洋。英国空想社会主义者欧文发行劳动券。

1824 年：荷兰创立了荷兰商业银行。

1826 年：一项英国法律准许通过股票方式创办银行（股份银行）。

1830 年：道光十年，奏定关于处理歇业钱铺办法新章程，此后数十年中国被认为是银荒。

1840 年：第一次鸦片战争爆发，它通常被认为是中国近代史的开端。清政府战败，1842 年签订中英《南京条约》，赔款 2 100 万银元，割让香港给英国，开放广州、厦门、福州、宁波、上海五处为通商口岸。1856 年爆发第二次鸦片战争。

1848 年：英商丽如银行在广州设立分行。

1848—1850 年：法郎实行强迫流通市价。法兰西银行发行货币的专利扩大到邻国范围。法国创办了 60 多家贴现银行。法兰西银行获得全国货币发行垄断权。

1850 年：舒尔茨在德国创办第一批信用社（银行）。

1852 年：法国动产信贷银行和法国地产信贷银行创立。

1853 年：北京发生挤兑，铸咸丰当十钱，北京设立官银钱号三家。令各省设立官钱局。发行户部官票和咸丰宝钞。太平天国政府在南京等地铸太平天国圣宝。

同年，美国虽未采纳金本位制，但缩减了白银的货币职能。

1854 年：正月铸当百、当五百、当千大钱，后用宝钞收回大钱。英国的有利银行和汇丰银行在上海设分行。

1855 年：铸铁钱和铅钱。

1856 年：上海几家银号用钢模铸咸丰银饼。小刀会在上海铸太平通宝日月钱。

1857 年：北京商人罢市，拒用大铁钱。宝苏局用钢模铸咸丰通宝银钱。英国麦加利银行（又称渣打银行）在上海设分行。

1861—1865 年：美国南北战争。纸币大量发行（通胀一词便是在这个时候进入美国的日常用语），实行美元强迫流通市价，一直持续到 1879 年。

1862 年：官票停止流通。铸同治通宝。

1863 年：美国建立一批国民银行，它们与州特许银行开展竞争。

1864 年：拉锡丁在新疆库车铸回文钱。

1865 年：通过拉丁联盟协定，法国、意大利、比利时与瑞士确认它们忠于金银复本位制，同时缩减白银的货币职能。

比利时储蓄与退休金总行创立，汇丰银行在香港开业，同年于上海及伦敦等处开设分行。

1866 年：香港铸造银元。

1867 年：马克思的《资本论》第一卷出版。

同年，晚清权臣左宗棠为西征军费对外举债，杭州商人胡雪岩斡旋其中，其被认为是中国政府外债的起源之一。

1868 年：明治天皇建立新政府，随后发行纸币太政官札。

1870 年：普法战争开始，次年《法兰克福条约》要求法国向德国支付 50 亿法郎作为赔款。法郎强迫流通市价，一直维持到 1878 年。

同年，日本铸造"龙洋"。

1871 年：日元诞生，日本试图建立金本位，未成功。

1873 年：德国采纳金本位制。美国铸造贸易银元。

1878 年：拉丁同盟各国采用"跛足复本位制"，该制度接近金本位制。

1882 年：吉林试铸厂平银币，为中国机器铸币之始。

同年，日本银行成立。

1887 年：广东铸"龙洋"。

1894 年：甲午战争爆发，日本称其为日清战争。

1895 年：《马关条约》签字结束。

同年，华俄道胜银行成立，发行钞票和银元宝。英国在远东发行枚洋。

1897 年：中国通商银行成立，发行钞票。日本实行金本位制。

日本横滨的正金银行在上海设立分行。

1900 年：美国采纳金本位制。

1905 年：户部在天津设立银钱总厂。大清户部银行成立。

1907 年：新疆机器局铸饷金。交通银行成立。当局向各省督抚征询银币单位的意见。

1908 年：大清户部银行改名大清银行，颁行《大清银行则例》。

1909 年：铸宣统通宝。设立币制调查局。

1910 年：清颁布《币制则例》，开始实行银本位。

1911 年：中国票号有 26 家，在全国 80 个城市设立分支机构 459 家。

同年，辛亥革命爆发，孙中山在美国旧金山发行"中华民国金币"券。

1912 年：清帝退位，孙中山就任南京临时政府大总统，中华民国政府成立。南京造币厂铸孙中山半身侧面像"开国纪念"币。各地大清银行均改为中国银行，继续作为国家银行，发行兑换券。

1913 年：美国建立联邦储备制度。

1914 年：北洋政府颁布《国币条例》，铸"袁头"银币，作为国币广泛发行。殖边银行、财政部平市官钱局开业，分别发行银元票和铜元票。

1914—1918 年：第一次世界大战。普遍实行黄金禁运及纸币强迫流通市价。

1915 年：北洋政府公布《纸币取缔条例》，以此解决各省、各行滥发纸币问题，收效甚小。

1916 年：袁世凯恢复帝制，耗费巨大，造成国库空虚，中国银行、交通银行在京、津等地停止兑现，发生"京钞风潮"，中国银行上海分行拒绝执行停兑令。

1917—1923 年：俄国、奥地利及德国的物价无控制的上涨（通胀一词早已在美国使用，此时进入欧洲流行用语之中）。

1919—1922 年：边业银行、大中银行、农商银行、中南银行、蒙藏银行、劝业银行、中国实业银行等多家商业银行相继开业，发行银行兑换券。

1921 年：苏联成立俄罗斯中央银行。

1922 年：热那亚会议主张回到新形式的金本位制。

1924 年：孙中山在广州设立中央银行，发行银元兑换券。奥地利、德国及苏联（理论上）恢复金本位制。

1925 年：大不列颠基于大战前的兑换平价恢复金本位制。

1928 年：法国基于大战前兑换平价的 1/5 恢复金本位制。

1927 年：国民政府仿民国元年版，铸孙中山半身侧面像银币。

1928 年：国民政府于 11 月在上海成立中央银行，发行银元和多种纸币。

1929 年：10 月 24 日纽约交易所爆发"黑色星期四"。

1930 年：在巴塞尔成立国际结算银行。

1931 年：世界上许多银行股票暴跌，奥地利、德国、英国放弃金本位制。

1932 年：国民政府中央银行发行"关金券"；东北沦陷区伪

满当局组建"满洲中央银行",发行纸币。

1933年:国民政府财政部发布《废两改元令》,规定所有公私款项收付、契约票据及一切交易,一律改用银币,不得再用银两。原定以银两收付者,在上海应以银两7钱1分5厘折合银币1元的标准以银币收付。上海以外应按4月5日申汇行市,先行折合规元,再以规元7钱1分5厘折合银币1元的标准收付。持有银两者,可由中央造币厂代铸银币,或在中央银行、中国银行、交通银行三家银行兑换银币。开铸正面为孙中山像,背面为双帆船的银币。豫、鄂、皖、赣四省农民银行在汉口成立,开始发行纸币。

同年,中华苏维埃共和国国家银行在瑞金成立,当年7月发行纸币。

同年,美国《格拉斯–斯蒂格尔法案》严格区分商业银行与投资银行。美国实施黄金禁运,一直维持到1974年。

1934年:美元贬值。黄金价格上涨到1盎司35美元。美国建立进出口银行。同年6月,美国通过《白银收购法案》,授权美国财政部在国内外市场收购白银,直到白银价格达到每盎司1.29美元或者财政部储备的白银价值达到黄金储备的1/3,这一方案对当时主要用银大国(中国)影响极大。

1935年:国民政府实行"法币政策",11月4日,规定以中央银行、中国银行、交通银行三家银行发行的钞票为法币,禁止白银流通,发行国家信用法定货币,取代银本位的银元。

1936年:凯恩斯的《就业、利息和货币通论》出版。法国放弃金本位。

1939—1945 年：第二次世界大战。全面控制汇兑。

1941 年：南京汪伪政府成立"中央储备银行"，发行"中储券"。

1942 年：国民政府决定将中国银行、农民银行、交通银行的货币发行权集中到中央银行。

1944 年：签订《布雷顿森林协议》，成立国际货币基金组织及世界复兴开发银行。

1948 年：国民政府再次进行币制改革，8 月 18 日以金圆券取代法币，强制将黄金、白银和外币兑换为金圆券。

同年，联邦德国货币改革，联邦德国马克诞生。

1949 年：中华人民共和国成立。

1950 年：成立欧洲支付同盟，作为西欧各国货币的补偿机构。

1957 年：德国建立德意志联邦银行。

1976 年：国际货币基金组织修改章程，放弃固定汇率平价，黄金非货币化。

东西货币金融大事记综合让·里瓦尔、金德尔伯格、彭信威、杨端六的研究以及维基百科的相关资料整理编排而成。

参考文献

S. A. M. 艾兹赫德 . 世界历史中的中国 ［M］. 上海：上海人民出版社，2009.

阿瑟·恩·扬格 . 1927—1937 年中国财政经济情况 ［M］. 陈泽宪，陈霞飞，译 . 北京：中国社会科学出版社，1981.

艾维四 . 对中国和日本"17 世纪危机"的几点观察 ［J］. 清史译丛（第十一辑）. 董建中，主编 . 北京：商务印书馆，2013.

安格斯·麦迪森 . 世界经济千年史 ［M］. 伍晓鹰，许宪春，施发启，译 . 北京：北京大学出版社，2003.

岸本美绪 . 清代中国的物价与经济波动 ［M］. 刘迪瑞，译 . 北京：社会科学文献出版社，2010.

巴里·艾肯格林 . 资本全球化：国际货币体系史 ［M］. 彭兴韵，译 . 上海：上海人民出版社，2009.

白芝浩 . 伦巴第街——货币市场记述 ［M］. 沈国华，译 . 上海：上海财经大学出版社，2008.

柏拉图 . 理想国 ［M］. 郭斌和，张竹明，译 . 北京：商务印书馆，1986.

班固 . 汉书 ［M］. 中华书局，2012.

浜野洁等 . 日本经济史：1600—2000 ［M］. 彭曦等，译 . 南京：南京大学出版社，2010.

包弼德.斯文：唐宋思想的转型［M］.刘宁，译.南京：江苏人民出版社，2001.

保罗·肯尼迪.大国的兴衰：1500—2000年的经济变化和军事冲突［M］.梁于华，译.北京：世界知识出版社，1990.

滨下武志.东亚的复兴：以500年、150年和50年为视角［M］.马援，译.北京：社会科学文献出版社，2006.

滨下武志.近代中国的国际契机——朝贡贸易体系与近代亚洲经济［M］.朱荫贵，欧阳菲，译.北京：中国社会科学出版社，1999.

滨下武志.中国、东亚与全球经济［M］.王玉茹等，译.北京：社会科学文献出版社，2009.

滨下武志.中国近代经济史研究：清末海关财政与通商口岸市场圈［M］.高淑娟，孙彬，译.南京：江苏人民出版社，2006.

卜正民，若林正.鸦片政权［M］.弘侠，译.合肥：黄山书社，2009.

财政部币制研究委员会.中国白银问题［M］.北京：财政部币制研究委员会，1935.

查尔斯·蒂利.强制、资本和欧洲国家（公元990—1992年）［M］.魏洪钟，译.上海：上海人民出版社，2012.

查尔斯·金德尔伯格.西欧金融史［M］.徐子健，何建雄，朱忠，译.北京：中国金融出版社，2010.

查尔斯·凯罗米里斯，史蒂芬·哈伯.人为制造的脆弱性：银行业危机和信贷稀缺的政治根源［M］.廖岷，杨东宁，周叶菁，译.北京：中信出版社，2015.

陈存仁.银元时代生活史［M］.上海：上海人民出版社，2000.

陈光甫.陈光甫日记［M］.上海：上海书店出版社，2002.

崔瑞德，费正清. 剑桥中国史［M］. 北京：中国社会科学出版社，1992.

崔瑞德，牟复礼. 剑桥中国明代史（1368—1644 年）［M］. 北京：中国社会科学出版社，2006.

大庭脩. 江户时代日中秘话［M］. 北京：中华书局，1997.

大卫·格雷伯. 债：第一个 5000 年［M］. 孙碳，董子云，译. 北京：中信出版社，2012.

大卫·休谟. 休谟经济论文选［M］. 陈玮，译. 北京：商务印书馆，1984.

大野健一. 从江户到平成：解密日本经济发展之路［M］. 北京：中信出版社，2006.

戴建兵. 白银与近代中国经济（1890—1935）［M］. 上海：复旦大学出版社，2005.

戴维·S. 兰德斯. 国富国穷［M］. 北京：新华出版社，2001.

戴维·凯纳斯顿，理查德·罗伯茨. 狮子银行：百年汇丰传记［M］. 北京：中信出版社，2015.

戴志强. 钱币鉴赏与收藏［M］. 北京：印刷工业出版社，2013.

道格拉斯·诺思，罗伯特·托马斯. 西方世界的兴起［M］. 厉以平，蔡磊，译. 北京：华夏出版社，2009.

德隆·阿西莫格鲁，詹姆斯·A. 罗宾逊. 国家为什么会失败［M］. 李增刚，译. 长沙：湖南科学技术出版社，2015.

德·索托. 资本的秘密［M］. 王晓冬，译. 南京：江苏人民出版社，2005.

邓广铭. 辛稼轩诗文钞存［M］. 上海：古典文学出版社，1957.

丁名楠，余绳武. 帝国主义侵华史［M］. 北京：人民出版社，1992.

杜恂诚.中国金融通史（第3卷）[M].北京：中国金融出版社，2002.

杜恂诚.中国近代两种金融制度的比较[J].中国社会科学，2000（2）：178—190.

樊树志.国史十六讲[M].北京：中华书局，2006.

樊树志.晚明史[M].上海：复旦大学出版社，2003.

方回.桐江集[M].北京：商务印书馆，1981.

菲利克斯·马汀.货币野史[M].邓峰，译.北京：中信出版社，2015.

费尔南·布罗代尔.15世纪至18世纪的物质文明、经济和资本主义（第一卷）[M].顾良，施康强，译.北京：北京三联书店，1992.

费尔南·布罗代尔.15世纪至18世纪的物质文明、经济与资本主义（第二卷）[M].顾良，施康强，译.北京：北京三联书店，1993.

费尔南·布罗代尔.资本主义的动力[M].杨起，译.北京：北京三联书店，1997.

费正清.美国与中国（第4版）[M].北京：世界知识出版社，1999.

弗朗西斯·福山.政治秩序的起源：从前人类时代到法国大革命[M].毛俊杰，译.桂林：广西师范大学出版社，2012.

弗朗西斯·福山.政治秩序与政治衰败：从工业革命到民主全球化[M].毛俊杰，译.桂林：广西师范大学出版社，2015.

傅乐成，段昌国.中国通史：近代史[M].北京：九州出版社，2010.

傅乐成，姜公韬.中国通史：明清史[M].北京：九州出版社，2010.

傅衣凌.明清时期商人及商业资本[M].北京：人民出版社，1956.

傅衣凌.中国传统社会：多元的结构[J].中国社会经济史研究，1988，（03）.

高聪明.从"羡余"看北宋中央与地方财政关系[J].中国经济史研究，1997，（04）.

高聪明.论南宋财政岁入及其与北宋岁入之差异［J］.河北学刊，1996，（01）.

高聪明.宋代货币流通的特点［J］.中国经济史研究，1995，（03）.

高聪明.宋代货币与货币流通研究［M］.保定：河北大学出版社，2000.

高华.论国民党人陆失败之主要原因［J］.历史教学：中学版，2011.

高桥弘臣.宋金元朝货币史研究：元朝货币政策之形成过程［M］.上海：上海古籍出版社，2010.

格非.雪隐鹭鸶［M］.南京：译林出版社，2014.

葛剑雄.统一与分裂：中国历史的启示（增订版）［M］.北京：中华书局，2008.

葛金芳.宋辽夏金经济研析［M］.武汉：武汉出版社，1991.

葛兆光.想象异域——读李朝朝鲜汉文燕行文献札记［M］.北京：中华书局，2014.

宫泽知之.唐宋社会变革论［J］.中国史研究动态，1999，（06）.

贡德·弗兰克.白银资本：重视经济全球化中的东方［M］.刘北成，译.北京：中央编译出版社，2008.

故宫博物院.清代外交史料（嘉庆道光朝）［M］.台北：成文出版社，1968.

顾炎武.日知录集释［M］.北京：上海古籍出版社，1985.

郭廷以.近代中国史纲［M］.北京：社会科学文献出版社，1999.

郭廷以.近代中国史实日记［M］.北京：中华书局，1987.

韩毓海.五百年来谁著史（增订本）［M］.北京：九州出版社，2010.

何炳棣.1368—1953中国人口研究［M］.葛剑雄，译.上海：上海古籍出版社，1989.

黑田明伸.货币制度的世界史［M］.何平，译.北京：中国人民大学出版社，2007.

亨利·基辛格.论中国［M］.北京：中信出版社，2011.

洪葭管.中国金融通史（第4卷）［M］.北京：中国金融版社，2008.

洪迈.容斋随笔［M］.北京：中华书局，2005.

黄鉴晖.山西票号史［M］.太原：山西经济出版社，2002.

黄仁宇.大历史不会萎缩（增订版）［M］.北京：中信出版社，2016.

黄仁宇.十六世纪明代中国之财政与税收［M］.上海：上海三联书店，2001.

黄仁宇.万历十五年［M］.北京：生活·读书·新知三联书店，1997.

黄宗羲.明夷待访录［M］.李伟，译.长沙：岳麓书社，2008.

黄宗智.华北的小农经济与社会变迁［M］.北京：中华书局，2000.

加藤繁.唐宋时代金银之研究——以金银之货币机能为中心［M］.北京：中华书局，2006.

加藤繁.中国经济史考证［M］.吴杰，译.北京：商务印书馆，1959.

贾启红.宋代军事后勤若干问题研究［D］.河北大学，2015.

贾士毅.国债与金融［M］.北京：商务印书馆，1930.

蒋百里，戴季陶.日本人与日本论［M］.南京：凤凰出版社，2012.

蒋廷黻.中国近代史［M］.上海：上海古籍出版社，2001.

杰克·贝尔登.中国震撼世界［M］.邱应觉等，译.北京：北京出版社，1980.

井上裕正.清代鸦片政策史研究［M］.钱杭，译.拉萨：西藏人民出版社，2011.

菊池秀明.末代王朝与近代中国：清末中华民国［M］.马晓娟，译.桂林：广西师范大学出版社，2014.

卡比尔·塞加尔.货币简史：从花粉到美元，货币的下一站［M］.栾力夫，译.北京：中信出版社，2016.

科大卫.中国的资本主义萌芽［J］.中国经济史研究，2002，（01）.

科斯、诺思等.财产权利与制度变迁：产权学派与新制度学派译文集［M］.上海：上海三联书店，1997.

肯尼斯·雷，约翰·布鲁尔.被遗忘的大使：司徒雷登驻华报告［M］.尤存，牛军，译.南京：江苏人民出版社，1990.

孔华润.美国对中国的反应［M］.张静尔，译.上海：复旦大学出版社，1997.

兰陵笑笑生.金瓶梅词话［M］.北京：人民文学出版社，2008.

蓝诗玲.鸦片战争［M］.刘悦斌，译.北京：新星出版社，2015.

雷麦.外人在华投资［M］.蒋学楷等，译.北京：商务印书馆，1959.

李伯重.中国全国市场的形成，1500—1840 年［J］.清华大学学报，1999（4）：48—54.

李泓.图说金融史［M］.北京：中信出版社，2015.

李隆生.海外白银对明后期中国经济影响的再探究［J］.香港社会科学学报，2004.

李隆生.明末白银存量的估计［J］.中国钱币，2005.

梁方仲.梁方仲经济史论文集［M］.北京：中华书局，1989.

梁方仲.明代国际贸易与银的输出入［J］.中国社会经济史集刊，1939，6（2）.

梁方仲.明代粮长制度［M］.上海：上海人民出版社，1957.

梁方仲.一条鞭法［J］.中国近代经济史研究集刊，1936，4（1）.

梁嘉彬.广东十三行考［M］.广州：广东人民出版社，1999.

梁启超.饮冰室合集［M］.北京：中华书局，1989.

梁廷枏. 粤海关志［M］. 广州：广东人民出版社，2002.

林满红. 银线：19世纪的世界与中国［M］. 南京：江苏人民出版社，2011.

林桶法. 战后中国的变局［M］. 台北：台湾商务印书馆，2003.

刘秉麟. 近代中国外债史稿［M］. 北京：生活·读书·新知三联书店，1962.

刘光临. 明代通货问题研究［J］. 中国经济史研究，2011.

刘海影. 中国巨债［M］. 北京：中信出版社，2014.

刘平. 外国人亲历的晚清金融［J］. 银行家，2010.

卢汉超. 赫德传［M］. 上海：上海人民出版社，1986.

陆奥宗光. 蹇蹇录［M］. 伊舍石，译. 北京：商务印书馆，1963.

罗纳德·科斯，阿曼·阿尔钦，道格拉斯·诺思. 财产权利与制度变迁［M］. 刘守英，译. 上海：上海人民出版社，1994.

马端临. 文献通考［M］. 北京：中华书局，2006.

马可·波罗. 马可·波罗游记［M］. 冯承钧，译. 长春：吉林出版集团，2009.

马克思. 鸦片贸易史. 马克思恩格斯选集（第一卷）. 2版［M］. 北京：人民出版社，1995.

马克斯·韦伯. 经济与社会［M］. 阎克文，译. 上海：上海人民出版社，2010.

马克斯·韦伯. 新教伦理与资本主义精神［M］. 阎克文，译. 上海：上海人民出版社，2010.

马克垚. 中国和西欧封建制度比较研究［J］. 北京大学学报，1991，（02）.

马塞尔·莫斯. 礼物：古式社会中交换的形式与理由［M］. 上海：上

海人民出版社，2005.

马士.中华帝国对外关系史［M］.张汇文，译.上海：上海书店出版社，2006.

马寅初.马寅初全集［M］.杭州：浙江人民出版社，1999.

米尔顿·弗里德曼.货币的祸害［M］.安佳，译.北京：商务印书馆，2006.

米尔顿·弗里德曼.资本主义与自由［M］.北京：商务印书馆，2004.

牟复礼.剑桥中国明代史［M］.北京：中国社会科学出版社，1992.

奈保尔著.抵达之谜［M］.海口：南海出版公司，2016.

内藤湖南.概括的唐宋时代观［J］.中学历史教学参考，2009.

内藤湖南.中国史学著作选译［M］.北京：社会科学文献出版社，2004.

尼尔·弗格森.货币崛起［M］.高诚，译.北京：中信出版社，2009.

尼尔·弗格森.金钱关系［M］.唐颖华，译.北京：中信出版社，2012.

尼尔·弗格森.世界战争与西方的衰落［M］.喻春兰，译.广州：广东人民出版社，2015.

尼尔·弗格森.西方的衰落［M］.米拉，译.北京：中信出版社，2013.

诺尔曼·布朗.生与死的对抗［M］.冯川，伍厚恺，译.贵阳：贵州人民出版社，1994.

帕克斯·M.小科布尔.江浙财阀与国民政府（1927—1937）［M］.蔡静仪，译.天津：南开大学出版社，1987.

潘晓霞.危中之机：1935年中国、交通银行改组［J］.中国社会科学院近代史研究所青年学术论坛（2012年卷）.2013.

彭慕兰.大分流：欧洲、中国及现代世界经济的发展［M］.史建云，译.南京：江苏人民出版社，2003.

彭信威.中国货币史［M］.上海：上海人民出版社，2007，2015，2017.

漆侠.漆侠全集［M］.保定：河北大学出版社，2009.

漆侠.宋代经济史［M］.北京：中华书局，2009.

漆侠.宋太宗与守内虚外［J］.宋史研究论丛，1999，（00）.

千家驹，郭彦岗.中国货币史纲要［M］.上海：上海人民出版社，1986.

千家驹，郭彦岗.中国货币演变史［M］.上海：上海人民出版社，2014.

千家驹.旧中国公债史料［M］.北京：中华书局，1984.

钱江.16—18世纪国际间白银流动及其输入中国之考察［J］.南洋问题研究，1988（2）：84—94.

钱穆.理学与艺术［M］.宋史座谈会.宋史研究集（第七辑）.中华丛书编辑委员会，1974.

钱穆.中国经济史［M］.北京：北京联合出版公司·后浪出版公司，2013.

钱穆.中国历代政治得失［M］.北京：九州出版社，2012.

钱穆.中国历史研究法［M］.北京：生活·读书·新知三联书店，2005.

乾隆官修.清朝文献通考［M］.浙江古籍出版社，2000.

乔纳森·科什纳.货币与强制：国际货币权力的政治经济学［M］.李巍，译.上海：上海人民出版社，2013.

秦晖.并税式改革与"黄宗羲定律"［J］.农村合作经济经营管理，2002，（03）.

清实录［M］.北京：中华书局，2008.

丘凡真.精琦的币制改革方案与晚清币制问题［J］.近代史研究，2005.

全国政协文史资料委员会.法币、金圆券与黄金风潮［M］.北京：文史资料出版社，1985.

全汉昇.明代的银课与银产额［J］.新亚书院学术年刊，1966.

全汉昇.明清间美洲白银的输入中国［M］.全汉昇.中国经济史论丛.新亚研究所，1972.

全汉昇.全汉昇经济史著作集［M］.北京：中华书局，2011.

全汉昇.宋明间白银购买力的变动及其原因［J］.新亚学报，1967.

让·里瓦尔.银行史［M］.陈淑仁，译.北京：商务印书馆，2001.

容闳.容闳回忆录［M］.北京：东方出版社，2012.

塞缪尔·E.芬纳.统治史（全三卷）［M］.王震，马百亮，译.上海：华东师范大学出版社，2014.

森正夫，野口铁郎.明清时代史的基本问题［M］.周绍泉，栾成显，译.北京：商务印书馆，2013.

山本进.清代社会经济史［M］.济南：山东画报出版社，2012.

上海博物馆编.熠熠千年：中国货币史中的白银［M］.上海：上海书画出版社，2019.

上海市政协文史资料委员会.上海文史资料存稿汇编［M］.上海：上海古籍出版社，2001.

上田信.海与帝国：明清时代［M］.高莹莹，译.桂林：广西师范大学出版社，2014.

邵万宽，章国超.金瓶梅饮食谱［M］.济南：山东画报出版社，2007.

申时行.明会典［M］.北京：中华书局，1989.

石俊志.中国货币法制史概论［M］.北京：中国金融出版社，2012.

史景迁.大汗之国：西方眼中的中国［M］.阮叔梅，译.桂林：广西师范大学出版社，2013.

司马迁著.韩兆琦等评注.史记 评注本［M］.岳麓书社，2012.

斯波义信.宋代江南经济史研究［M］.方健，何忠礼，译.南京：江苏人民出版社，2012.

斯塔夫里阿诺斯.全球通史：1500年以后的世界［M］.吴象婴，梁赤民，译.上海：上海社会科学院出版社，1992.

苏辙.栾城集［M］.上海：上海古籍出版社，1987.

陶涵.蒋经国传［M］.林添贵，译.北京：华文出版社，2010.

脱脱等人.宋史·食货志［M］.北京：中华书局，1985.

万明.明代白银货币化的初步考察［J］.中国经济史研究，2003.

万明.明代白银货币化：中国与世界连接的新视角［J］.河北学刊，2004.

万明.晚明社会变迁问题与研究［M］.北京：商务印书馆，2005.

万志英，周星辉.宋代货币史研究的创新［J］.宋史研究论丛，2012，（01）.

汪圣铎.两宋财政史［M］.北京：中华书局，1995.

汪圣铎.两宋货币史［M］.北京：社会科学文献出版社，2003.

汪圣铎.两宋货币史料汇编［M］.北京：中华书局，2004.

王方中.1842—1949年中国经济史编年记事［M］.北京：中国人民大学出版社，2014.

王国斌.转变的中国：历史变迁与欧洲经验的局限［M］.李伯重，连玲玲，译.南京：江苏人民出版社，1998.

王明清.挥麈录［M］.北京：中华书局，1961.

王文成.宋代白银货币化研究［M］.昆明：云南大学出版社，2011.

王信. 明清与当今中国外贸顺差之比较［J］. 国际经济评论，2010，（01）.

王业键. 清代经济史论文集（一）［M］. 台北：台湾稻香出版社，2003.

王业键. 清代田赋刍论［M］. 北京：人民出版社，2008.

王业键. 中国近代货币与银行的演进（1644—1937）［D］. 台北"中央研究院"经济研究所，1981.

王永生. 钱币上的中国史：器物、制度、思想视角的解读［M］. 北京：中信出版社，2022.

威廉·N. 戈兹曼，K. 哥特·罗文霍斯特. 价值起源［M］. 王宇，王文玉，译. 沈阳：万卷出版公司，2010.

韦森. 从哈耶克"自发—扩展秩序"理论看经济增长的斯密动力与布罗代尔钟罩［J］. 东岳论丛，2006.

韦森. 斯密动力与布罗代尔钟罩——研究西方世界近代兴起和晚清帝国相对停滞之历史原因的一个可能的新视角［J］. 社会科学战线，2006.

维尔纳·桑巴特. 奢侈与资本主义［M］. 王燕平，侯小河，译. 上海：上海人民出版社，2005.

卫三畏. 中国总论［M］. 上海：上海古籍出版社，2005.

魏斐德. 洪业［M］. 陈苏镇，薄小莹，译. 南京：江苏人民出版社，2008.

魏源. 圣武记［M］. 北京：中华书局，1984.

文昊. 民国的金融大亨［M］. 北京：中国文史出版社，2013.

《文史资料选辑》编辑部. 文史资料精选. 第2册［M］. 北京：中国文史出版社，1990.

翁杰明主编. 社会历史博物馆［M］. 郑州：河南教育出版社，1995.

吴承明. 经济学理论与经济史研究［J］. 经济研究，1995，（04）.

吴承明.吴承明集［M］.北京：中国社会科学出版社，2002.

吴慧.清代人口的计量问题［J］.中国社会经济史研究，1988，（01）.

吴景平.宋子文政治生涯编年［M］.福州：福建人民出版社，1998.

吴景平.政商博弈视野下的近代中国金融［M］.上海：上海远东出版社，2016.

吴小甫.中国货币问题论丛［M］.上海：光明书局，1936.

吴兴镛.黄金秘档［M］.南京：江苏人民出版社，2009.

希罗多德.历史［M］.王以铸，译.北京：商务印书馆，1985.

悉尼·霍默，理查德·西勒.利率史［M］.肖新明，曹建海，译.北京：中信出版社，2010.

夏燮.中西纪事［M］.长沙：岳麓书社，1988.

肖红英编著.印刷术的发明：源流·外传·影响［M］.贵州：贵州科技出版社，2008.

谢和耐.蒙元入侵前夜的中国日常生活［M］.北京：北京大学出版社，2008.

谢肇淛.五杂俎［M］.上海：上海古籍出版社，2012.

信夫清三郎.日本外交史［M］.天津社会科学院日本问题研究所，译.北京：商务印书馆，1980.

徐瑾.货币王者.上海：上海人民出版社，2022.

徐瑾.凯恩斯的中国聚会［M］.上海：上海三联书店，2015.

亚当·斯密.国富论［M］.商务印书馆，2015.

严中平等.中国近代经济史统计资料选辑［M］.北京：社会科学出版社，2012.

严中平.丝绸流向菲律宾，白银流向中国［J］.近代史研究，1981.

严中平.中国近代经济史（1840—1894)[M］.北京：人民出版社，

1989.

岩井茂树．中国近代财政史研究［M］．北京：社会科学文献出版社，2011.

燕红忠．货币供给量、货币结构与中国经济趋势：1650—1936［J］．金融研究，2011.

燕红忠．中国的货币金融体系（1600—1949 年)［M］．北京：中国人民大学出版社，2012.

杨端六．清代货币金融史稿［M］．武汉：武汉大学出版社，2007.

杨格．1927—1937 年中国财政经济情况［M］．北京：中国社会科学出版社，1981.

杨培新．旧中国的通胀［M］．北京：人民出版社，1985.

杨荫溥．杨著中国金融论［M］．上海：黎明书局，1932.

姚崧龄．张公权先生年谱初稿［M］．北京：中华书局，2014.

叶国俊．重返国际货币的尊荣［J］．台湾银行家，2012，（30）.

叶世昌等．中国货币理论史［M］．厦门：厦门大学出版社，2003.

叶适．水心别集［M］．北京：中华书局，1961.

伊恩·莫里斯．西方将主宰多久［M］．钱峰，译．北京：中信出版社，2014.

伊佩霞．剑桥插图中国史［M］．赵世瑜，赵世玲，张宏艳，译．济南：山东画报出版社，2002.

易劳逸．毁灭的种子［M］．南京：江苏人民出版社，2009.

余英时．试说科举在中国史上的功能与意义［J］．二十一世纪，2005.

约翰·F. 乔恩．货币史：从公元 800 年起［M］．李广乾，译．北京：商务印书馆，2002.

约翰·H. 伍德．英美中央银行史［M］．陈小霜，译．上海：上海财经大学出版社，2011.

曾雄生.中国农业通史［M］.北京：中国农业出版社，2014.

张公权.中国通胀史［M］.北京：文史资料出版社，1986.

张国辉.中国金融通史（第二卷)［M］.北京：中国金融出版社，2003.

张惠信.中国货币史话［M］.台北：台扬出版社，1994.

张家骧.中华币制史［M］.民国大学出版社，1925.

张廷玉等.明史［M］.北京：中华书局，1974.

张五常.经济解释卷四：制度的选择［M］.北京：中信出版社，2014.

张仲礼.中国近代经济史论著选译［M］.上海：上海社会科学院出版社，1987.

章君谷.杜月笙传［M］.北京：中国大百科全书出版社，2011.

章乃器.章乃器文集［M］.北京：华夏出版社，1997.

章如愚.群书考索［M］.北京：书目文献出版社，1992.

赵翼.廿二史札记［M］.北京：中华书局，2008.

浙江省博物馆.银的历程——从银两到银元［M］.北京：文物出版社，2015.

郑观应.盛世危言［M］.上海：上海古籍出版社，2008.

郑壹教.南宋货币与战争［D］.河北大学，2012.

郑友揆，程麟荪.中国的对外贸易和工业发展（1840—1948）：史实的综合分析［M］.上海：上海社会科学院出版社，1984.

中国国家博物馆编.文物中国史·宋元时代［M］.太原：山西教育出版社，2003.

中国人民银行上海市分行金融研究所.金城银行史料［M］.上海：上海人民出版社，1983.

中国人民银行上海市分行金融研究所.上海商业储蓄银行史料［M］.

上海：上海人民出版社，1990.

中国人民银行上海市分行．上海钱庄史料［M］．上海：上海人民出版社，1960.

中国人民银行总参事室．中华民国货币史资料（第一辑）［M］．上海：上海人民出版社，1986.

中国人民银行总参事室．中华民国货币史资料（第二辑）［M］．上海：上海人民出版社，1991.

中国人民银行总行参事室金融史料组．中国近代货币史资料．第一辑：清政府统治时期（1840～1911）（上册）［M］．北京：中华书局，1964.

中国社会科学院近代史研究所．中国社会科学院近代史研究所青年学术论坛［M］．北京：社会科学文献出版社，2013.

中国社会科学院近代史研究所中华民国史研究室．中华民国史［M］．北京：中华书局，2011.

中国银行上海分行史一九一二——一九四九年［M］．北京：经济科学出版社，1991.

中国银行行史编辑委员会．中国银行行史（1912—1949）［M］．北京：中国金融出版社，1995.

中国银行总行，中国第二历史档案馆．中国银行行史资料汇编（上编，1912—1949）［M］．北京：中国档案出版社，1991.

周伯棣．白银问题与中国货币政策［M］．北京：中华书局，1936.

周伯棣．中国财政史［M］．上海：上海人民出版社，1981.

周雪光．从"黄宗羲定律"到帝国的逻辑：中国国家治理逻辑的历史线索［J］．开放时代，2014.

周源和．清代人口研究［J］．中国社会科学，1982，（02）.

周作人．自己的园地［M］．北京：北京十月文艺出版社，2011.

2363

朱嘉明. 从自由到垄断: 中国货币经济两千年 [M]. 台北: 台北远流出版事业股份有限公司, 2012.

朱瑞熙等. 宋辽西夏金社会生活史 [M]. 北京: 中国社会科学出版社, 1998.

朱瑞熙. 宋代社会研究 [M]. 郑州: 中州书画社, 1983.

朱维铮. 重读近代史 [M]. 上海: 中西书局, 2010.

资耀华. 世纪足音: 一位近代金融学家的自述 [M]. 长沙: 湖南文艺出版社, 2005.

宗泽亚. 清日战争 [M]. 北京: 世界图书出版公司, 2012.

A. Reid. Southeast Asia in the Age of Commence, 1450—1680. New Haven: Yale University Press, 1993.

Andre Frank. Reorient: The Global Economy in the Asian Age. Berkeley, 1998. Angus Maddison. The World Economy: Volume 1: A Millennial Perspective. Foreign Affairs, 1999.

Angus Maddison. Chinese Economic Performance in the Long Run. OECD, 1998.

Angus Maddison. The World Economy: A Millennial Perspective. OECD, 2001.

Arthur N. Young. China's Wartime Finance and Inflation, 1937—1945. Harvard University Press, 1965.

Colin Campbell, Gordon Tullock. "Hyper-Ination in China, 1937—1940". Journal of Political Economy 1954, 62 (3): 236—245.

Daron Acemoglu and James Robinson. Why Nations Fail: The Origins of Power, Prosperity, and Poverty. Crown Business, 2013.

Daron Acemoglu, Simon Johnson, and James Robinson. Reversal of

364

Fortune: Geography and Development in the Making of the Modern World
Income Distribution. Quarterly Journal of Economics, 2002.

David Hume. Essays Moral, Political, Literary. Online Library of Liberty,
2010.

David S. Landes. The Wealth and Poverty of Nations: Why Some Are So
Rich and Some Are So Poor. W.W. Norton & Co Ltd, 1999.

Dennis O. Flynn, Arturo Giraldez. "Born with a 'Silver Spoon' : the Origin
of World Trade in 1571" . Journal of World History, 1995, 6 (2): 201—221.

Douglass North. Structure and Change in Economic History. New York:
Norton, 1981.

Dwight H. Perkins. Agricultural development in China, 1368—1968.
Edinburgh University Press, 1969.

Earl J. Hamilton. American treasure and the price revolution in Spain,
1501—1650. Harvard University Press, 1934.

Eduard Kann. Illustrated Catalog of Chinese Coins, Vol.1: Gold, Silver,
Nickel and Aluminum. Ishi Press, 2006.

E. H. Blair and J. A. Robertson. The Philippine Islands, 1493—1898, Vol.2.
Cleveland: The Arthur H. Clark CO., 1903.

Frank M. Tamagna. Banking and Finance in China. International Secretariat
Institute of Pacific Relations Publications, 1942.

Gordon Tullock. "Paper Money: A Cycle in Cathay." Economic History
Review, 1957, 9 (3): 393—407.

Gordon Tullock. "Paper Money—A Cycle in Cathay." Economic History
Review, 1957, vol.9, issue 3: 393—407.

Henry Kissinger. World Order. Penguin Books, 2014.

Hernando de Soto. The Mystery of Capital, Why Capitalism triumphs in the West and Fails Everywhere Else. Basic Book, 2000.

Hugh R. Clark. "Frontier Discourse and China's Maritime Frontier: China's Frontiers and the Encounter with the Sea through Early Imperial History". Journal of World History, 2009.

James Bromley Eames. *The English in China*. Barnes & Noble Books, 1974.

Janet Abu-Lughod. Before European Hegemony: The World System AD 1250—1350. New York: Oxford University Press, 1989.

John J. TePaske. "New World Silver, Castile, and the Philippines, 1590—1800." in Precious Metals in the Late Medieval and Early Modern Worlds. Carolina Academic Press, 1983.

John Maynard Keynes. The General Theory of Employment, Interest and Money. Macmillan, 1936.

Jorge Canizares-Esguerra, Erik R. Seeman. The Atlantic in Global History, 1500—2000. N.J. : Pearson Prentice Hall, 2007.

Joseph A. Schumpeter. The Theory of Economic Development: An Inquiry into Profits, Capital, Credit, Interest and the Business Cycle. Harvard University Press, 1934.

Kozo Yamamura, Tetsuo Kamiki. "Silver Mines and Sung Coins— A Monetary History of Modern Japan in International Perspective." in J. F. Richards. Precious Metals in the labe Medieval and Eang Modern worlds. Carolina Academic Press, 1983.

Mark Elvin. The Pattern of the Chinese Past. Stanford University Press, 1973.

Nayan Chanda. Bound Together: How Traders, Preachers, Adventurers, and Warriors Shaped Globalization. New Haven: Yale University Press, 2007.

Niall Ferguson. "Civilization: The West and the Rest. " Investigate, 2011.

Niall Ferguson. "Empire: How Britain Made the Modern World. " African Business, 2003 (288): 62.

Niall Ferguson, Francine Mckenzie. "The Cash Nexus: Money & Power in the Modern World 1700—2000." International Journal, 2001.

Niall Ferguson. The War of the World. The Penguin Press HC, 2006.

Richard Horowitz. "International Law and State Transformation in China, Siam, and the Ottoman Empire during the Nineteenth Century." Journal of World History, 2004, 15 (4): 445—486.

Richard von Glahn. Fountain of Fortune, Money and monetary policy in China, 1000—1700. University of California Press, 1996.

Ward Barrett. "World Bullion Flows, 1450—1800." in James D. Tracy (eds) . The Rise of the Mechant Empires, Long Distance Trade in the Early Modern World, 1350—1750. Cambridge University Press, 1990.

Wen Pin Wei. The Currency Problem in China. Columbia University, 1914.

William S. Atwell. "International Bullion Flows and the Chinese Economy, circa 1530—1650." Past and Present, 1982, 95 (1): 68—90.

William S. Atwell. "Notes on Silver, Foreigntrade, and the Late Ming Economy." Journal of World History, 1977.

Yeh-Chien Wang. Land Taxatian in Imperial China, 1750—1911. Harvard University Press, 1974.

后记

《白银帝国》并非我一直想写的书，甚至其最后形貌，也与我最初设想大为不同。

然而，本书又是我迄今为止最为吃力也最为用心的一本书，从动笔到完成有三四年的时间，中间也一度放弃，直到重新找到勇气与信心继续。

《白银帝国》的源起，某种程度是货币三部曲中《货币王者》的延续，但是体系显然更为复杂庞大。《货币王者》的主题是中央银行与金融危机的历史，书中写英格兰银行，在比较东西经济制度的同时，我发现在东西经济大分流之下，其实早就出现了货币与金融制度的大分流。简而言之，欧洲中世纪金银铸币并用，中国则在宋元明进行各类纸币试验，这已经是极大的不同。在地球另一端，地理大发现带来美洲贵金属，虽然欧洲人最初梦想找到的是"黄金国"，但结果是白银的数量与影响都远远超过黄金。就这样，白银不仅流入欧洲，中国也通过贸易汲取了世界白银，完成了自身的白银货币化。随后发展方向则近乎相反，白银的大量发现使得欧洲发生了价格革命，过多的白银也使金银复本位制度发生了倾斜，多数国家放弃复本位采用了金本位，最终发展出现代银行纸币制度。至于中国，则从此陷入这种神秘的白色金属中不可自拔。

上述错综复杂而又互为镜像的历史棱镜，令我非常着迷。历史学家或许更关注王朝更迭，而经济史学家更在意 GDP 之类的比较，对于货币，二者则明显重视不够。说来也不奇怪，即使到了现代，宏观经济学也多认为货币只是实体经济的面纱。如此一来，金融史目前仍旧存在不少空白之地，我有时候难免觉得，不能简单责怪货币战争或者跟风阴谋论（甚至简单反对货币战争）之类的书籍占据市场，原因委实是经济学界与历史学界对金融史都涉足甚少。

好奇一直是我的阅读与写作动力，也是我的天性。我对白银与东西货币制度的话题很好奇，好奇彼此间的区别与变化，好奇表面现象之外的机理与动力学原理，也好奇其结果与潜在影响。于是这本书，从白银的传记开始，记录其在中国的前世今生——从上古时代发展到 20 世纪，成为一部全球视野中的中国货币史。循着一层层往昔的化石最终探寻下去，这本书的篇幅和所耗费的时间也超出了我的预期，构成了对往昔帝国金融、经济、政治转折的历史追问。

如何追溯白银乃至中国货币史的历史真相？我最初想通过不同材料的对比完成量化统计，比如计算中国白银流入数量。随后，在实践以及思考过程中，我发现已经存在一些类似的工作，有的可能具有突破性，有的只是可有可无的补充。或许，树立一个数据标杆是切入某个领域的捷径，但并不是我最欣赏的方式。在我看来，历史研究的迷人之处，正在于探索复杂性与模糊性背后的逻辑。最终，我仍旧选择自己擅长的方式，通过梳理历史脉络，寻求一种政治经济学的整体逻辑以及更好的解释。

经济学更多是一种方法论，有一种简洁的逻辑凌厉感，而历史则不同，自有一种真实的壮美与尊严，无须太多演绎与附会。近些年批判国人信仰缺失的声音每每响起，姑且不说这些批判是否正确或者偏颇，我总是隐隐觉得，历史其实是中国人的集体宗教，今日诸多问题的求解，注定需要回溯到过去的时间之中。

每个人都有自己的学习方式，写作对于我即是如此。我过去常常开玩笑说，不了解一件事，就去写一本相关的书吧，所以本书也是我在金融史领域的一次跋涉。过去这些年，我出版了十来本书，保持每年一两本书的出版速度，朋友见面往往感叹我的效率，其实这一方面源自职业训练，要求快速对财经事件做出反应，另一方面，更关键的原因则是积累，过去的书不少可以追溯到十多年前。但是本书不同，金融史既是我近些年感兴趣的新领域，又因话题之大与涉及之广，促使我不得不付出额外努力，写作过程难免缓慢甚至停滞。

正因如此，本书写作过程之久及工作量之大，大大超出了我的预期，涉足领域越多，时间越长，阅读材料就以指数形态翻升。某一题材有太多的资料，对于专门研究这一领域的学者来说，是一种赐福同时也是一种重负，稍有野心，就会感到这种基于丰富与复杂要求的压迫感。一位备受尊重的中国历史学家感叹，自己在列举参考资料时曾经如何努力显得其不失过分宽泛。我读这句话的时候心有戚戚焉，跨学科的金融史更是如此。由于本书涉及的年代久远、范围广阔，太多资料需要补充，参考书目中所列只

370

是其中一部分。然而，仍旧有太多未完成的阅读在前方延展，构成未来的兴趣延伸点。我有时候甚至会想，如果把想看与需要看的资料全部看完，是否会双目泣血，而且，如果起初知道这本书需要投入如此之多，我是否还有勇气开始。

经济人在意机会成本，人生最大的成本在于时间，毕竟生命短暂，那么就应该将时间浪费在美好的事上。每当念及投入三四年时间完成与现有学界论文和流行读物有所区分的一部作品时，我难免反思这件事本身有多大意义，或者自己的工作究竟有没有附加价值？中途甚至几次怀疑自己能否完成，写作也几次停顿停摆——困难不仅仅在于工作或者生活的打断，甚至有时单单想到这一主题的宏大，就足以让我丧失一半信心。幸而，最终仍旧是主题自身的宏大与迷人，把我重新召唤到书桌边。

金融史是一条少有人走的路，甚至走在路上的人不少也是误入歧路。但是如果有幸遇到有趣的主题，我也期待赋予其新理解。从长久来看，一切人世努力都不过是时间的遗迹，可以选择怀疑或者相信其机制。最后，我还是选择相信这些努力的价值，毕竟执念是人生前行的动力之一。

这本书以金融和经济切入，其实涉及财政、军事、政治、外交等诸多领域，我也因此涉足不少原本陌生的领域，对这些领域的研究者，我往往抱以敬意，我的路过，也许只是偶然，错漏之处，还请读者海涵。其间得到各位师友各种直接和间接的帮助——比如韦森老师和刘海影先生等，他们从写作之初就给予不少支持，而且多次通读全书并提供了不少宝贵意见，而蔡孟翰、维舟、赵鹏、止庵等在出版之前的最后关头仍旧不吝给予诸多宝贵意见。他们的努力，让我避免了不少低级错误。我对此心存感激，难以一一道谢，在此一并感谢。

写到这里，听起来好像是略带酸涩的诉苦，然而并不全然。创作这些事，辛苦与快乐并存，如鱼饮水，冷暖自知。完成一项艰难的创作，对我这样的写作者而言本身就是一种奖励。对比之下，《白银帝国》出版之后得到不少正面反馈，比如一再加印、在耶鲁大学出版社出版全球英文版、得到《华尔街日报》的推荐等。这本书临近结束的几个月，我都在工作之余的晚上修改。正如此刻在上海午夜的灯下敲字，窗外偶尔闪过一二车灯，远处的江边隐约传来鸟鸣与轮渡声，隐隐然有种雕塑快要成形、破茧而出的激动，也涌出一些几乎不敢相信的感触，而这感触竟然是甜压过苦。就像一个日本小说家谈及自己做甜点与写小说的辛苦时所言，"看过我的小说，吃过我的甜点的人，等于品尝了我工作的辛苦和愉快"。

于是，事情就这样成了。或许正如行为经济学的规律一样，我们对记忆中往昔幸福与否的判断，往往不取决于过程，而更多取决于结束的方式。

下次，我应该尝试写一本小说，或者做一盒巧克力。

徐瑾

2016 年写于上海

2023 年修订

图书在版编目(CIP)数据

白银帝国:一部新的中国货币史/徐瑾著.—修
订本.—上海:上海人民出版社,2023
ISBN 978-7-208-18313-1

Ⅰ.①白… Ⅱ.①徐… Ⅲ.①货币史-中国 Ⅳ.
①F822.9

中国国家版本馆 CIP 数据核字(2023)第 090083 号

责任编辑 钱　敏
封面设计 陈绿竟

白银帝国:一部新的中国货币史(修订版)
徐　瑾 著

出　　版　上海人民出版社
　　　　　　(201101　上海市闵行区号景路 159 弄 C 座)
发　　行　上海人民出版社发行中心
印　　刷　上海盛通时代印刷有限公司
开　　本　890×1240　1/32
印　　张　12.5
插　　页　17
字　　数　252,000
版　　次　2023 年 8 月第 1 版
印　　次　2023 年 8 月第 1 次印刷
ISBN 978-7-208-18313-1/F·2810
定　　价　75.00 元